中國學術思想 研究輯刊

十四編

林慶彰 主編

第21冊

良知統三教的研究

黃泊凱 著

花木蘭文化出版社

國家圖書館出版品預行編目資料

良知統三教的研究／黃泊凱 著 — 初版 — 新北市：花木蘭文
化出版社，2012〔民101〕

目 2+224 面；19×26 公分

（中國學術思想研究輯刊 十四編：第 21 冊）

ISBN：978-986-322-031-2（精裝）

1.（明）王龍溪 2.學術思想 3.明代哲學

030.8 101015387

ISBN-978-986-322-031-2

9 789863 220312

中國學術思想研究輯刊

十四編　第二一冊 ISBN：978-986-322-031-2

良知統三教的研究

作　　者　黃泊凱
主　　編　林慶彰
總 編 輯　杜潔祥
出　　版　花木蘭文化出版社
發 行 所　花木蘭文化出版社
發 行 人　高小娟
聯絡地址　新北市永和區中正路五九五號七樓
　　　　　電話：02-2923-1455／傳眞：02-2923-1452
網　　址　http://www.huamulan.tw 信箱 sut81518@gmail.com
印　　刷　普羅文化出版廣告事業
封面設計　劉開工作室
初　　版　2012 年 9 月
定　　價　十四編 34 冊（精裝）新台幣 56,000 元　　　　版權所有·請勿翻印

良知統三教的研究

黃泊凱　著

作者簡介

黃泊凱，西元 1979 年生，於西元 2008 年取得國立中央大學哲學研究所碩士，曾經擔任國立中央大學文學院儒學研究中心《當代儒學研究》執行編輯，碩士論文研究主題為《良知統三教的研究》，本論文亦於西元 2010 年榮獲台灣哲學學會碩士論文佳作獎，全國排名第三，曾經赴韓國成均館大學及香港中文大學發表學術論文多篇，而筆者亦於西元 2012 年取得國立臺灣大學哲學研究所博士學位，學術專長為宋明理學、三教會通、良知統三教之研究、湛若水工夫論之研究。

提　　要

　　本論文為「良知統三教的研究」，其重點在於討論以明儒王龍溪為主的三教歸儒思想體系。從本論文主題可以得知，明儒王龍溪對於三教之間的「共法」和「不共法」的判斷標準，就在於以「道德法則」的「如實觀」為「不共法」，以此區分三教之差異，由於龍溪認為佛教是以「性空正見」的「如幻觀」為其主要教法，故看出此種教法雖然可以達成自在的境界，由於其教法以彼岸為宗，故會有流於「寂」而「滅」的缺點。

　　由於佛教以「緣起法則」為真理的思路，則可能忽略了「道德法則」的實在性。對真理的體認並非全面，故王龍溪認為佛家思想並不夠圓滿，所以進行從「道德法則」上「寂」而「感」之特色，以「自然無欲」的本心作用層上的「虛」與「寂」進行形式上的如幻觀之修行，以統攝佛教的緣生而如幻空性境界，最後以本心的真實體性，將道德法則於實有層上的真實開顯，完成對於佛教的會通。

　　至於對於道教的會通，重點在於對於「性」與「命」的觀點之分析，主要是從其過份注重「命」功的修行，所產生的弊端，加以反思，並從其「陰盡陽純」的思路進行儒道共法上會通，所謂的「陰」是指後天的「情欲」及「氣質之性」，而「陽」則是指「自然無欲」的境界，所以只要能夠使人欲的干擾降到最低，即是「陰盡陽純」的境界，此為儒道二教的共識，從此入手便可會通道教。

目
次

第一章　論文導論：良知統三教的研究

第一節　研究動機

　　儒家與佛老的經典，雖然卷籍浩瀚，其研究主旨，最終回歸於一心〔註1〕之中。，然而對於這「本心」的處理，便是爭議的課題。筆者在此論文中，以晚明王龍溪爲思想研究爲主，討論龍溪如何將儒家良知教法與佛老之間的共法與不共法，以良知心體具備自然無欲的意義下，進行三教會通的思想融會。何以此心體的本質意義與功能義，具備了會通三教精髓的力量！便是引起筆者撰寫這篇文章的主要動機。

　　在此動機引發之下，便開始從三教對於心性的定義與詮釋來作爲初步的下手處。但是三教經典繁多，畢竟無法全面遍覽無遺，所以筆者在撰寫本文時，佛教方面以禪宗爲主要入手處，在道教方面，則是以道教公認的內丹典籍《悟眞篇》爲本文研究的焦點。再對比於龍溪對於佛老思想的批評，道教以追求長生爲主，成就金仙果位；而佛教則以出離三界，修證佛果爲終極目標。龍溪認爲，佛教是以出世的清淨之樂爲誘因，其行動原則爲「有條件律令」，以儒家的標準而言，終究不了義。

〔註1〕三教所見的心，以佛教而言，是眞如第一義諦如來藏自性清淨心，是以緣起性空爲宗的法則而修得，而道家所追求的道心是不生之生、不著境界之生的自然之心，而儒家則是以無條件爲善的道德法則爲宗，而修證的自然無欲之心，此爲三教所言本心的差異，但是皆在圓教義中彰顯了對於一切生命的關懷與成全，只是因爲所依據的法則不同而在立論上有所差異，儒家是道德法則的如實觀，道教是自然境界的如幻觀，而佛教則是以性空正見的如幻觀爲主。

筆者以爲，對於佛老二教所講究的「出世」思想，與儒家的入世觀，雖然在所欲成就的境界上有著不同的意見，但是在各自的圓教思想中，都具無我利他的濟世胸襟，而三教之間圓教思想的高度會通與差異，便是本文研究所要下手的釐清的問題。並嘗試於本文中，解析三教成聖的原理，與修證方式的差異，以及龍溪對於佛老二教修行的弊病的分析。並提出如何以良知教理來兼備佛老二教修行境界的優點，卻又能不流於佛老，而保住創生義，使良知心體的本質意義上保持儒學的本質，在此便是促使筆者寫作此文的另一動機。同時，也想嘗試分析，究竟是佛老以出世之樂爲誘因來度化眾生爲了義？還是以儒家的無條件爲善來修行爲了義？也是本文撰寫的動力因之一，更想於寫作此文之中，看到龍溪如何來面對這一類的問題？親身體驗王龍溪會通三教的風采！這也是本文寫作的動機所在。

在此動力的推進之下，最終將進入龍溪良知心學的究竟意義與自然無欲心體之間的關係，以及面對良知心學內部的爭議，此爭議在於「悟」與「修」之間的工夫次第問題。所以除了於本文嘗試將龍溪所體會的心體本質意義解析出來外，也必須對於良知心體的修習，究竟是落次第？還是不落次第？也將在本文之中，以龍溪的看法爲主，來做全面的解析。

第二節　前人研究成果

關於三教會通相關的文章，在原典方面，則是有唐代佛教僧侶宗密所著之《原人論》與北宋時期道教的張伯端所著之《悟眞篇》等文獻，進行相關的論述。其文章之內容，大多討論三教歸佛或是三教歸道爲主要焦點。至於將三教進行會通，進而收攝回歸儒家方面的文章則不多見，尤其相關方面的相關深度思想探究。在明代，則是有黃宗義所著之《明儒學案》提及相關的問題。就本論文而言，則是將焦點放在王龍溪的修證次第相之建立以及三教見性義的區分，至於相關思想的研究成果，首先是明代劉蕺山的對於龍溪的批評：

> 龍溪直把良知當作佛性看，懸空期個悟，終成玩弄光景〔註2〕。

以劉蕺山此言，則是認爲龍溪已經把良知與佛性同流，失去了儒家所言見性的宗旨。也因此引發後世儒生對於良知之教的質疑，所產生的問題關鍵，

〔註 2〕 【明】黃宗義：〈王龍溪畿〉，《黃宗義全集第七冊：明儒學案》（臺北：浙江古籍出版社，2005 年 1 月），頁 17。

便在於儒家與佛老對於見性的區分與界定標準在何處？對於三教之間共法的標準又是以何立論？此為問題的開端，引起後世學者的討論，直到現今亦然。

在近代相關學者方面，則是有牟宗三先生的著作《圓善論》及《心體與性體》等相關作品，針對此問題今行相關的分析。故本文的撰寫的基礎，則是以龍溪相關的原典為焦點；同時在牟宗三先生對於三教的研究成果為基礎下，進行深入的探討。以牟先生的研究成果而言，則是已經完成了對於儒釋之間見性義區分的判定，其看法如下：

> 此天理實體是能起道德創造，宇宙生化之創造真幾，亦是貞定萬事萬物，使萬事萬物，有真實存在之自性原則。此是支撐萬物，挺立宇宙之剛骨。自此立定，自不能贊成，緣起性空之如幻如化。此是根本之差異，而不容渾淆者〔註3〕。

從此處可以看出心學家對於儒釋見性定義的區分標準，便是在於儒者是以「道德法則」的如實觀為核心宗旨；此點正好與佛家以「性空正見」的如幻觀是有很大的差異的，此點為不共法的區分，牟宗三先生的貢獻，便是提出此點為判定標準，其次，以龍溪的原意而言，儒學與佛老的區分，在於「如幻觀」，其看法如下：

> 學佛老者，苟能以復性為宗，不淪於幻妄，是即道釋之儒也。為吾儒者，自私用智，不能普物而明宗，則亦儒之異端而已。毫釐之辨，其機甚微。吾儒之學明，二氏之學始有所證，須得其髓，非言思可得而測也。〔註4〕

由上述得知儒佛之間的差異，在於儒者強調「道德法則」的真實性，而佛家則是以「緣起法則」為真理，此點為兩者「不共法」的區分。但是在「共法」上，皆強調進入作用層上的「自然無欲」的境界。由此可知，對於儒釋之間的差異，就在於儒家是以「道德法則」的如實觀之修行為主，以此為立論基礎，反對佛家以「緣起法則」為宗的如幻觀之修證，此為陽明心學修行之特色。此點亦為判定龍溪是否流於佛老的關鍵所在，由牟宗三先生提出，而將在本論文中進行深度的探討。

此外，對於龍溪的證悟工夫方面所可能產生的問題，便是有關良知之教

〔註3〕 牟宗三著《心體與性體第一冊》，初版，頁78。
〔註4〕 【明】王畿：〈三教堂記〉，《王龍溪先生全集》，卷17，頁1206。

的修行次第之爭議，此爲工夫論所探討的重點。勞思光先生亦於其著作中表示，認爲龍溪與佛老同流，在心體的本質與工夫的修證上，已經是犯下「混」字一途。其看法如下：

> 龍溪亦雖批評佛教之捨離世界，但是龍溪所悟的主體境界，實與禪宗最爲接近，上節論其工夫理論時，已可見端倪，蓋龍溪以悟言工夫，而所說了不著實，正由於其所悟見之境界，近於禪宗之主體自由，而非儒學之主體自由也〔註5〕。

勞先生的質疑，便是在於龍溪本人究竟以何角度來說明良知心體的次第相與不落次第相？而此點必須回歸於龍溪相關著作中，重新檢視一番，方能於本文寫作之中，將龍溪對於次第與不落次第方面的「悟」與「修」之定義進行解析，以及分析兩位前人立論解析的角度是從何下手？針對此類問題之解決，牟先生認爲可從儒學的「不共法」下手，故對於心學的特性，解讀如下：

> 如來藏心並非與內在道德性必不相容。只決于有無此道德意識而已。有此驪珠即是儒，無此驪珠即是佛〔註6〕。

以牟先生的看法而言，心學的主體精神特點，便在於以「道德法則」爲心的真實體性，具備如下特點〔註7〕：

1. 理即是本心，也是主觀的要求。在此必須肯定意志即是本心，在道德法則的要求下，完成「無條件爲善」；此時的法則就是意志自我的要求，此意志爲「無條件意志」。在肯定自己中給出力量，即是良知的依據，此爲先驗而普遍化的法則。

2. 自我立法的價值，不受行動的結果決定；由無條件爲善的善意志，來決定一切價值，此意志爲先驗而普遍的價值根源，即是「良知」。

3. 由意志決定目的，但是自身即是目的，擺脫性好而生；此時存在的自身即是目的，但是此目的只是形式而沒有內容，亦不取決於行動的結果；此爲「自然無欲」的良知本心，亦是龍溪所謂的儒者的「見性」之學。此心兼具「虛」、「實」相生又「寂」、「感」相乘的特色，此心即存有即活動，不

〔註5〕勞思光著《新編中國哲學史》（台北，三民書局股份有限公司印行，1981年11月），初版，頁436。

〔註6〕牟宗三著《心體與性體第一冊：佛家體用義之衡定》（台北，正中書局印行，1968年5月），初版，頁650後不贅述。

〔註7〕參閱自牟宗三譯註《康德的道德哲學》（台北，學生書局印行，1982年9月），初版，頁64～66。

受行動結果決定，具有自我立法的價值〔註8〕。

由以上三點，便可做為儒家見性之學的特色，以龍溪所言來分析，便是此心兼備「虛」「實」相生與「寂」「感」兼備的特色，所謂的「虛」，代表能容受事物運轉的空間；而「實」的定義，代表此本體是具體的存在，「寂」字便是良知本體的形容，「感」是對於良知本體的活動狀態的形容；而以「自然無欲」的良知來將此四種特性融會於一心之中。所以此心能會通佛老，但是又不會淪於佛老的「無」與「滅」的極端；其關鍵在於能把持此無條件為善的道德本心，為真實相應的核心宗旨。在此便可建立出心學的見性標準，亦能回應勞先生的質疑。

接下來要面對勞思光第二點質疑，便是在對於龍溪的「悟」的工夫。其看法如下：

> 龍溪之論工夫，雖標出「先天」、「心體」等語，以自別於在意念處上處處下用功之傳統教法，但自身只能就「悟」及「日減」等語描述工夫歷程，此外無明確講法。且屢屢將悟後境界與悟入工夫混而言之，使人易生誤解，以為「悟」入處即最高境界所在，由此而使工夫過程無法安立。龍溪與後學墮入所謂「狂禪」一路，病根即在此一「混」處〔註9〕。

針對勞思光這一點批評，是針對龍溪的工夫不落次第的缺點而言，有其合理之處。但是假如龍溪真流於狂禪一路，那麼必然無法在天泉證道時得到陽明的肯定，既然晚明心學的致良知工夫是由陽明所創，而龍溪又能得到陽明的肯定。以四無說作為接引上根人士教法，所以初步可以肯定龍溪所體認的良知心體的正統性。至於勞思光所批評的「混」！就龍溪而言則並非如此，而是就此一念之微處來體會與入手。在日常生活中去體會，每一刻的發心動念，是否是自然無欲真心的展現？一旦體會之後便是「悟」。之後便需要時刻保存住此心而不退轉，而保任此心不退的工夫，便是「修」！此點為本體與工夫相應不離的修持，並非皆是勞思光所言之「混〔註10〕」。

以王陽明的看法如下：

〔註8〕 以上三點是依據牟宗三先生的意見做整理。

〔註9〕 勞思光著《新編中國哲學史》，初版，頁435。

〔註10〕混字也並非是勞思光專門用於批評龍溪的術語，之前已經在晚明等儒生已經使用此字眼，例如劉宗周。

> 汝中所見，是接上根人教法；德洪所見，是接中根人以下教法
> 〔註11〕。

所以在此對於勞先生的批評應該給予修正，假如勞先生的批評是正確無誤的，那麼勢必連王陽明對於龍溪的肯定都要推翻！如此一來便會產生第二個問題，便是連王陽明的意見都無法做爲判定的標準，那麼王學諸子門生又該以誰爲判定標準呢？故就此點，仍然有很大的討論空間，將於後續進行深度探討。但是針對勞先生的批評，吾人以爲，龍溪可以有以下的回應：

> 有謂良知落空，必須聞見以助發之，良知必用天理則非空知，此沿襲之說也；有謂「良知不學而知，不須更用致知，良知當下圓成無病，不須更用消欲工夫」，此凌躐之論也；有謂「良知主於虛寂，而以明覺爲緣境」，是自窒其用也；有謂「良知主於明覺，而以虛寂爲沈空」，是自窒其體也。蓋良知原是無中生有，無知而無不知；致良知工夫原爲未悟者設，爲有欲者設；虛寂原是良知之體，明覺原是良知之用，體用一原，原無先後之分。學者不循其本，不探其原，而惟意見言說之騰，只益其紛紛耳。而其最近似者不知良知本來易簡，徒泥其所誨之跡，而未究其所悟之眞，哄然指以爲禪。同異毫厘之間自有眞血脈路，明者當自得之，非可以口舌爭也。〔註12〕

由上述得知，對於致良知工夫的誤解的幾種形態，第一類情況便是認爲需要以外在的知識做幫助。第二類的看法則是認爲良知當下圓滿具足，對於爲善去惡的去欲工夫產生輕易拋棄的看法。第三類人只看到良知「虛」與「寂」的一面，而走入消極的一端。龍溪認爲，這都是因爲沒有完全悟到良知的本來圓滿的特色所造成；良知的體本來包含「虛」與「寂」，良知的用已經含蓋「明」與「覺」，原本是儒家本來的特色。卻因爲後世的儒者只看到其中的一端，而將「良知」與「禪」之間的見性定義歸屬於同類。卻沒看到其中細緻的差異，而這差異只有實際的修證才能通達，致良知的工夫，主要目的是爲了去除人欲，若眞能直入自然無欲的境界，則時時與良知之無欲心體相應；此時一切工夫皆可當下轉化而放下，進入聖人的境界。而不是將重點放在文字等口舌之爭，龍溪認爲在此爭論則沒有意義。對於此點，牟宗三先生認爲：

〔註11〕 【明】王畿：〈天泉證道紀〉，《王龍溪先生全集》，卷1，頁92。
〔註12〕 【明】王畿：〈滁陽會語〉，《王龍溪先生全集》，卷2，頁175～174。

總觀《王龍溪語錄》之全，平心以會其異，覺其妙悟圓教，的是高
明不凡，惟不免洩漏耳。同時之人，互相譏議，固有所中處，亦有
誤解處、不盡處、乃至意氣處，或只特重其可能之流弊處〔註13〕。

唐君毅先生表示：

龍溪言現成良知，乃悟本體，而即以此本體爲工夫，非悟本體後，
更無去蔽欲障嗜欲之工夫者也〔註14〕。

唐先生亦云：

龍溪之學，其要點只在悟先天心體之爲虛寂的靈明，而原自正，以
爲先天正心之學，依此悟，以致知誠意格物之事，即是後天之誠意
之學。此種誠意之學，亦無異自運致此心體之虛寂，已至於其用之
見於意物者，皆無不虛寂。此工夫之簡易省力，在於本體能頓見頓
悟，而更自信得及。故龍溪謂至良知三字，及門者誰不聞，唯我信
得及。只此信得及，即龍溪之工夫之根本。此乃明是天資高者，由
極高明以道中庸之工夫路數〔註15〕。

筆者在此思路分析下，得知只有實際修持，方能得知其所言不虛。只要儒家
的良知心體能掌握住有「自性」以及「創生」意義的本色，同時不視世間爲
「苦」和「如幻」；就可以肯定致良知工夫決定不會走入佛老的境界，因爲龍
溪強調即本體即工夫，故可從良知本體的特色來檢視是否與禪家同流。很明
顯的是，只有形式上同流，但是這是爲了融會三教異同思想的權法，在本質
的境界上，仍然是儒家的本色。龍溪亦以自身實修的工夫論來做保證，同時
也通過陽明的認證，可以證明所體證的心體，必然是儒家的本色而無疑，此
點亦將於本文中進行深究。

此外，牟宗三對於儒家與佛教之間的會通，有進行初步的分析，認爲儒
家從道德進路入手，在實踐上可以將內部的無明欲根，徹底搖蕩出來；從根
上消除人欲，但是並不容易。以宋儒陸象山的程度，只是到「相似位」，但是
已經觸及同體無明而進行「內在的相應破」；而朱子未至圓聞、圓解、圓信之
境，所達成的境界只到對於人欲只伏不斷的程度。而程明道則已經到達「內

〔註13〕牟宗三著《宋明儒學的問題與發展》（台北，聯經出版事業股份有限公司印行，
　　　　2003年7月），初版，頁263。
〔註14〕唐君毅著《唐君毅全集：中國哲學原論原教篇》，卷19，頁378。
〔註15〕唐君毅著《唐君毅全集：中國哲學原論原教篇》，卷19，頁382。

在相應破」之境界，而明儒王陽明則是進入時時知是知非，時時無是無非之境，也進入「內在相應破」的境界。以上為牟先生使用佛教的術語，進行對於儒學大家的境界分析〔註16〕。

筆者在牟先生的研究成果下，產生一個想法，那便是對於儒家修證經驗上的次第分析，是否可以使用佛教的專業術語，而以儒學的本質進行會通與分析。就此點想法上，筆者認為可以在前人研究成果下，將儒者的入聖境界與工夫論進行次第的分析。此點對於從事進行三教會通是必要的，同時也計劃以明儒王龍溪對於良知之教的境界論，為主要處理對象，進行「良知九次第」的分析。同時在前人的研究成果下，進行對於每一次第的修持所可能生的困擾，以其實修經驗，進行會通與解決，此點是筆者認為必須要處理的方向。

同時吾人亦打算參考《大佛頂首楞嚴經》的看法與境界分析，對於龍溪良知之教進行檢驗與分析。雖然學界對於此經有所質疑，並且認為可能是偽經。但是此經已經在唐代時成為修禪者重要的參考文獻，直到如今在佛教界的地位依然崇高，已經是佛教界中實修的必備經典，更何況此經即使是非釋迦親口宣說，也必定是一位佛學大成者所整理，其義理精神與佛教的大乘精神真實相應契合，故無法等閒視之，必須從此入手討論，才能使佛教行者信服。

而且在龍溪的言行中亦有論及此經，將此經與《金剛經》並列，所以筆者認為應該以龍溪原典所討論到的經典，列為重要的參考文獻。如此才能得知龍溪的思想與對於佛學的認識是從何認識？也才能夠依據此方向，來討論有關龍溪對於佛教的看法，也可在此同時探討儒家與佛教之間的共法會通，可以處理到何種程度？而以良知之教的標準與佛家的「不共法」的毫釐之差，是在進行到何種程度的修行境界之時，才能夠分別及釐清呢？故本論文的研究方式便是從此入手，藉由《大佛頂首楞嚴經》的境界論及工夫次第觀為參考對象，期望能夠找出這一點儒佛二教在實修上的差距。此點是筆者於此論文的撰寫中，所欲處理與說明的對象。而筆者也期望能對此問題進行解答，期望能夠解決良知之教是否能成就佛家圓教義的問題；同時能在三教的「共法」上之會通能到達何種程度？而以上幾點疑問，筆者將於本論文的撰寫中一一處理。

另一方面，就陽明後學對於龍溪一派於修行工夫證量上所可能產生的缺點，林月惠教授於2005年9月亦提出相關著作所編之《良知學的轉折：聶雙

〔註16〕參閱自牟宗三著《牟宗三全集4：佛性與般若》，頁996～998。

江與羅念庵思想之研究》。其中亦討論處理有關對於龍溪教法是否人人都能適用的問題，在林月惠學者的成果下發現；晚明儒者念庵先生有提供一套，當無法與龍溪教法適應時，所有可能產生的問題和解決辦法。

其餘相關學術論文方面，則是有楊祖漢先生近幾年所發表文章，其中以 2006 年於《宋明理學學術研討會論文集》中所發表的一篇文章；即〈王龍溪與季彭山的論辯〉一文中，將良知心體中自然無欲的心體，作為三教共法與融會的橋樑，同時提出三教心體本質的差異。筆者在此以楊祖漢先生的分析來做說明如下：

> 當然王龍溪從自然無欲體悟本體，於聖人化境之生命內容，也是有非常恰當的展示，此是一道德實踐之圓成之境，必須由為善去惡進至無善無惡，由自覺的分別進至超自覺的無分別，為善去惡而無跡，方是最理想的實踐。此時雖為善而不自以為善，雖去惡而不陷入因善惡相待，惡惡太甚而生之衝突矛盾中。故必體會此境，方可經綸天下。龍溪於此實極有發明。但此無欲而自然，並非儒學獨有之義，而為儒釋道三教之共法〔註17〕。

在此可以看出古今諸儒對於龍溪良知心學的誤解，在於將三教的共法與不共法並沒有完全清楚的認識與區別。便將龍溪所強調的三教共法錯認為良知心學的全部，而批評龍溪與佛老同流，反而忽視了龍溪所強調專屬於儒家的「不共法」！然而事實上，在進行三教融會的過程中，必須以「自然無欲」的心體來進行融攝及會通三教的入手處，才能完備。

因為三教的共法都包括「自然無欲」的性質，但是在本質上的心體性質卻是有些許差異。在於儒家的心體是有自性的道德創生本體，而佛教的本體則無此此創生義，此為儒佛二教於本體上關鍵的差異。只要在此能保持住儒家的本色，便能不失去良知心學的本質而對佛老進行高度的融攝；這是龍溪有別於其它諸儒的地方，如果以諸儒的立場堅持與佛老劃清界限，則連三教會通的理想必定無法呈現，此心也並非是儒學全面的風采。

儒學的本來面目便已經包括「自然無欲」，此點為三教的「共法」，也是溝通的橋樑。如果捨棄這一條成聖的「共法」之路，則必定無法融通三教；同時也將儒學的本質產生了矮化和局限於一端的缺點。所以筆者在此認為，

〔註17〕楊祖漢：〈王龍溪與季彭山的論辯〉，《當代儒學研究第一期》（中壢，國立中央大學文學院儒學研究中心印行，2007 年 1 月），頁 47。

龍溪雖然以自然無欲近於佛老，但是只是將儒學的本來面目展開；而並非完全等同於佛老，唯有近於佛老才能進一步融通三教，就此而言，龍溪則是有功而無過。

　　相反的，若是以諸儒的立場來強調儒學與佛老的不同，雖然可以保持住儒學之本質；但是也因為過份強調區別三教之別，反而容易造成容易將三教的之間的「共法」也捨棄，使儒學的範圍變小，也是三教永遠沒有會聚的思想焦點。這正是因為將龍溪所強調的「自然無欲」心體所捨棄的缺點，若依照其它反對龍溪「自然無欲」教法的儒者而言，所成就的境界，也只能使儒學的範圍，局限在隔離「自然無欲」以外的一端而已。平心而論，並不夠全面！也是龍溪所反對的思考模式。

　　但是即使龍溪的致良知工夫的成聖動機與最後境界，所成就的仍然是儒家的聖人，但是也因為過份強調及偏重「自然無欲」的一端，而使得諸儒有一個批評的下手處。便是在於龍溪過份強調「自然無欲」的三教共法，容易使人誤解為與佛老的思想同流而失去儒家的本色。筆者在此以楊祖漢先生的看法來分析如下：

> 儒家以道德法則為先，生命得以挺立振拔，故「提得起」；若以自然無欲為先，則不一定提得起。又生命之振拔，必須至自然而然，方是純一不已，故由「提得起」必須至「放得下」。合提得起及放得下，方是儒學智慧的全部〔註18〕。

在楊祖漢先生的解析下，點出了即使龍溪能不失去陽明良知心體的宗旨，但是仍然有可能被批評的地方便是自然無欲的教法與心體特性。由於龍溪在此過份偏重心體中自然無欲的一面，就算是本質上是儒家的本色而無誤。但是由於在化境上的過份強調，反而使良知本體的主宰意義不明顯，無法被一般儒生接受。對此流弊晚明的儒者季彭山認為，便可能有流於佛老思想的缺點，關於這一點，楊祖漢先生表示：

> 彭山重警惕主宰，顯良知之應當及生命振拔挺立義，但未達化境。雖如此，化境之合一說，仍須以道德心擔綱作主，若忘卻此義，便三教無別，就此而言，彭山之強調實有其必要〔註19〕。

從此來入手分析龍溪「致良知」工夫的缺點，在於容易在一旦過份沉醉在自

〔註18〕楊祖漢：〈王龍溪與季彭山的論辯〉，《當代儒學研究第一期》，頁49。
〔註19〕同前註，頁49。

然無欲的化境中而失去了最初的道德本心。便會有流於佛老的缺點，雖然龍溪本人在陽明的見證下，可以沒有這一類缺點的產生，但是如同陽明所言，並非人人皆可相應於此教法，由後世諸儒的批評來看，很明顯的展現出陽明的顧慮，在龍溪之後已經成眞。所以彭山的說法，可以做爲龍溪致良知工夫缺點的檢驗與補強。

使一般人在使用龍溪的成聖理論時，可以不與佛老同流而保住儒家的特色，楊祖漢教授的研究成果，便是將三教之間的共法與不共法的定義給予明白的剖析。

至於大陸學界方面，則有彭國翔先生進行三教會通之研究。已經對於儒釋之間的分析，進行相關的處理。認爲儒佛之間存有論方面之差距，在於儒家對於世界的客觀性是報持肯定的態度；佛教則是以寂滅爲宗，畢竟對於世界客觀的，實在性是抱持否定態度。認爲龍溪對於佛教之會通，則是採取境界論上的向度吸收，以便於融攝佛老二教的思想資源，而在工夫論上進行以儒家境界論爲宗的轉化與改造。

但是在「不共法」方面的區分，則是仍然保持儒家的本質，認爲佛教的主體對於「自我」的態度，認爲一切只是因緣和合而生的「虛體」及「空體」，但是儒家則認爲是具有道德創造性的主體，此點爲儒佛之別。關鍵在於對於終極實在的理解之差異〔註20〕。

彭國翔認爲龍溪肯定良知本身即是道德的至善，此心本身並非是空無一物。雖然有提到「無」與「虛」的概念，但是皆是指本心的作用形式；並非是指本體的本質，所以在此批評佛教思想缺點的本身，不能以道德理性爲其本質的當內容，將可能流入完全的虛無主義。但是明代佛教僧人，蓮池法師認爲儒家容易陷入尊愛親長的領域，將可能無法達到眞寂常照之境界。因爲儒家不能完全捨棄對於道德理性的承諾，此點也是筆者關切的內容。所以將在此處進行三教見性義的看法與分析，期望能在前人的貢獻下，進行更爲深入的探究〔註21〕。

關於龍溪與道教的會通，就彭國翔已經處理的成果來看，其貢獻在於針對儒道之間的性命雙修的定義處理。但是以良知之教，是否能圓滿融攝佛老二教成聖的境界？則沒有給予明確的答覆。所以筆者打算針對此點，進行深

〔註20〕彭國翔著《良知學的發展：王龍溪與中晚明的陽明學》（北京，新華書店印行，2005 年 1 月），初版，頁 266～303 後不贅述。

〔註21〕彭國翔著《良知學的發展：王龍溪與中晚明的陽明學》，頁 316～373。

究。彭先生認為儒道的相同處，在於皆強調「性命雙修」。但是道教重點在於「氣」的處理，而以神調氣，以氣凝神為主要修行方式；最後進入「神氣渾融」的境界，而羽化登仙。「性」為神，「命」為氣，兩者可以操練互換，此為道教修行綱要。

反觀儒家，則是以「神」為主，認為只要能「存神」，便能自然神住、氣住。在「存神」方面，是以「戒慎恐懼」為手段達成。以良知為「神氣之奧」、「性命靈樞」，強調以「致良知」的工夫取代道教的修行法門。認為「性」為神，「命」為氣的修習，只是要求肉身與心靈在「自然無欲」的狀況下，回復先天的狀態，而「致良知」的工夫便能達成這要求。

由於以致良知工夫的精神為重點，故就此立場下，進行對於佛教的解脫；與道教的修煉工夫之融攝，認為儒道的差距，只是在於儒家以「養德」為重點；而道教則是以「養生」為宗旨的差異而已。對於佛教的批評，則在於視倫常為「如幻」〔註 22〕。筆者認為雖然分析詳細，但是由於並沒有針對道教對於農曆節氣所進行的呼吸方式與成丹之法進行深究，所以未能告知後人，道教是否同意王龍溪以儒家的工夫來成丹？同時也沒有提到佛教《楞嚴經》中對於仙人的看法進行比較。對於此類疑問，彭國翔則沒有給予正面的答覆。所以就此點而言，仍然不夠深入，但是已經進行初步的處理，也給予後續研究深入分析的方向。

此外，吳震先生對於王龍溪與道教之間的會通，也有提出相關的研究成果、根據吳震先生所著之《陽明後學研究》一文表示，龍溪以調息法的修行，進入了息調則神自返，神返則息自定的境界。由於體內真氣的變化，可以達成收攝身心的效果。但是龍溪認為此等工夫次第的修行，只是暫時權巧方便的法門，不可以過份執著。所注重的方向仍然是「心」，此為道德主體的存在。必須以「委心虛無」的方式，進入無心的境界；同時將意識之心排除，才能達成養生兼養德的效果。

而內丹術的修行注重的方向在於真氣的修行，目標在於成丹。所以強調根據季節和時辰的不同，進行在亥時與子時之間的呼吸修行，認為如此才成丹〔註 23〕。此為道教的修行特色，但是筆者認為有一點疑慮，那就是龍溪是

〔註 22〕彭國翔著《良知學的發展：王龍溪與中晚明的陽明學》，頁 272～275。
〔註 23〕吳震著《陽明後學研究》（上海，上海人民出版社印行，2003 年 4 月），初版，頁 317～323 後不贅述。

否有在原典上說明此法的修行必須遵守道教的規定？若有遵守，便能成丹；如果沒有，那則只是將此權法用來收攝身心而已，並不能成丹。以道教的看法，便是認爲可能在「性功」的修行上並不完全，故無法成仙。可惜學者吳震先生並沒有回答此問題，所以筆者將針對對此問題進行處理，期望能回答此疑慮。

同時方祖猷教授也在其著作《王畿評傳》一文中，進行概念的分析。首先是對於「欲」的概念做一個處理，可分爲生理欲求與社會欲望的層次；而「虛」的概念代表心的認識作用，而「寂」的概念代表感應外物的特質，但是皆只是本心的一體兩面。虛寂皆代表本體的狀態，至於「心」的概念；則代表道德思惟和認識功能，代表動態的一面。另一方面，也代表無欲本心的形容的靜態面貌，以上爲此文對於「概念」的處理，研究成果及貢獻在於將龍溪全集的常用觀念，以白話的方式進行解讀與詮釋〔註24〕。

以上爲台灣及大陸學界幾位知名學者的研究成果，而給予筆者於良知之教在會通三教相關的探討方向上之反思。那就是三教之間於「共法」上的修行次第，與彼此之間果位的境界是否能互通？同時之間的果位大約是如何進行互換？而三教之間「不共法」的界線與分際，是在進入何種程度時才能分析清楚？而此點疑問，卻沒辦法在目前現有的文章中，能夠給予答覆。故吾人打算在此處進行處理，同時以《大佛頂首楞嚴經》對於心理境界的分析，爲借用對象。進行對於三教之間修證系統與次第的分析，期望能夠在以上幾位前人研究的成果下，進行深入的概念分析與探究。

縱觀以上所述，筆者認爲大部份都是以龍溪的立場，來討論三教之會通，而缺乏對於佛教與道教對於成佛與成聖的定義與探討。所以在本論文的撰寫中，打算對此問題進行整理與次第的分析；並參考學者牟宗三的研究成果來進行討論。由牟宗三的研究成果表示，佛教對於三界的分析，認爲「欲界」是依生理的感受的程度而分高低，而色界與無色界的差距在於是否能出離「色」或是「受想行識」？這些程度的差異主要是依據禪定經驗中主觀的心理狀態而決定，色界脫離欲望的層次，但是局限於物質領域；而無色界是進入滅受想定的層次，此時若能夠滅「行」與「識」，便能出離三界，此爲佛教對於出三界的要求〔註25〕。

〔註24〕方祖猷著《王畿評傳》（南京，南京大學出版社印行，2001年5月），初版，頁120～131。

〔註25〕牟宗三著《牟宗三全集4：佛性與般若》（台北，聯合報系文化基金會出版，

在學術論文的寫作探究中，不斷的解決問題，同時也引發新的問題。以本文為例，筆者從近五年臺灣學術界的相關論文中，可以發現無論是碩博士論文，其寫作焦點大多放在對於龍溪的四無說，以及龍溪思想的衡定與探討。就碩士論文而言，有中央大學蔡家和所著《王龍溪思想衡定》一文與台灣師大的陳明彪，對於三教會通方面有所著墨。並且從龍溪的易學去解析，但是對於佛老二教的成聖原理，以及相關的次第，卻是介紹不多。大多是以王龍溪本身的儒學思想為主要探討對象，較少進行對於佛老教理的剖析，故在此對於此類文章，則不詳列，主要羅列者，則是以探討三教歸儒的相關論文為聚焦對象。

此外亦有對於龍溪的四無說的相關研究，首先是中央大學哲研所的高瑋謙所著的碩士論文《王門天泉證道的研究：從實踐的觀點衡定四有、四無與四句教》，此論文進行了對於王龍溪工夫修證上可能產生的問題做檢視，以及探討「頓悟」與「漸修」的相關問題。相關的碩士論文亦有劉桂光所著之《王龍溪與聶雙江、羅念庵論辯之研究：以陽明學為判準》。也是針對陽明後學對於龍溪的工夫論是否可行？而進行的相關研究。

此外在 2007 年 5 月，由高瑋謙所著之《王龍溪見在良知說研究》博士論文一文所言，也是針對王龍溪的「悟」與「修」的問題做為探討方向。觀其研究成果得的結論，認為良知本體由於當下具足圓滿，所以成聖有根據。可由自信做為基礎，所以由本體發動而當下成就；此種工夫是建立在「悟」的工夫成就下而成聖，此為高瑋謙之研究成果。雖然亦有「修」的工夫探索，可以在真悟真修下完成先天正心之學而成聖〔註 26〕。可惜對於中下根器的人士應該如何進行「悟」與「修」的實踐工夫與入手理路，並沒有做出正面的回應，這是此文不足之處。但是筆者亦在此找出新的探索方向，便是將重點放在中下根器之人士如何進行對於良知之教的修證與檢驗標準之間次第的建立，同時找出原典，來分析龍溪是如何指點與回應。

筆者認為以上二文皆嘗試從王陽明的看法中去找尋一套檢證良知之教與龍溪的工夫論是相互契合的標準。其問題也是聚焦在龍溪的「悟」與「修」的概念上，對於龍溪的相關研究成果，也不外乎只聚焦在四無說的境界論與

2003 年 5 月），初版，頁 996～998 後不贅述。
〔註 26〕高瑋謙：《王龍溪見在良知說研究》（台北：中國文化大學哲學研究所博士論文，2005 年 5 月），頁 192～193。

本體論的修行夫的探討。至於對於三教的會通，則非相關論文研究者所討論的主流方向，爲了避免重覆前人的研究成果，同時也使本文的研究能夠聚焦，所以筆者目前將以良知之教如何會通三教，做爲本論文處理的方向。

就高瑋謙的看法而言，陽明之所以對於龍溪的教法判爲上根人適用的依據在於上根人的人欲障礙較小，所以可以當下本體是工夫。而中下根器之人則因人欲問題甚重，故必須以漸修工夫去除人欲，才能夠證悟本心。所以陽明認爲四句教之教法才能全面攝受一切根器的人士，所以龍溪的工夫與陽明的工夫爲不同層次意義下的修行。

筆者在此雖然大致同意此言，但是就參閱龍溪的言行而論，其實也有注意到此問題，進而提出「理」可頓悟，但「事」要漸修的說法。強調良知是「熟習」而非「學習」。就此而論，四無說是「理」可頓悟的範圍；而「事」要漸修的說法就是熟習過程的展現。就此論而言，其實也可以攝受一切根器的人士，未必只能接引上根人。故筆者就此實修的境界論與工夫論，提出爲九個次第的熟習，亦名「良知九次第」。在此亦期望能回應對於龍溪思想弊端的相關批評〔註27〕。

此外，以劉桂光之研究成果來看，所處理的方向，在於龍溪之四無說是否背離了陽明的四句教？依其論文而言，四無說只是陽明學的一種發展，並未背離四句教的精神。雖然強調良知之教的心悟，但是也對於中下根人士有啓發用，也有提供一套清楚的工夫論。只是「四無說」，是強調以化去對於本體的相的執爲究竟了義之教爲主。所以批評龍溪教法者，往往只看到對於「理」可頓悟的強調，而忽略了其實亦有在「事」上要漸修的說法。

筆者在此亦贊同此點，故在以上幾位學者的研究成果下，進行龍溪「心悟法門」與「調息法門」之間的次第分類與研究。期望能建構出屬於龍溪良知之教修正系統的次第建立；同時亦期待將對於龍溪良知教法的質疑能在此次第的建立下得到解答與回應，此亦是本文的相關研究課題。

對於王龍溪本身的思想，進行相關的檢視的碩士論文，則有於 2004 年 6 月由呂政倚所著之《王陽明「致良知教」之繼承與發展：王龍溪先天正心之學的衡定》有相關的精要論述。依此文之研究成果而言，認爲王龍溪的先天正心之學沒有成功的將「先天之學」與「先天正心之學」做一個區分。

〔註27〕 高瑋謙：《王門天泉證道的研究：從實踐的觀點衡定四有、四無與四句教》（中壢：中央大學哲學研究所碩士論文，1993 年 5 月），頁 93～101。

　　在修行次第上，容易引起論學與研究上的混淆，認為王龍溪並沒有將「先天正心之學」建立起一個為學的規模，雖然王龍溪認為此學簡易，但是又沒有提出為學的架構與內容是如何建立？只空說一個頓悟！所以不免給人有流入於禪的疑慮〔註28〕，此為呂政倚的研究成果。此等說法近似於勞思光的批評，認為王龍溪已經錯將本體的悟後境界與悟入的工夫相混，將有使工夫無法安立的結果產生。

　　筆者認為呂政倚此言，是由於就良知之教的心悟法門進而討論的而得到的結論，尚未完全見到龍溪教法的本身與全貌。之所以會如此定論，則是因為將龍溪與三教中人的對話忽略而立下的結論。但是就針對此點指控，其實應當詳細參究龍溪言行便能得知，良知教法強調身體與心靈是互不相離。對於上根人而言，龍溪強調以「心悟法門」的接引，由於此等人士之本心彰顯，自身已經有一定的定功基礎成就時，便能夠進入「頓悟頓修」之境。所以對於此等人士而言，則是以不落次第相的教法教化。但是龍溪的教法，並未皆指點上根人，所以對於中下根器人士，也提供一套接引的修證次第。就此而言，可以得知呂政倚應是誤將「頓悟頓修」之境，視為良知之教唯一的修證途經而出此言。

　　故筆者認為王龍溪對於中下根人所採取的入聖措施，則是以「調息法」來培養定力，收攝身心。當定功成就時，便能夠開權顯實，不受人欲影響，而直接進入心悟法門的境界。以此而言，龍溪其實已經有顧及中下根器人士的要求，體會到此等人士必須先從收攝身心入手，才能進入心悟之門。如此方合乎龍溪所言於「理」上要頓悟，於「事」上要漸修的要求。如果呂政倚能將龍溪與三教中人的對話進行分析，必定不會得到此結論。

　　於此成果下可知，必須要將王龍溪的修證理路的次第進行分類整理，才能使此類對於龍溪良知之教的誤解完全剖析。因此筆者便開始建構「良知九次第」修行系統，與良知之教中「心真悟門」與「氣調息門」的工夫論建立。就前人研究成果下，進行良知教法中基礎論與融貫論之整理，期望能將此類質疑，進行一定程度的解決。

　　以上為學界進幾年的相關研究成果，雖然對於「先天正心之學」所談論的心悟法門之道，討論的甚為詳盡。也合乎龍溪先天正心之學的宗旨，但是

〔註28〕 呂政倚：《王陽明致良知教之繼承與發展：王龍溪先天正心之學之衡定》（台北：國立政治大學哲學研究所碩士論文，2004年6月），頁94～95。

就王龍溪所欲接引中下根人方面的文章；以及進行良知之教的修行時，所需要的工夫次第與檢查系統，卻是只些許的提及，並未構成討論之主流方向。筆者認為，此種論題應該進一步去探索求證，才能使儒學思想在實踐上能夠給予中下根器的人士一套相關的修行依據與遵循方向。

即使是上根器的人士，也能夠依循此法與修行次第做一個驗證。也許有人批評此法，是否會背離良知之教先天正心之學宗旨？對此筆者則認為，則是無礙於頓教系統的修證，因為王龍溪本身也認為「理」上雖然可以頓悟，但是在「事」上的漸修也是一樣重要，所以吾人認為次第的建立是必須的。

對於上根人而言，即使是頓悟本心；但是未必能常保而不退，仍然有退墮的風險產生。但是由於在「事」上的漸修，而成就定功的基礎；才能以「不動心」的定力而降伏人欲，進而達成良知本心的熟習不退轉之境界。依龍溪對於良知之教的看法是「熟習」而非「學習」的態度而言，筆者此言正可以當成對於「修」的次第系統的建立。

對上根器的人士而言，所謂的「修」也只是一個次第的修行過程；便是「致良知」本體工夫的展現，也是本心彰顯與熟習程度的深淺過程而已。就此而論，筆者並未背離，先天正心之學的頓教宗旨。故之後在此文的撰寫方向上，完全是依據龍溪的言行，而進行的分類與分析論述為主。以此為筆者的研究方向與進路，進而使良知之教的修證系統能夠得以建立。就目前的前人研究成果下，所欲進行對於龍溪本身思想與修證次第的研究方向，吾人期望能夠將龍溪所言的「悟」與「修」，進行次第分析；並以此為骨幹，進行會通三教修證定功上共法次第，同時解讀龍溪如何以此進行，良知統三教的思想系統的建立，此為本文所邁向的研究方向。

縱觀以上前人的研究成果，給予筆者一個新的討論方向，那便是，自然無欲的心體的雙重意義探究，除了「共法」意義之外，是否能就其「創生義」的一面而言其不共法？由以上所述，可以得知在前人研究成果下，其實已經提供一條可以建立龍溪心學工夫的修行方向，與避免走入龍溪後學流弊的管制辦法；那就是以季彭山和念庵先生的看法為主，可以提供一套過濾除弊的措施。只要龍溪後學的思想與修證，能通過這兩者的檢查，便能不落入佛老二教的見性定義而能保持儒家良知心學的本色。此點也是本文寫作方向之一，筆者亦期待能在前人的貢獻下，更進一步將良知心學的原貌，全面展現於本文中；同時也期望將良知之教的修行次第能夠給予證成，建構一套屬於

儒學成聖的階梯結構。以「道德法則」的「如實觀」爲究竟的立論根據及基礎，加上良知現成的強大信念爲依據，建立良知九次第的於實修上的「基礎論」以及對於良知之教「心悟法門」的「融貫論」，此點爲筆者於此論文寫作下的終極目標。

第三節　研究方法

　　本文所採取的方法是以文獻研究法爲主軸，並輔以概念分析法爲次要研究途徑。在兩者交互運作下，除了對於思路的釐清外，也可以達到將三教成聖的原理和步驟，做一個完整的說明；於本文撰寫中，同時提供一條於實修層方面的管道，在以下幾節，便是本文撰寫中所關注的方向和重點所在。

　　以知識論的角度來看三教，三教都具有對於外在的經驗世界以及內在的自我知覺的體會與洞察。但是就實際的修證而言，必須從「現象」入手；在現象的法則之中，來體會人類認知心靈的先驗形式，此爲必須經過的路線。以本文而言，筆者的進路便是從良知之教中的修證入手，嘗試在心靈認識的能力上，進行「共法」與「不共法」的思想釐訂；同時分析三教對於「悟」與「修」的看法。在此從事文獻分析，以及以概念分析法來探索儒家所言的本心概念，以界定「自然無欲」的定義與修證範圍。

　　其次，本文也嘗試從文獻探討中，來得知明儒王龍溪如何從事對於本心主動與自發性的探索，以及面對儒家經典等知識，是如何做進一步的被動接納與轉化；同時也借用知識論的角度，來看待良知之教是如何進行「心悟」？以基礎論的立場而言，必須將三教的「基本理由」與「基本信念」，以文獻處理的角度進行處理，以便建立出各教的「不共法」的基礎論，與「共法」上的融貫論。

　　因爲以「基礎論」的立場而言，基本理由與基本信念，爲究竟的立論根據及基礎。此點爲自我證成的「不共法」。但是在會通三教的立場上，則必須將「融貫論」的精神納入考量，由於「融貫論」看法認爲，一個眞理是眞，其前提是它必須與其它被稱爲是眞的眞理，在邏輯上相互一致。而所謂的「知識」就是一套在邏輯上相互貫徹依存的體系，就此立場而言，便能夠開使進行三教在「共法」上的次第觀之建立，也能夠將龍溪認爲的「虛」、「實」、「寂」、「感」、「滅」等概念做一個處理。

　　筆者期望以此爲進路，以便進行良知之教中的「心眞悟門」與「氣調息門」等修持經驗的思路建構。以龍溪的看法爲本文的聚焦，進行三教會通思想的次第之建立，此爲「良知九次第」一詞的概念建立。

　　但是爲何名爲九次第？則是因爲筆者之前有參閱佛典的禪定名相，以及龍溪一生當機指點的方式，發現可以有九大類的次第分析，此九類分析是針對根器的利鈍以及受到「氣質之性」的影響的高低而建立，就筆者的理解而言，可以分爲上三品、中三品、下三品，等九種根器的指點，而與道教的九層煉心之說相應，佛教淨土宗，也是將眾生的根機分爲上中下各三品，而有九品蓮台之說。而龍溪與明代淨土宗高僧的蓮池法師曾經有過論辯，故基於本文會通三教的立場下，認爲以九次第爲數，是最好的選擇。正好與三教的渡化眾生的修行次第及根器的分類非常契合。

　　當然筆者也不敢保證此類的分析，是否眞能完全合乎龍溪的原意，但是基於王龍溪認爲「理要頓悟」，但是「行要漸修」的立場下，進行心學次第觀的分析與整理，也在此分類中，將三教對於戒、定、慧上的看法進行整理與討論。雖然在表相上有九次第，但是其實在事實上，都是一個次第，即「致良知」精神的展現，筆者認爲此法的建立，反而能夠爲符合龍溪所言在「行」上則要漸修的宗旨，故於本論文的撰寫中，將設一章專門處理。

　　然而知識的定義，必須要有合理的信念支持。所以筆者在心學知識論方面處理的要素有三，首先是良知之教的信念問題，在此探討龍溪如何面對心學的命題態度與心理狀態，其次處理儒學知識論中的「眞」與「妄」的界定。此爲儒學不共法，有別於佛老的修行關鍵便在於此。以龍溪而言，便是在確信本心的信念之後，如何使此信念確實爲眞的問題處理；最後便是「證成」，筆者亦想探究良知之教之所以能進行三教歸儒思想體系的建立。

　　由上述可知，必須從文獻中找出相當的證據，以及理由知識與證成之間的相互運作原理，方能使筆者所欲建構的「良知九相」的修持見地系統成立。同時在文獻之中，以龍溪的相關言行爲正確的理由，以及立論的依據來支持與建立，每一次第的立論基礎。在「事」要漸修的立場下，進行分類與整理。但是皆能奠基於龍溪的修持經驗，與相互支持的信念系統下，而進行此九次第的架構，此爲本文研究方法的綱要。

　　其次，就研究範圍而言，本論文寫作所選用的古籍，在儒家方面，以《王龍溪先生全集》與《傳習綠》爲主要聚焦範圍。在道教方面，則是以張伯端

真人所著之《悟眞篇》與魏伯陽《參同契》為主要寫作焦點，之所以選擇張伯端為主，則是因為龍溪所使用的道教相關術語，皆在其相關著作中得知，與張伯端的概念非常相似。

同時由文獻得知張伯端早期是先儒後道的修行者，所以在儒道之間會通的術語上的所產生的問題便可以降到最低。也因為處理儒道會通的問題，必須先將術語上的使用及轉換問題，做一個基本的處理。所以就此立場下，基於龍溪對於道教術語的理解以及相關批評，皆是使用張伯端於其著作《金丹四百字》及《悟眞篇》中的專業術語，故筆者認為必須從張伯端的相關著作來入手，方能得知其中的關鍵。如此才能夠得知儒道在實修上可能產生的問題，將此相關問題做一個解決，故筆者是基於實修的立場上的需要，而採用此文來進行處理。

故基於上述所言，筆者認為因為道教其餘支派，則因為龍溪先生本人不進行相關的涉獵，故本文亦不涉及。但是因為張伯端為內丹道派的代表人物，所以在本文討論道教修習內丹而成仙的次第時，勢必以其著作來解析道教成聖原理。

在佛教方面，則是以禪宗《景德傳燈錄》中永嘉玄覺禪師的意見為參考方向，並以《大乘起信論》與《占察善惡業報經》與《大佛頂首楞嚴經》為補充說明，在佛教成聖原理的次第與圓教義中，不離世間而解脫的修行境界的解析。並在此三篇文章中，分析佛教所說的「出離心」的定義，與在佛教中此心的地位，將在此做個說明。

之所以選擇這些文章來處理，則是因為王龍溪的相關言行中，對於佛典的相關經論所提及者，是以《大佛頂首楞嚴經》為主及以《金剛經》為輔助說明。其次則是《壇經》與等文章為主，所以筆者認為必須以此為骨幹來討論，才能夠得知龍溪所理解的中國佛學概念。至於選擇永嘉玄覺禪師的看法，則是因為此人，是得自惠能禪師的優秀傳承者，在尚未見到六祖以前，是精通天台宗止觀與《維摩經》思想的一位修行者，之後由於得到惠能禪師的認可，故名「一宿覺」！足可證明其修為，已經達到禪宗明心見性的境界。而且由其一生的學經歷，以及所接觸的文章可以發現，正好與龍溪所接觸到的原典，有高度的相似性。

所以筆者認為，可以由玄覺禪師的看法，當成是佛教的代表進行回應，至於《大佛頂首楞嚴經》雖然學界對於此經有所疑慮，但是由於此經，已經

被佛教界公認為實修必備經典，而且佛教界相當重視此經所言的修證，所以就義理與實修的立場上，均與大乘的精神相應，即使非佛說，也必定是一位精通佛學的修行者的修行記錄，才能得到佛教界修行者的認同，所以可知此經的義理價值，足以代表大小乘經典的共識。故筆者認為此經必須論及，方能就此而進行儒佛之間的會通，更何況龍溪本人亦曾有所涉獵，亦將此經與《金剛經》並列為代表佛門真實義理的經典，所以本論文必須以王龍溪認為是真實的經典進行處理，至於現今學界對於此經的疑慮，將不深入討論，一切以王龍溪所接觸過並認為是真實的佛學經典進行處理，其他宗派一律不列入討論。

至於為何選用《占察善惡經》為參考文獻？主要的原因，是因為此經，影響了明代四大之一的高僧蕅益智旭棄儒從佛，從早期的陽明心學的擁護者，從闢佛的立場，轉變為護佛的一代高僧。並留下了《占察善惡業報經玄義》等相關著作，由智旭法師一生經歷給予筆者一點反思，那便是陽明心學的思想是否仍然有需要補充說明的地方？假如心學的教理真是如此完備？那為什麼蕅益智旭會棄儒從佛？足可證明此經是有一定的思想義理價值，不可忽略。也不能因為此經較不具代表性而不論。只要此經無法被證明為偽經，又能在義理上與大乘佛典的精神相應，而不違反其成聖的規定，那麼基於此經，能影響一代高僧的思想價值而言，則必須將此經列入討論的範圍，何況智旭亦是蓮池法師的傳承者，而蓮池與龍溪亦是好友，所以由此可知，龍溪的思想必定也影響著早期身為儒生的智旭法師，但是智旭後來卻受《占察善惡經》與《楞嚴經》的影響而出家，從這裡可以看出此兩部經的思想及義理價值不容忽視，故必須列入討論。

在近代文獻方面，以牟宗三先生所著《心體與性體》，以及唐君毅先生所著之《中國哲學原論》系列為主要寫作參考文獻；而此外亦以楊祖漢教授所著《從當代儒學觀點看韓國儒學的重要論爭》與林月惠教授所編之《良知學的轉折：聶雙江與羅念庵思想之研究》為輔助文獻。主要是處理良知學中，對於龍溪的良知心學的修證次第問題，而引發的爭議；以近代學者的研究成果下，由筆者從此成果上，在進行更深一步的解析。在佛教方面，則因受限於筆者的語言能力，所以有關印度佛教等梵文與日文文獻，在本文中則不涉及。

接下來便是研究觀點與範圍之設定，由於本論文的題目是進行良知統三教的研究；所以在撰寫本文中，本文所要處理的觀點，在於聚焦王龍溪先生

的看法，而處理的問題與概念，亦以龍溪著作中所提到的爲主。在道教方面，所提到的是有關於內丹的養生次第與修習問題，所提到的文獻與概念，全部聚焦於《參同契》與《悟眞篇》。所以本文於道教方面，只針對這兩本典籍來做討論，道教其餘支派全部不涉及，以龍溪對於佛教的理解而言，所涉獵的文章與支派，主要聚焦在「禪宗」，故本文其餘宗派典籍不列入討論範圍。主要處理部分，便是限制於中國佛學以內的概念爲主，將焦點放「禪宗」，印度佛學部分不涉入。本文所處理的問題在於佛教成聖原理中，對於佛的法身、報身、化身的修證問題，以及「厭離心」的部分，進行處理。

最後，本文所要處理的便是龍溪所悟的心體，是否會和佛老等同？以及在實際修證上的困難處，在此以明儒季彭山以及聶雙江和念庵的質疑，爲主要處理範圍；來看分析龍溪所說的心體，是處於哪種情況下而立論不落次第？所謂的次第又從何處立論？以及是否每種根器的人都可以使用龍溪所說的成聖方式？以上所述，便是本文所主要處理聚焦的觀點。亦討論龍溪所定義的自然無欲心體，如何兼具三教的「共法」和「不共法」的雙層意義？如何滿足佛老信眾所追求「養生」兼「養德」的目標？亦是本文所處理的焦點，在此以龍溪所理解的佛老典籍宗派爲觀點設限處，來集中焦點討論，其餘部分均不涉及。

在本文研究進路方面，吾人所切入的下手點，爲「自然無欲」心體的定義，由此入手來解析說明，良知心學的「共法」和「不共法」意義。其次，由此心體，如何能兼備「寂與感」但是不流於佛教的「寂而滅」？以此來下手分析佛教成聖原理的優缺點，由「虛與實」相生而不落入「無」的一面來分析道教成仙原理的利弊。下一步便是從三教同樣都有利益眾生的一面，來作爲「共法」的融會解析；以及「不共法」部分的毫釐之差，來分析三教所證的心體本質的差異。

從心體本質的差異來解析，王龍溪如何說明良知心體能保持住「創生義」，而不落入佛老的「出離心」；以及在此解析儒家無條件爲善與佛老「有條件爲善」的優缺點差異，最後再回歸於良知心體的本質意義。彰顯良知心體的「共法」意義與「不共法」意義，達到三教歸儒思想的建立。之後更進一步處理，對於良知心學的「悟」與「修」問題。本文所處理者，便是龍溪對於因地次第的建立修習整理，與果地不落次第的分析；最終，再以此心體所可能產生的流弊做處理與防範。

　　至於研究成果與研究進路方面，因為本文的論文主題，主要是聚焦在王龍溪對三教的看法與批評；以及良知心學的究竟義與成聖次第的解析，此為本文初步的文獻處理方式。在此使用「文獻分析法」為第一步的進路，再以「概念分析法」為輔助，期望在一手文獻的解讀下，將龍溪的原意解釋清楚。主要處理的範疇在對於佛教「出世思想」與「如幻觀」思想的反思與批評。以及道教追求肉體長生思想所可能產生的缺點分析，此為本文主要的處理焦點。其次以牟宗三與唐君毅對於三教的圓教思想的研究成果來做為本文的文獻回顧與背景。

　　由於本文所使用的方式是以「文獻處理」與「概念分析」為研究方法主軸，所以在收集資料的立場上，以清道光壬午年刻本的原典為主要參考版本，所保持的立場在於回復龍溪思想的本來面目。而此用意在於保持原來思想的純淨的閱讀與解析，期望在一手文獻的重心閱覽之下，務必使龍溪思想的原貌全面展現，進入當時的思想背景與文字的使用的原來意義，以現代的概念重新剖析析，此為第二步進路。

　　第三步進路，便是良知心學的「悟」與「修」的次第解析，以及由相關文獻將三教的成聖次第分別解析。在以儒家的立場為主，來討論良知之教的圓教義與三教歸儒成聖次第的解析。在此所要面對的問題，便是在於將龍溪原文中對於良知之教的次第整理，由於龍溪本人的態度都是隨機指點，所以有關良知之教的修行次第的看法便分散於各章節。筆者勢必花費相當的心力與整理，但是在此過程中，預估可以達成龍溪思想的系統的初步建立。

　　成果在此預計為良知之教「心真悟門」與「氣調息門」的次第分析與建立，將心學的修證境界，進行九大類的解析。雖然龍溪一生的言行中有提到漸修的步驟，但是由於沒有一套專門的術語，來將此心靈境界的狀態進行明確定義，所以這是次第建立中的首要困難處。所以筆者在此嘗試借用佛教的一些名相術語，為分類的標準；但是在內容上則以龍溪看法為主要核心，以求不失去其儒家的本質意義，筆者在此先暫定為「良知九相」，代表修證心學的心理狀態分析。

　　以上便是本文章節的安排進路，吾人預期的研究成果，便是在於三教成聖原理的差異解析詳盡；以及與良知心學中「自然無欲」的雙重意義的建立。其中包含見性義的區分與共法的深度會通處理，同時將良知學中的次第問題做初步的解決。期望整理出良知心學中，適用於一般人亦可修習的次第工夫。

並試圖以龍溪本人的看法，回應勞思光的質疑。最終，針對修習良知心體時，為了避免走向龍溪後學的思想弊端；以彭山與念庵為代表，來建立一個過濾良知心學思想的防弊體系。如此一來，無論是修行良知心學方面，所產生的各種問題，與相關證悟，是否會走向佛老思想的缺點？將在此防弊思想的檢定下，一覽無遺，同時這也是本文撰寫的目標。

此外，吾人也打算將三教在修行上的「共法」與相似的境界，依據良知之教的九次第修證，分別剖析與分類整理。此為初步嘗試，雖然未必皆能符合三教中人所認同的標準；同時筆者也缺乏實修上的修行經驗，但是為了因應對於三教共法上的次第會通，所以筆者打算參考三教相關原典的看法做為立論根據，以及王龍溪對於修行經驗的分析。以龍溪的言行為中心聚焦，順便進行分類整理。筆者認為這樣的文獻處理，可以有助於後世研究者進行對於三教共法的研究，到底可以會通到的極限是在何處？這是筆者企圖從此論文的寫作中，進行探討的方向，同時也可以知道，儒家所言之「道德法則」的「如實觀」；以及佛家所言之「性空正見」的「如幻觀」，到底兩者在進行「去妄存真」的立場上，可以完成多深的共識？直到何處才是「不共法」之所在？對於此點的追尋，也正是本文建立次第分析的原因之所在。

第二章　王龍溪對道教的理解
　　　　與良知的融會

第一節　前　言

　　王龍溪在晚明時期，提倡以良知爲主來融合三教。其中對於道教的看法，是站在儒家養德的立場來討論，以分析道教的養生觀和內丹的修煉。認爲道教的養生觀其實在儒家的義理內涵中已經融會在其中，提出只要以良知爲主，以儒家的「存神」爲主的修煉方式，便可以達到養德兼養生的效果在於其中。不需要另外藉由道教的養生工夫來入手。

　　雖然強調儒家與道教的不同，但是在皆講求「性」與「命」的基本概念的觀點上，卻是可以不分宗派而相互融通的。儒道之間的差距，在於道教強調性命雙修，儒家講求性命合一。相同之處在於兼顧「神」與「氣」；不同之處在於下手的地方，和最初的動機，道教以氣爲主來達成「煉神還虛」的境界，但是王龍溪認爲可以直接以良知爲主，以戒愼恐懼的工夫來下手當下進入「煉神還虛」的境界。

　　此時良知便是道教的元神和「性」，良知元神的流行，便是道教所說的「命」，只要以良知爲主，便可以與道教在性命雙修的觀點上達成共識。此時便是儒家上品先天之學的呈現，不執著於身體的修養，而以德行的涵養來達到養生的效果。此時的成就，更在道教的養生工夫之上。

　　本章所要討論的範圍，在於王龍溪對於道教在「養生」的看法，同時論

述以儒家修證的方法，來融合內丹之學。以及對於道家「虛」與「靜」的工夫的融攝，龍溪立論的觀點在於易學上的共識，以此來融會道教的看法於良知教法中。本文除了分析儒者對於養生工夫的看法外；也將道教中內丹學的基本修行次第做基本介紹，並以此來看龍溪的看法是否和道教內丹學派所立論的方式有所出入？並討論心學家如何運用易學來將道教中的內丹學派的養生概念，融會於良知中。以達到龍溪心中所預達到三教會通的理想境界。

第二節　王龍溪對於內丹工夫的理解

傳統丹道一派，所追求的「內丹」，主要修行的重點聚焦在「性」與「命」。「性」指的是元神，「命」指的是精氣。主張性命雙修來成就人體內的金丹，以「真汞」來比喻人的心神，就是「元神」；以「真鉛」來比喻「元精」，道教的「真土」就是心中真意的調和作用。當真汞與真鉛相互運作時，需要真土還調和運作兩方以便成就內丹。煉丹最重要的重點在於「火侯」的控制，以此進行逆煉歸元的境界。〔註1〕

道教南宗祖師張伯端云：

> 真土擒真鉛，真鉛制真汞。鉛汞歸真土，身心寂不動〔註2〕。
>
> 藥物生玄竅，火侯發陽爐。龍虎交會時，寶鼎產玄珠〔註3〕。
>
> 火侯不用時，冬至不在子。乃其沐浴法，卯酉時虛比〔註4〕。

張伯端指出煉丹的關鍵處，在於以意念控制火侯。五行屬土，在道教叫做「意土」，以龍比喻為「元神」，就是「離卦」，代號為「汞」。而以虎比喻為「坎卦」，五行屬水，代表「元精」，道教術語叫做「鉛」，元精的特色，在於容易順行。由於「元神」容易因心亂而喪失，所以內丹修煉強調坎離交媾；以真鉛沉重的特性，控制真汞輕浮的特色，使元神不易散失。最後以「元神」駕馭「元精」而成藥。目的在於使內精不失，利用五行中神生精，精生氣，氣生神的原理，而將精氣神都歸於丹田而成就內丹。進入達到純陽的生命境界，

〔註1〕　參閱自任繼愈主編《中國道教史》（台北，桂冠圖書公司印行，1991年10月），初版，頁545～547後不贅述。

〔註2〕　【宋】張伯端：〈金丹四百字〉《中華道藏第19冊》（北京：華夏出版社發行，2004年1月），初版，頁488。

〔註3〕　【宋】張伯端：〈金丹四百字〉《中華道藏第19冊》，頁489。

〔註4〕　【宋】張伯端：〈金丹四百字〉《中華道藏第19冊》，頁489。

也是道教的成仙境界。

以實修過程而言，則有「煉精化氣」到「煉氣化神」的修行，如下：

> 用鉛不得用凡鉛，用了眞鉛也棄捐。
>
> 此是用鉛眞妙訣，用鉛不用是誠言〔註5〕。
>
> 四時會時玄體就，五行全處紫金明。
>
> 脫胎入口身通聖，無限龍神盡失驚〔註6〕。

之後進入「煉神還虛」的境界：

> 赫赫金丹一日成，古仙垂語實堪聽。
>
> 若言九載三年者，總是推延擬日程〔註7〕。

「煉精化氣」的原理，主要是將後天被人欲所污染的「淫溢之精」、「呼吸之氣」、「思慮之神」，在火侯的控制下，將人欲等後天雜質掃除，而累積先天元精，進一步將元精利用精氣相生的原理，轉化爲「元氣」，成就外藥。此時可以將命功成就，這時候的內丹已經可以達成基本養生的需求，進一步進入「煉氣化神」，以「靜」、「調」、「意」、「內視」的工夫來成就內藥。可以成就「性」功，對治心靈，最後將內外藥合一，便成就不死的大藥而成仙，道教稱此時爲「性命合一」。

在實際的修行上，主要步驟是以鉛「元精」鎖住汞「元神」，在子時到巳時，進陽火，在午時到亥時，要退陰符，在卯酉時，不增進火也不減退火，內丹的鼎器是丹田，以後天八卦中的「乾」與「坤」二卦來比喻。乾宮代表頭部，坤宮代表腹部和丹田，所使用的藥物爲人人本具備的精氣神；所謂「火侯」，就是以意念來掌握呼吸，經由「煉精化氣」之過程，使元神下降，使元精上升，在文武火配合下，達到「陰盡陽純」的效果。此時便能將「元精」逐漸化盡，進入「煉氣化神」的階段，最後將元神化爲純陽而成「金仙」，如此便是「煉神還虛」的丹功成就境界。

依據魏伯陽所著的《參同契》分析如下：

> 魏伯陽作參同契以準易，爲萬世丹經之祖。以乾坤爲鼎器，以坎離爲藥物，以坎離交姤爲火侯，皆寓言也。究其竅妙，不出「心息相依」之一言。心之依息，以神而馭氣也；氣之依心，以氣而攝神也。

〔註5〕【宋】張伯端：〈悟眞篇〉《中華道藏第19冊》，卷中，頁381。

〔註6〕【宋】張伯端：〈悟眞篇〉《中華道藏第19冊》，卷中，頁389。

〔註7〕【宋】張伯端：〈悟眞篇〉《中華道藏第19冊》，卷中，頁379。

神爲氣，氣爲命，神氣渾融，性命合一之宗也。身心兩字，是火是

藥，故曰：「近在我心，不離己身，抱一長生之訣也。」〔註8〕

在此分析所謂的成丹，以「乾卦」和「坤卦」爲鼎，以乾卦分出來的離卦，以及源自坤卦所產生的坎卦爲藥物，離卦和坎卦的相互作用，就是心中的「元神」，與身中的元氣相互調節與資養的過程。首先要進行「保精」、「行氣」和「養神」，接下來是控制兩者之間的調節便是「火侯」。可以分爲「文火」與「武火」，文火的功能在於溫養沐浴，武火的功能在於控制進退，元神代表「性」，元氣代表「命」，而道教的內丹成就，就是指性命合一而神氣渾然融會於一體的境界。所成就之功能，便是保養精神在生理上逆轉，以完成肉體長生的效果。

內丹修行的次第在於初步靜定的工夫，來成就見到「元性」的程度，才能得到煉丹所需的藥物，就是「元氣」與「元精」；由之前已經成就的靜定之心，來照顧引導，以及煉「精」與「氣」，這種工夫叫做「以性安命」。可成就到「煉精化氣」和「煉氣化神」的程度，這時以先天精氣爲藥物，以元神爲所生的「真意」爲主人，而成就「命」功。〔註9〕

見性的步驟可分爲在初步見到元性時而成就「命」，以及在元性盡現時而成就「性」，此時便是當下煉神還虛的境界。也是「性」與「命」合一的境界，便是道教養生理論所要追求的目標，也是形神俱妙又天人合一的境界。也是成就金仙的境界，這便是先「性」後「命」的修行次第，而成就的生命境界的歷程。〔註10〕

由上述得知，道教的養生在於「內丹」的成就。以追求肉體的長生形態，以身體的修煉爲主，強調「性命雙修」。以「神」調「氣」、以「氣」凝「神」、最終進入「元神」與「元氣」的相互轉化而融合於天地中，以成就金仙〔註11〕。道教內丹學家認爲佛教禪宗沉醉於「明心見性」，只能夠出「陰神」，進而成就「鬼仙」之下級仙人境界。不像道教的性命雙修能同時顧及身體的修煉，也因此道教認爲所修行的成就，便在佛教之上。可以進入「陽神」的境界而

〔註8〕 【明】王龍溪：〈易測授張叔學〉，《王龍溪先生全集》（臺北：廣文書局股份有限公司，2000 年 11 月），初版，卷 15，清道光壬午年刻本影印，頁 1050後不贅述。

〔註9〕 任繼愈主編《中國道教史》，頁 549。

〔註10〕 羅偉國著《道教的奧秘》（台北，桂冠圖書公司印行，1995 年 8 月），初版，頁 16～17 後不贅述。

〔註11〕 彭國翔著《良知學的發展：王龍溪與中晚明的陽明學》（北京，新華書店印行，2005 年 1 月），初版，頁 272～275。

成就天仙的果位。〔註12〕

從基礎理論來看，道教是以古代天人感應說爲根據來立論。所以內丹學強調修行應該效法周天運行的規律，以乾坤爲「鼎爐」的符號，以坎離爲「藥物」的代號；以六十四卦的陰陽進退爲「火侯」掌握的依據，以五行爲要物轉換的嚮導，所謂的「藥物」就是精、氣、神。

其中「精」爲基礎，「氣」爲動力，「神」爲主宰，所謂的「鼎爐」就是人體，而乾坤就是「頭部」與「腹部」，火侯就是呼吸的速度。此爲內丹修行的要素與法象，以意念來進行操作，遵行從「有」歸於「無」的過程，最終達到「五氣朝元」的陽神境界，此爲道教修行的特色。面對此點，龍溪勢必給予解析與回應〔註13〕。

首先是對於道教養生的方式分析：

> 先生曰：「此事非可強爲，須得其機要，有制煉魂魄之功始得，伏藏始無滲漏。荊川自謂得其機要，能煉虛空，亦曾死心入定，固是小得手處，然於致良知功夫，終隔一塵。蓋吾儒致知以神爲主，養生家以氣爲主。戒愼恐懼是存神功夫，神住則氣自住，當下還虛，便是無爲作用。以氣爲主，是從氣機動處理會，氣結神凝，神氣含育，終是有作之法。」〔註14〕

儒家的工夫和養生家最大的不同處，在於儒家以「存神」的工夫下手，而養生家以「氣」爲修行重點。龍溪認爲只要關鍵處的元神掌握住，以「戒愼恐懼」的工夫來達成還虛的效果，便可以兼顧元神與元氣。不需要像道教一樣，刻意以養生爲修行的重點。龍溪的重點放在「養德」，但是同時又有養生的效果在其中，認爲養生家刻意將修行的重點放在「長生」，雖然也可以此強調修心的重要性，但是終究不夠徹底，不像儒家一樣完備。

除此之外，於道教培養內丹的工夫，龍溪以易卦義理中的「坎」卦及「離」卦來分析，內容如下：

> 先生曰：養生家懲忿則火自降，是爲火中取水，窒慾則水自升，是爲水中取火。真水真火一升一降謂之既濟，中有真土爲之主宰，真

〔註12〕彭國翔著《良知學的發展：王龍溪與中晚明的陽明學》，頁282～283。
〔註13〕詹石窗著《道教文化十五講》（台北，五南圖書股份有限公司印行，2005年12月），初版，頁256～258後不贅述。
〔註14〕【明】王畿：〈三山麗澤錄〉，《王龍溪先生全集》，卷1，頁116～117。

　　　　土即是念頭動處。土鎮水，水滅火，生殺之機、執之以調勝負者也。
　　　〔註15〕

養生家的工夫，認為主要是以使忿恨的心靈平靜，火以「離卦」表示，只要能使內心平靜，便是在心火中得到腎水的調節，此法可以使嗔恨的心火下降，以意念制止欲望的流動，來達成腎水的飽滿。造成使水生起的效果，這是初步將煉丹時所需要的人體資糧，所做的基本工作，接下來利用兩者的交互作用，來進行下一步的調節。

　　當進入利用人體內的五行中「水」與「火」的交互作用的階段時，此時便是易卦中的「既濟卦」在人體的呈現。但是養生家認為，只有五行彼此調節得當，才可能成丹。故需要利用人體內的「真土」，來做為控制兩端的關鍵，利用五行中土可以剋水，水可以剋火，火可以生土，三者之間的調節，和火侯的控制。王龍溪指出，這就是生殺之機的關鍵，也是養生家修證的重點。故以易經卦象中的「坎卦」、「既濟卦」、「離卦」三者將煉丹術的重點，分析的很清楚明白。

　　由於三教的精華都在於易學上，即使是強調養生的內丹學派的道教修行者，其煉丹的理論也不脫離於儒家的易學與五行之外，所以王龍溪便嘗試以儒家易理來融通道教的養生內丹之學，如下所示：

　　　　自今言之，乾屬心，坤屬身；心是神，身是氣。身心兩事，即火即藥。元神元氣，謂之藥物；神氣往來，謂之火侯。神專一則自能直遂，性宗也；氣合聚則自能發散，命宗也。真息者，動靜之機，性命合一之宗也。一切藥物老嫩、浮沉火侯、文武進退皆於真息中求之。『大生』云者，神之馭氣也；廣生云者，氣之攝神也。天地四時日月，有所不能違焉。不求養生，而所養生在其中，是知謂至德。盡萬卷丹經，有能出乎此者乎？〔註16〕

從易卦來融會道教內丹學派的養生概念，以乾卦代表「心」和「元神」。這是道教中所說的「藥物」，也就是真汞。以坤卦代表「身」和「元氣」，代表內丹概念中的「真鉛」，以存神為主要的工夫，來下手駕馭「元氣」，以達到乾卦的大生境界，亦從坤卦來下手進行「以氣攝神」的工夫。以此達到坤卦的廣生，元神與元氣之間的交互作用，便是「火侯」。等於道教內丹學概念中的

〔註15〕　【明】王畿：〈留都會紀〉，《王龍溪先生全集》，卷4，頁325。
〔註16〕　【明】王畿：〈東游會語〉，《王龍溪先生全集》，卷4，頁293。

真土，以此來成就儒家的金丹。

龍溪云：

> 良知兩字，範圍三教之宗。良知之凝聚爲精，流行爲氣，妙用爲神，
>
> 無三可住，良知即虛，無一可還。此所以爲聖人之學。〔註17〕

龍溪認爲「元神」就是良知的妙用，「元氣」只是良知的流行，而念頭動處就代表煉丹所要運用的「火侯」，三者運用得當，則可以成就良知的金丹，也達成「性命合一」的效果。不過儒家以養德爲主，進行「逆覺體證」的工夫，道教以養生爲主，以「逆煉歸元」爲主要方向，但是以儒家的工夫而言，可以達成不刻意去養生，卻達到長生的效果，這是儒家勝過道教內丹派的地方。

對於儒家的「性」「命」的定義如下：

> 性是心之生機，命是心之天則。〔註18〕

龍溪在此將良知的概念，以易理的方式將道教的內丹術融會在於良知之中，以良知爲儒家所要成就的金丹意涵。以取代了原來道教中以養生爲主，而成就內丹的地位，關鍵在於龍溪以儒家的義理來重新解釋道教的性命雙修，這是儒道二教對於「性」與「命」理解層次不同的地方。

對於道教的養生工夫的理解，除了內丹的工夫以外，同時也必須注意到三教在於修養身心的工夫上融會的共通處，進而講述如下：

> 至人有息而無睡，睡是後天濁氣，息是先天清氣，莊生所謂六月息，
> 孔子所謂向晦入燕息，息者所謂休息之謂〔註19〕，息有四種相：一
> 風，二喘，三氣，四息。前三爲不調相，後一爲調相。坐時鼻息出
> 入覺有，是風相也。息雖無聲，而出入結滯不通，是喘相也。息雖
> 無聲，亦無結滯，而出入不細，是氣相也。坐時無聲，不結不麤，
> 出入綿綿，若存若亡，神資沖融，情抱悅豫，是息相也。守風則散，
> 守喘則戾，守氣則勞，守息則密。前爲假息，後爲眞息。欲習靜坐，
> 以調息爲入門，使心有所寄，神氣相守，亦權法也，調息與數息不
> 同，數爲有意，調爲無意。委心虛無，不沉不亂，息調則心定，心
> 定則息愈調。眞息往來，而呼吸之機自能奪天地之造化！〔註20〕

〔註17〕 【明】王畿：〈南游會紀〉，《王龍溪先生全集》，卷7，頁466。

〔註18〕 【明】王畿：〈書累與簡瑞錄〉，《王龍溪先生全集》，卷3，頁273。

〔註19〕 【明】王畿：〈與李原野〉，《王龍溪先生全集》，卷9，頁585。

〔註20〕 【明】王畿：〈調息法〉，《王龍溪先生全集》，卷15，頁1061。

龍溪認爲要進入靜坐的準備工作，首先要從調整自己的呼吸做起。初步進入時，會發現自己的呼吸的聲音，在刻意的去調整下，反而成爲不調和的狀態。

此等情況有三種，第一種是察覺自己呼吸的流動，專有名稱叫做「風相」；接下來雖然能突破而不執著於風相，能將此放下，而放慢自己呼吸的急促，達到和諧而緩慢的流暢。但是由於過份在意無聲，而導致將呼吸的氣鎖在身體的喉頭，而無法眞正將氣全部凝聚到丹田，而導致阻塞，叫做「喘相」。即使突破前兩關，但是卻進入呼吸粗大，叫做「氣相」，都是代表調息工夫尙未圓滿的境界，因爲尙帶有刻意作爲的意識去調息。

龍溪認爲以「數息」法是刻意去控制呼吸，而「調息」是不刻意的去控制呼吸。但是控制呼吸，是初步進入調息法的方式，使心有專注的地方，「元神」與「元氣」可以藉此來調整得宜。當此心能沒有雜亂的時候，呼吸自然能暢通，而進入「眞息」就是良知的境界，使內心柔和調順，自然進入不散亂的境界，所以便能從心靜而淨心，來成就正定。

儒者養生的調息方法，需要以「道德法則」爲宗，在心靈無欲的情況下，來進行調整呼吸與心念，方能達到身心健康、自由、清淨、解脫的生命境界。而三教在這一個目標上是一致的，不過最初的發心不同，所成就的境界也不同。儒家強調以「養德」爲主，道教以「養生」爲主，佛教以「解脫」爲主。但是都不能離開「調息」和「定功」的共法修行，在儒家叫做「燕息」，佛教叫做「反息」；在道教叫做「踵息」，而良知就是遍佈三教的共法。

對此共法，龍溪云：

> 一念微明，常惺常寂，範圍三教之宗。吾儒謂之「燕息」，佛氏謂之「反息」，老氏謂之「踵息」，造化闔闢之玄樞也。以此微學，亦以此衛生，了此便是徹上徹下之道。〔註21〕

亦云：

> 千古聖學，存乎眞息，良知便是眞息靈機。知得致良知，則眞息自調，性命自復，原非兩事。〔註22〕

縱觀以上所述，王龍溪在此認爲只要將調息法的工夫，賦予致良知工夫的意涵，從精神上的轉化爲主；初步優先以立德爲主要動機，自然能在開始先健全心靈。其次，也能使身體輕鬆自在，達到長生的效果。便是儒家式的身心

〔註21〕 【明】王畿：〈調息法〉，《王龍溪先生全集》，卷15，頁1061～1062。
〔註22〕 【明】王畿：〈留都會紀〉，《王龍溪先生全集》，卷4，頁326。

修養特色，龍溪認爲此法能勝過道教養生觀，關鍵就在於精神上的最初發心，是以養德爲主要入手，只有致良知工夫的完備，才能夠成就圓滿的生命。

　　就龍溪以上所言，其實也與道教「性命雙修」的精神相應，只是道教認爲必須先保持基本長生的條件，才能夠去進行心靈的修養，將性功列爲次要條件，就此點而言，龍溪認爲不妥，因爲萬一當命功的修習不能完成時，也使心靈的道德修養也一並退失而無所獲。反之，若以儒學的道德修養爲主，來帶動長生的效果，即使無法完全成就命功的修養，但是由於已經將心力安置於本心的契合，已經可以成就一爲往道德修養的君子，就道德價值意義而言，以心學的修證層次較高，但是就長生的修證而言，則是以道教的功法較爲完備，此爲儒道二教的差異，筆者在此的分析認爲，二者的差異在於是先「性」後「命」及先「命」後「性」的順序不同而已。但是皆重視「自然無欲」的內心修養，張伯端云：

　　　　心者，神之舍也，心者，眾妙之理，而宰萬物也。性在乎是，命在乎是。若夫學道之士，須先了得這一個字，其餘皆後段事矣〔註23〕。

就張伯端的看法而言，其實仍然是以心爲下手處，之所以強調命功的修習，也只是爲了以長生爲誘因，而施設的一種權法，最終仍然是要從本心入手，此點爲上品丹法的精神，龍溪在此與之相應，故認爲一般道教人士的修行仍然不及儒家究竟，乃是因爲心學的修行，已經合乎道教上品內丹學的精神。所以不須另外修習道教的養生法，但是此點是否正確？將於之後的章節進行深究。

第三節　王龍溪的儒道之辨與融會

　　王龍溪對於道教的批評，是建立在儒家以養德的立場來立論與融會。但是若以此來立論與批評道教的養生觀，似乎無法說服一般信眾。因爲道教本身即使強調「養生」，但是也有先以修心爲主的一派。若以儒家爲本位的價值意識來思考，則無法完全使道教中人心服，針對於此，龍溪開始嘗試，在不失去儒家的主旨之下，將道教的術語重新詮釋，並賦予儒家的意涵，建構一條可以走向三教融通而歸於良知之教的修行系統。

〔註23〕　【宋】張伯端：〈玉清金司青華祕文金寶內鍊丹訣〉《中華道藏第 19 冊》（北京：華夏出版社發行，2004 年 1 月），初版，頁 493。

因此，必須先將儒家與道教在「性」與「命」上的觀點，重新以儒家的意義再度解釋。方能達到融會道教的效果，如下所示：

> 天地交泰而萬物生，上下交而萬化行，神氣交而百骸理，交則爲泰，不交則爲否，否泰之機，消息之道也。夫人之所以爲人，神與氣而已矣。神爲氣之主宰，氣爲神之流行，一也。神爲性，氣爲命，良知者，神氣之奧，性命之靈樞也。良知致，則神氣交而性命全，其機不外忽一念之微。安此者謂之聖，修此者謂之賢。〔註24〕

王龍溪指出，良知本身包含「性」與「命」，以「泰卦」來詮釋。認爲人的組成，不過是「元神」與「元氣」的聚合。強調修行必須以以元神爲主，而元氣只是元神的流行，本身其實就是一體的兩面。所謂的「元氣」就是「命」，元神就是「性」，只有致良知的工夫到成就，才是完整的「性命雙修」。

由於良知的特色是認爲「體」與「用」爲一體，故修證上也必須合一，而無法分離。而「致良知」工夫，是一切成就聖賢所必需通過的道路，在此可看出儒家對於性命雙修的方式的不離，而勝過道教的「先性後命」或「先命後性」的分離修行方式。

但是即使強調以「養德」爲宗的致良知工夫，在面對一般人追求長生的渴望時，仍然是認爲養生的重要性勝過養德，對此龍溪云：

> 夫性命本一，下士了命之說，因其貪著，而漸次導引之云爾。若上士，則性盡而命實在其中，非有二也。戒慎恐懼還是孔門眞火候，不覩不聞，還是先天眞藥物。先師所謂「神住則氣住、精住」，而仙家所謂長生久視在其中矣。此是性命合一之機，直超精氣，當下還虛之秘訣。〔註25〕

對此，以張伯端的立場而言，符合上品丹法的修證精神，亦云：

> 金丹之道，始然以神而用精氣也，故曰神爲重。神者，性之別名也〔註26〕。

龍溪在此將強調養生一類的人士，歸屬於下品。認爲仍然執著於生命的貪婪，失去儒家無欲的本懷，再度強調「性命雙修」的重要性；不論是從那裡入手，

〔註24〕 【明】王畿：〈同泰伯交說〉，《王龍溪先生全集》，卷17，頁1254。
〔註25〕 【明】王畿：〈示宜中夏生說〉，《王龍溪先生全集》，卷17，頁1257～1258。
〔註26〕 【宋】張伯端：〈玉清金司青華秘文金寶內鍊丹訣〉《中華道藏第19冊》（北京：華夏出版社發行，2004年1月），初版，頁506。

都是一定要進入「性命雙修」的階段。在此便將原本內丹家所說的火侯意義，用儒家的「戒愼工夫」來取代。並以儒家的不覩不聞來取代煉丹藥物的意義，並以元神為主要入手處，認為這是性命合一的關鍵，以此工夫入手可以勝過內丹道派的修行次第。當下進入還虛的狀態，並在此賦予儒家的良知意義，既可以達到養生的功能，也融會了道教的精華在良知教法中。

同時也說明過份追求養生的缺點如下：

> 世之養生，則異於是，裂性命為兩端，分內外為二物，或迷於罔象，
> 或滯於幻形，甚至顛溟濁亂，軀殼渣滓之為循。〔註27〕

龍溪認為「性」與「命」要同時並進修行的，但是若是以養生為最初的動機，則是將性與命分做兩個不同路線。也容易因為執著於身體，而在最初發心動機的不正而容易導致心神混亂而類似修習不當的缺點展現，認為還是要歸本於儒家的方式來修行比較妥當而自然。

針對於此，龍溪提出以儒家為主的「性命雙修」，來融攝道教的養生觀，以儒學家的「養德觀」來代替，但是同樣可以達成養生的效果，龍溪表示：

> 夫儒者之學，以盡性為宗。性者，萬劫不壞無漏之眞體。只緣形生
> 以後，假合為身，而凡心乘之，未免有漏。故假修命之術以煉攝之，
> 使滌除凡心，復還無漏之體，所謂借假修眞修命，正所以復性也。
> 即以養生家言之，性以心言，命以身言，心屬於乾，身屬於坤。身
> 心兩字，即火即藥，一切斤兩法度、老嫩淺深，皆取於眞息。眞息
> 者，性命之玄機，非有待於外也。是故盡性以致命者，聖人之學也；
> 修命以復性者，學者之事也。及其成功一也。若謂儒者之學不足以
> 養生，而別取於命術，是自小也。〔註28〕

由此看出儒家的養生方式，一樣可以達到道家的內丹養生的效果。但是儒家的目標在於回復本心「性體」，而養生家則注重「修命」，所以道教最初的發心在於修命以復性。但是由於以凡心做主來進行修證，所以成就的格局並不高，反之，以養德為主的動機來進行修行，反而能夠掌握重點的圓滿性體，自然達到能養德兼養生的效果。龍溪以儒家的本色，來破斥對於儒家在養生工夫上不及內丹道派的說法。

對於儒家與道教養生觀的看法，亦以良知來指點與融會。龍溪云：

〔註27〕　【明】王畿：〈壽鄒東廓翁七十序〉，《王龍溪先生全集》，卷14，頁983。
〔註28〕　【明】王畿：〈壽史玉陽年兄七十序〉，《王龍溪全先生全集》，卷14，頁986。

> 千古聖學，存乎眞息，良知便是眞息之靈機。知得致良知，則眞息
> 自調，性命自復，原非兩事。若只以調息爲事，未免著在氣上理會，
> 與聖學戒愼不覩，恐懼不聞，致中和工夫終隔一層。〔註29〕

由此可知，心學家認爲「養德」與「養生」是可以在致良知工夫下同步進行。
但是龍溪將道教所說的「先天清氣」的眞息概念，以良知的概念來融會和代
替。並賦予儒家的意義來融通，這是一種必要的手段，但是也堅持儒家的本
色必須保住，所以在本質上的義理思想，仍然是以儒家爲主幹。企圖從儒家
的經典，來找出立論的根據，以強調儒家的義理可完全融攝道教義理。認爲
「眞息」就是「良知」，在此說明了龍溪對於「調息」的看法，已經具備不同
於一般道教的調息概念。〔註30〕

除了對於儒家與道教在生死的看法上差異，以良知來解釋和融會以外，
同時亦提出以儒家爲主的還丹方法。如下所示：

> 吾儒之宗，未嘗不養生，但主意不爲生死起念。陽明先師良知兩字，
> 乃是範圍三教之宗，是即所謂歷劫不壞先天之元神。養生家一切修
> 命之術，只是隨時收攝，保護此不壞之體，不令向情境漏泄耗散，
> 不令後天渣滓攪和混雜，所謂神丹也。凡鉛汞龍虎種種譬喻，不出
> 情性兩字。「情來歸性初，乃得稱還丹」，已一句道盡，外此皆旁門
> 小術。吾儒未發之中、發而中節之和，皆是此意，其要只是一念之
> 微識取，戒懼愼獨而中和出焉，即火侯藥物也。中和位育即宇宙在
> 手，萬化歸身也。此千聖相傳性命之神機，在人時時能握其機，不
> 爲情境所奪，不爲渣滓所染，謂之還丹。隨緣聚散，一日亦可，百
> 年亦可，更無生死執客，與太虛同體，與大化同流，此大丈夫超脫
> 受用、功成行滿之時也。微驅繫念，去道日遠，千聖過眼，良知吾
> 師。毋謂吾儒與養生家各有派頭，長生念重，未肯放舍。只專心定
> 念，承接堯舜姬孔一派源流，亦不枉卻大丈夫出世一番，未修仙道，
> 先修人道，到此辨別神仙有無，未爲晚也。〔註31〕

由上述可知，儒家的教理並非沒有養生的工夫，只是儒家重點不放在養生，
而是重點在於王陽明所提倡的良知。良知本身永恆常在而沒有毀壞，是宇宙

〔註29〕 【明】王畿：〈留都會紀〉，《王龍溪先生全集》，卷4，頁326。
〔註30〕 彭國翔著《良知學的發展：王龍溪與中晚明的陽明學》，頁295～296。
〔註31〕 【明】王畿：〈與潘笠江〉，《王龍溪先生全集》，卷9，頁611～612。

本體，也是道德實踐的主體；心的流行處便是性體的展現，即存有即活動，致良知的工夫便已經完備道教養生工夫。「性體」就是良知，也是道教所說的「元神」，而專以養生為主的工夫和修行，在龍溪的眼中道教只是將外在會使精、氣、神三寶耗洩的機會全部斬斷，最終目的，也在於和儒家一樣見到不壞的元神性體。由此可知，龍溪已經初步融會道教元性的概念，將此點收攝於儒家的良知本心與性體下，並賦予良知之教中成丹的意涵。

道教修行所使用的「鉛」與「汞」的概念，分別代表人的心神與人體生命的元氣，龍溪認為這些術語都只是儒家養生工夫中「性」與「情」的運作而已。如果不能見到「元性」，都不是真正的還丹。元性在龍溪的論點中，已經給予良知教理中性體的意義在其中。認為還丹的精義就在於此，與這一點不相應之一切修行，在龍溪的眼中，都只是不足以代表還丹真正意義的修行，只是毫無意義的小術。

在此立場下，便將性體重新賦予「心靈主體」與天道的意義，以「良知」來貫徹這些意義，在道教原本的意義是保養精神在生理上逆轉，從外在的物質範疇來入手，達成還精入腦的效果。從「命」功入手，命功包含「精」與「氣」；從「氣」上下工夫，再進一步修習性功，而「性」功屬於精神範疇，以心的主宰作用，來達成性與命雙修，便是道教修行的重點。

龍溪融會道教的方式，是以良知的流行為「氣」的說法，來融會道教的命功，在物質性範疇下融通道教「元氣」的概念，以已發之和的工夫來取代。而精神性範疇，則以良知的妙用來融通道教「元神」的概念。實修上以未發之中的修養工夫來取代，所以致中和的工夫，就是儒家式的「性命雙修」，但是當進入不執著於生死的生命境界時，便能看破生死，進而與天道合一，就是「煉神還虛」的境界。

由於虛空沒有壽命的限制，超越生死的兩端。所以與虛空相應時的生命境界，也自然不受生死的局限。但是龍溪在此也說明，並不是專指肉體的無限長生，而是將道教對於肉體長生的執著打破。故在此以儒家的生死觀，將長生的意義融攝在道教上，強調儒家注重養德的生命無限，雖然具有養生的功能，但是已經超脫對於肉體的貪愛，將此轉化為儒家與萬物同體的大愛。

以此大愛來成就儒者成德生命的無限，並且由此無限的生命，可以達到與萬物同在，不論是一天還是一百年，對於儒者來說都是一樣，龍溪認為這才是儒者大丈夫的生命境界。惟有將肉身的執著放下，將傳承於堯舜以來，

到周公孔子之後一脈的儒家義理發揮在人世中，才能使這已經出生於世間的身體，大用天下，無愧於天地之間，如此才是儒家大丈夫的氣概！在此強調人道的圓滿，才是成就仙道的基礎。

同時在此將儒家與道教的區別重新區分，以儒門中「戒慎恐懼」、「不睹不聞」等致中和的精神修養工夫，以取代道教中內丹學中的火侯與藥物。以主神為主來下手，賦予儒家養德的義理，同時也達到養生的功能。以此來融會道教學理長生的功能於良知之教中，以一念之微致良知功夫來取代，在術語上使用道教的方式，但是在本質上，仍然是儒家的風範。

王龍溪最關心的議題，在於超脫生死的執著而不離人世的保全。認為道教中人過份在意肉體而追求長生；而佛教過分強調出離人世，都不及儒家在能在人世中達到精神解脫，又能在致良知功夫下達到肉體長生效果，這才是真正達到自然長生又在精神上解脫無礙地圓滿境界。由此立論歸本於儒家，而以良知的既簡單又高明的方式，便可達到佛老兩教所追求的圓滿境界。

但是就以道教的立場而言，對於王龍溪所說的理論，所產生的問題，就在於以良知為主來立論所產生的煉丹方式，是否真能結胎成就內丹呢？關於這一點，很明顯依王龍溪自己的行持經驗來看，長生方面是可行而無庸置疑。但是就道教本位立場看，一定是無法成就內丹。這裡便是儒道差異的關鍵處，道教立論依據是《參同契》，而龍溪立論於「良知」，這裡是最初不同之處。

但是就王龍溪所修行的經驗來看，以儒家修行方式來分析，道教修行重點在長生，若就以長生目標來分析，只要肉體能夠達到長生的效果，則是否能結成內丹？以達到肉體長生，在龍溪看來，則不成問題。只要能達到肉體長生的效果，不一定必須依照道教的理論來追求長生；只要良知作主，在致良知工夫完全掌握住後，便能達到以養德為主，而間接達到肉體長生的功效。此點以龍溪的長壽來看這一點是可以肯定而無庸置疑，是否能結丹對於龍溪而言並不重要，只是次要問題。

龍溪認為良知要在致良知的工夫上顯示本體的存在，而未發之中和已發之和都是良知而不分離，體就是良知，也是儒家的金丹；即存有即活動，不可分割，以逆覺體證的修行而成就。從根本意義上，已經取代道教的內丹的修習，在術語上，雖然使用道教方式來講述，本質上已經不是等同道教定義的內丹。這一點是儒道差別關鍵處，這是儒家本質獨具的內丹學修養之道。

　　由於「致良知」是顯本體的眞工夫。其教義重點在於最初的動機與立志，儒家強調以成德爲主，但是成德工夫中，無欲的道德實踐已經包含養生的功效，所以無須依道教所規定之方式修習。由於心體本來歷劫不壞，所以只需要顯出本體的金丹，也不需要另外修習結胎成丹的法門。更何況龍溪認爲這些以身體爲主要修習對象所的成就金丹，都只是在後天上下手，不像儒家一樣完備。兩者所成就的金丹格局不同，在於道教的是有漏的肉身金丹，隨著時空轉變，會無法常在人身，不像良知與太虛同體而永恆常在，正是因爲發心動機之不同，所以產生的結果和格局也不同。

　　雖然認爲良知本身沒有次第可分，但是在體悟良知的本體上，卻是根據每個人的根器，所需要的工夫的入手處都不一定相同。所以，就針對每個人的體悟的程度而有不同的修行次第產生，龍溪分析如下：

> 本體有頓悟，有漸悟，工夫有頓修，有漸修，萬揑絲頭，一齊斬斷，
> 此頓法也；芽苗增長，馴至秀實，此漸法也。或悟中有修，或修中
> 有悟，或頓中有漸，或漸中有頓，存乎根器之有利鈍。及其成功一
> 也。〔註32〕

要體悟良知本體，有漸悟和頓悟兩種下手的道路。就修證良知本體的實踐上，也可分爲頓修與漸修兩派，所以依照每個人的智慧，而有相對應的下手修習的工夫方向。最上等根器的人士，可以頓悟頓修而不落次第，直接一了百當！完全掌握本體，與本體融合爲一體。在日常生活中都是良知的體現，直接進入良知心體生命的化境，直接進入成聖的境界。

　　其次，針對於不能直入儒家聖人生命境界的人士，龍溪認爲這是因爲這些人對於致良知工夫的掌握不夠完全，不能夠直接掌握本體。所以可以用「頓悟漸修」的方式來進行輔助，由於頓悟良知本體的方式，並非人人可以達到。所以相對應於這種情況，便有「漸悟漸修」和「漸悟頓修」的兩種方式來幫助根器較差的人，進入良知心體的無欲境界。以此來分析，王龍溪並非一直高談「頓悟頓修」的工夫，而是對應不同程度的人士，而有一套相應的修行方式來輔導。

　　由上述立論，倡以良知心學爲主的修行法門次第如下：

> 良知是本體，於此能日用日察，即是悟；致知是工夫，於此能勿助
> 勿忘，即是修。但恐吾人聽得良知慣熟，說得致知容易，把作尋常

〔註32〕 【明】王畿：〈留都會紀〉，《王龍溪先生全集》，卷4，頁303。

話頭抹過耳。〔註33〕

首先應該在日常生活中，去體悟與覺察良知的常在，體察到良知常在便是悟境，在實踐上便是致良知工夫的展現，接下來便更進一步說明：

> 惟戒愼不睹、恐懼不聞，聰明自守，不著於外，始有有未發之中，有未發之中，始有發而中節之和。神凝氣裕，沖衍訢合，天地萬物且不能違，宿疾普消，特其餘事耳，此保命安身第一義。〔註34〕

以「致中和」工夫來達到養生與養德的效果，以此來建立儒家的養生法門，接下來並論及儒家的還丹意義：

> 中庸曰：喜怒哀樂未發謂之中，發而中節謂之和。情反於性，謂之還丹，不爲養生，而養生在其中矣〔註35〕。

龍溪在此說的還丹便是良知「性體」，這是養德爲動機所成就的金丹義，關鍵在於「致中和」功夫，定義如下：

> 未發之功只在發上用者，非謂矯強衿飾於喜怒之末，徒以制之於外也。節是天則，即所謂未發之中也。中節云者，循其天則，而不過也。養於未發之豫，先天之學是矣。〔註36〕

在此分析所謂的「未發之中」，是從良知顯的時候，來體證良知。良知顯的狀態是已發，良知隱的狀態是未發之中；從已發上體會未發的本體，在已發的中節處，體會良知就是天則。良知便當下可以顯，聖凡的差異，只是在於良知的隱顯。此時良知便當下可以顯出體用一源的特色，就是儒家所說的先天之學的重點。

同時以儒家的經典來談論修養的方式，龍溪云：

> 《中庸》戒懼愼獨，誠意之功，莫見莫顯，必有所感之物。愼獨者，正所以致知而格物也。好惡本於性情，無有作好惡，正是未發之中、發而中節之和。未發之中，正心之屬：中節之和，修身之屬。致中和，則本立而道行，天自此位，萬物自此育，家齊國治天下平而王道備矣。此聖修之極功，大學之能事也。〔註37〕

龍溪以中庸等的儒家經典，來說明致中和工夫的理論依據。以「未發之中」

〔註33〕 【明】王畿：〈留都會紀〉，《王龍溪先生全集》，卷4，頁304。
〔註34〕 【明】王畿：〈留都會紀〉，《王龍溪先生全集》，卷4，頁313。
〔註35〕 【明】王畿：〈答楚侗子問〉，《王龍溪先生全集》，卷4，頁333～334。
〔註36〕 【明】王畿：〈致知議辨〉，《王龍溪先生全集》，卷6，頁414。
〔註37〕 【明】王畿：〈答孟會源〉，《王龍溪先生全集》，卷11，頁750～751。

的狀態，來歸屬於儒家的「正心」工夫。將「中節之和」的意義，並立論歸屬於儒家修身的範圍。兩者都是不離開儒家的三綱八目的工夫，這些都是成就儒聖的必要條件。也是大學和中庸本來就有的一套修行工夫，龍溪在此說明了儒聖的生命境界，以及提供一套專屬於儒家行者最初的發心動機與良知心學修行的次第。

從這裡可以看到，王龍溪企圖以「致中和」工夫的意義，來取代道教的修養方式，並非只有採取道教的術語，而是將道教的專業術語，做為暫時的一種權便方式，以此來攝受道教的人士，在本質上的意義上，已經用儒家的工夫來取代。逐步在意義中以儒家的本質來融會道教，但是又不失去儒家的本質，這種融會方式是一種由道教的術語為表面意義，在深層的究竟意旨，仍然是儒家的風範。

雖然在術語上為了融會道教而採用道教說法，但是龍溪認為這只是不了義的權便說法。在儒家的立場下，仍然是以心學的工夫，才能究竟了義而融會三教於儒家。也使龍溪在面對儒家與道教人士的質疑下，從容不迫的回應三教中人，這種方式的優點在於既融會道教人士的概念，也不失去儒家與道教的差異，在三教思想的交流中，龍溪以自身的修持經驗做為輔助，更能說服三教的人士。面對質疑時，以自身的學術涵養，以及修行的工夫，逐步解析三教的學理差異與融會的地方。

但是道教的學理，除了追求養生的想法被龍溪所批評以外，道家的學理也是廣義的道教的重要本質教理，對於道家的義理的融會，也是龍溪所必須面對的問題。首先就針對於老子的「虛」理來做分析如下：

> 老氏曰「致虛」，又曰「谷神」，谷亦虛也。天地間惟萬物，萬物成象於天地之間，而無一物能為之礙者，虛故也。人者天地之心，萬物之宰，巍然以一身處乎其間，與萬物相為應感，處以動而不窮，自然之機也。近取諸身，目惟虛，故萬色備焉；耳惟虛，故萬聲備焉；心惟虛，故萬象備焉。《咸》之象曰：「君子以虛受人。」此孔門家法也。而世之學者反以虛之說出於老氏，諱而不敢言，其亦未之思耳。夫人心本虛，有不虛者，欲累之也。心之有欲，如目之有塵，耳之有楔也。君子寡欲，以致虛也。如去塵拔楔，而復其聰明之用也。寡欲之功存乎復，觀復則天地之心可見，而萬物之芸芸者，歸其根矣。君子之學在於理會性情，致虛所以立本也，是謂喜怒哀

樂未發之中。盧谷子之自命，不嫌於老氏之説，而不敢言，其必有
以取此也已。果能觀於其復，得其自然之機，炯然有見於未發之體，
則天地此位，萬物此育，而盧之爲用大矣。〔註38〕

龍溪在此分析道家老子所說的「盧理」，其實儒家的義理本身就已經包含。並
以易傳相關的道理來解釋，在此以眼睛與耳的感官經驗爲例，在面對外在的
萬象的那一刻，正因爲在作用上的不執著，所以能夠看到和聽到外在的萬物
而沒有障礙。因爲心靈對於外在的一切景象，已經沒有任何的攀緣；所以能
夠使世間的萬象在心靈中無盡的呈現。而這些義理，原本就是在孔子的思想
已經包含，只是後世的儒生，反而認爲這些都是道家的義理而不敢去討論。

龍溪認爲人心本來就有盧寂的一面，所謂的不盧，都是因爲外在欲望的
影響，而使這一片沒有執著的眞心，就像眼睛與耳朵受到外在的雜質所遮掩。
儒家寡欲的工夫，便是掃蕩這些雜染而存在，所要追求的目標就是回復本來
無垢的性體。在此以儒門未發之中的工夫來融會道家致盧守靜的工夫，以此
來解析老子的「盧」理，但是仍然在本質上是儒家的修養工夫。

老子思想以效法自然爲主，推天道以明人事，主張保持盧靜，排除一切
思慮活動和雜念，藉由反觀內照，通過心靈如明鏡般地修持，以「致盧守靜」
爲思想特質。主張使內心盧寂，在清靜達到極點時，由內心體悟萬象生化的
情形，從複雜的現象，看到最初根源的大道，就是靜的本性〔註39〕。龍溪在
此以儒家致中和的工夫來融會道家，同時也可以取代老子守靜的工夫修養。

王龍溪認爲，致良知工夫可以包含道德意識與養生。當良知得其正時，
則任何身體的展現，都是良知的流行。這是從身體架構與道德意識上相互滲
透的一種修養工夫，龍溪以此立論來融會道教的養生與道家的學問於良知心
學中，因爲良知是道德實踐的主體，也是宇宙存在的本體。〔註40〕

對於將老子思想融會於儒家，龍溪表示：

或問老氏三寶之説，先生曰：「此原是吾儒《大易》之旨，但稱名不
同耳。慈者，仁也，與物同體也；儉者，嗇也，凝聚保和也；不敢
爲天下先，謙沖禮卑也。慈是元之亨，儉是利貞之性情，無爲之先，

〔註38〕 【明】王畿：〈盧谷説〉，《王龍溪先生全集》，卷17，頁1230～1231。
〔註39〕 張岱年主編《道學通論》，北京，社會科學文獻出版社印行，2004年6月初版，
頁120～122後不贅述。
〔註40〕 楊儒賓主編《儒家身體觀》，台北，中研院文哲所發行，2004年12月初版2
刷，頁303～307後不贅述。

是用九之無首。故曰：「老子得《易》之體〔註41〕」

在此所分析儒家的義理，其實已經包含老子思想的重點。只是在名稱上不同，老子所解說的「慈」的意義，等於是孔子「仁」的概念。以儒家的義理來解釋，就是認為老子思想全部的精華都在易學中具備，以易卦中元亨利貞來包含融會道家思想於儒家經典中。

龍溪認為所謂的慈就是指視他人如己，儉就是節用亦即節省以保養元氣，不敢為天下先就是謙虛，能以禮相待地位、道德、學問不如己者，所以「慈」是在位者行仁政的表現。「儉」是各得其正位，而不敢為天下先，是體現易經乾卦中爻詞中用九見群龍無首吉之意，故在此認為道家老子的學理與易經的宗旨相同。

同時也強調不共法的區分：

> 學佛老者，苟能以復性為宗，不淪於幻妄，是即道釋之儒也。為吾儒者，自私用智，不能普物而明宗，則亦儒之異端而已，毫釐之辨，其機甚微。吾儒之學明，二氏之學始有所證，需得其髓，非言思可得而測也。〔註42〕

王龍溪認為佛老兩教若能夠承認性體的實在性，以回復性體為目標，不流於將世間的一切看成短暫不實的存在，就是佛教與道教中的儒家。但是即使是儒家門生，如果將心靈流於自私運作，就不能以大愛普施萬物而窮盡儒家的宗旨，也只是儒家中的異端份子。在此本著儒家大用天下的精神，來分析和解釋所謂身為一個儒者的氣度與風範。

同時提倡致良知工夫的優點，其述如下：

> 先師致良知之旨，惟在復其心體之本然，一洗後儒支離之習，雖愚昧得之，可 立躋聖地，千聖之密藏也。〔註43〕

在此強調致良知的重點在於回復人人本具的性體，性體就是「良知」；體用一源而不可分割，以此為入手處，便可以將後世儒生將體用分離的缺點和習氣掃除。當下可離開了愚昧，而走向智慧之境界，也進入儒家所講的聖人境界，這也是千古聖賢所領會的精華寶藏。

對於良知心體可融通三教的特色的分析如下：

〔註41〕 【明】王畿：〈南遊會紀〉，《王龍溪先生全集》，卷7，頁469～470。

〔註42〕 【明】王畿：〈三教堂記〉，《王龍溪先生全集》，卷17，頁1206。

〔註43〕 【明】王畿：〈意識解〉，《王龍溪先生全集》，卷8，頁558～559。

虛實相生，而非無也，寂感相乘，而非滅也。〔註44〕

王龍溪在此針對三教的學理，以良知的「虛」、「實」、「寂」、「感」四種層面的顧及，來批評道家過份注重「無」，在存有論上不能肯定道德性體的真實存在；而佛教則在視世間為苦海的思路下，走入出世的滅度思想。這些都是走入偏執的一端，良知心體本身是具體的存在，但是以虛體的方式而成為客觀的存有與常在。「虛」體是良知的尚未展現的狀態；而良知心體在「實」的一面卻是客觀的實在，良知在「寂」的一面是活潑的虛靈明覺；在明覺的展現的一刻，呈現出感應感通萬物的力量，便是「感」的一面的展現。

並提倡三教的精華都在於「良知」，看法如下：

> 先師提良知二字，乃三教中大總持。吾儒所謂良知，佛教所謂覺、老所謂玄，但立意所重，而作用不同。大抵吾儒主於經世，二氏主於出世。〔註45〕

龍溪認為良知可以包含三教的道理，在佛教可以融會佛教的空理，但是良知卻是顧及人倫而不離人世；在道家，可以融合道家的玄理，雖然具有可以長生的功能。但是儒家卻是以養德為動機，在發心動念的開端，即具備大用天下，進而潤澤一切生命的長生之效，在世間能利益群生，在自身也具有養生的功效在於其中。

「良知」是具有無量積極意義的創生實體，以本身的永恆常在而沒有生死的障礙而超脫生死的執著。但是又不離開人世，進而成就一切人事不朽的功業。所以龍溪認為良知是經世，而佛教與道教的成佛解脫和長生的概念，是屬於離開人世而成就的出世學問。因為最初發心的不同，所以所成就的作用及成果也不同，這是以良知為主體來立論分判三教，同時也融會佛老良知心學的一種攝受方式。龍溪認為只有以良知才是究竟了義的說法，能夠圓通融會佛老的生命化境。

就上述所言，龍溪對於道教追求長生的思想，以儒家的角度來分析，認為尚不究竟，缺點在於對於肉身的執著太重，對於此點，佛教經典有進一步之解析：

> 阿難！復有從人不依正覺修三摩地，別修妄念。存想固形遊於山林，人不及處有十仙種，阿難！彼諸眾生，堅固服餌而不休息，食道圓

〔註44〕【明】王畿：〈三教堂記〉，《王龍溪先生全集》，卷17，頁1206～1207。
〔註45〕【明】王畿：〈與李中溪〉，《王龍溪先生全集》，卷10，頁705～706。

成，名「地行仙」。堅固草木而不休息。藥道圓成，名「飛行仙」。
堅固金石而不休息，化道圓成，名「遊行仙」。堅固動止而不休息，
氣精圓成，名「空行仙」。堅固津液而不休息，潤德圓成，名「天行
仙」。堅固精色而不休息，吸粹圓成，名「通行仙」。堅固咒禁而不
休息，術法圓成，名「道行仙」。堅固思念而不休息，思憶圓成，名
「照行仙」。堅固交媾而不休息，感應圓成，名「精行仙」。堅固變
化而不休息，覺悟圓成，名「絕行仙」。阿難是等皆於人中練心不循
正覺，別得生理壽千萬歲，休止深山或大海島絕於人境。斯亦輪迴
妄想流轉不修三昧，報盡還來散入諸趣〔註46〕。

佛教認為道教以追求肉體的長生而成就的仙道，其根源是以妄想為主，貪戀
肉身的長生，雖然在人間修行，但是從來不依照菩提正覺入手，將精神用於
由妄想所生的形體，使心不散亂，由此成就十種仙人。首先是由飲食之道入
手，可以身輕如燕，成就「地行仙」。第二步，由服用靈芝等長生藥物入手，
從不間斷服食，可以成就登山越嶺而健步如飛的「飛行仙」，此境界超越「地
行仙」，此外由丹藥的化煉入門，可以成就第三種的「游行仙」，而第四種仙
人，則是從運氣養神為主，則可以達成騰雲駕霧的「空行仙」。

至於第五種仙人，則是從吞服口中津液下手，精進修行而不間斷，使「腎
水充足、虛火下降」，達到結成「內丹」之功效，並能返老還童而遊行於天上
無礙，此等果位為「天行仙」。第六種仙道，則加上吸收日月精華之功，從不
休息，可以達成在五行之中穿越而無所障礙，此境界為「通行仙」，第七種仙
人，由修持神咒入門而不間斷，等到咒術道法的程度圓滿成就之時，可以成
為使自身延年益壽，又能替人去病除妖的「道行仙」，第八種神仙，以修行精
神思念為主而不間斷，能達成使外在形體與體內精神相互感應，進而使精神
自由出入，丹氣上下無礙的境界，此為「照行仙」。

接下來進入第九種仙道，為了使肉體堅固不壞，修行取坎水填離火，使
腎水與心火交互運作，從後天回返先天，使體內陰陽感應之道圓滿成就，便
能降火提水，成就「精行仙」的果位，至於最高等級的仙道，則是能修習天
地變化玄妙之法為主而不間斷，覺悟萬物變化之理，使自身「性」功與「命」

〔註46〕【唐】般剌密帝譯：《乾隆大藏經第 33 冊：大佛頂如來密因修證了義諸菩薩
萬行首楞嚴經》（台北，世華國際股份有限公司印行，2003 年 12 月），初版，
卷 8，頁 1149。

功完全具備，進而轉變自己的肉身，具有與天地同壽之色身的「絕行仙」，此為道教理想中最高境界的仙者。

但是以佛教而言，這些仙道都是以肉身為本位去進行修行，因此有別於正覺之道，雖然與天地同壽，但是此天地，仍然有成、住、壞、空的一日到來，等到此世界毀損的一天到來之時，此等仙人亦必須進入輪迴，分布於六道之中。所以仍然不究竟，正是因為此等仙人期望在有限的肉體中，成就無限的生命，但就以「緣起法」而言，由於此身為緣起而生，所以也必須隨順因緣而滅，這是不變的因果律。即使道教仙人，以與天地同體合一而進行努力，但是佛教認為此世界的天地仍然是不離「緣起法」，必然有毀滅的一天來臨。所以認為仙道的修行雖然高妙，但是也終究只是在肉身上關注，只是不斷的妄想而已。龍溪亦接受此看法，此為儒佛的共識。表示看法如下：

> 只緣歷劫虛妄凡心不了，故假修命延年之術，以為煉養復性之基。

> 徒守後天渣滓，不就性源。到底只成守屍鬼，永無超脫之期〔註47〕。

從上述龍溪對於道教思想的批評來看，明顯指出道教思想與修行，是以達到成仙的目的為主，其動機為「有條件律令」。從成就仙道本身而言，所需要的修行，不一定是「善」，也未必全然和道德有關。雖然亦是「自由」的展現，但是畢竟以感性欲望發動，受到長生不死的誘因影響，所以就以儒家的立場而言，仍然是無法像儒家一般究竟。

從上面進行更深一步的解析，可以得知，以儒者而言，所謂的見「性」，就是由理性給出法則，也是自然無欲的「真心」，由無條件律令發動，即是儒家所說的「本心」與「性體」意志，也就是意志的自我立法，由自發而實踐。與道教思想不同處，在於儒家修行的主旨，不以行動的結果來作為誘因而決定行為，屬於「無條件律令」。

在此動機上，顯示出儒家與道教雖然同樣講求性命雙修，但是兩家的差異在於最初的成聖動機。此為儒道之不共法，透過無條件的自我立法而見到本體，此本體就是儒家的見「性」。此性體即是「自由意志」，所以儒家認為所證得的大道，必須在人倫現實世界中來理解，才能不像道教的仙人一般，流於出世的逍遙與長生，反而能肯定人間，以無欲之心修證。從直貫創生的天道，來作根源的保證，由此可以看出儒家的「自然」與道教的「自然」之不共法，在於多賦予一層實踐性與創生性。在主體上強調道德的實踐，在客

〔註47〕 【明】王畿：〈與魏水洲〉，《王龍溪先生全集》，卷9，頁583。

觀上由天道的直貫創生做爲成聖的必然保證，而在「無」的一面，由無條件而純粹意志來實踐此創生義，具備普遍與必然性，此爲良知教法與道教學理的不共法。

　　然而就「共法」而言，儒道皆講求性命雙修，龍溪認爲在此可以用致中和的工夫來達成道教所追求之境界。因爲此工夫之目的在於達到將「天地之性」與「氣質之性」諧和一致，由此下手即可在道德實踐之中變化氣質，使本心良知呈現，亦使性體暢通無礙，而對應道德行爲的本性。充分表現出自然無欲的道德心靈，以體現其自身之天理，於此實踐之中，方能有眞正的體會。而良知心學在此顯露出其本質爲「無條件」爲善的道德學，而道教則爲「有條件爲善」的道德學。在此爲不共法，但是良知學由於本身可以肯定一切，所以沒有佛老思想的缺點，所以由此可以看出良知學能會通道教優點，但是又不流於其出世思想的缺點，爲良知心學會通三教的最大特點。

　　縱觀以上所述，同時也可以反思與說明儒家與道教成丹理論的修持的差異，重點在於最初的動機與立志。儒家雖然以成德爲主，但是成德工夫中已經包含養生功能，由於良知本體本來就是歷劫不壞，所以只需要去逆覺體證顯現本體的金丹，不需要另外修習結胎成丹的法門，就可以有長生的功效。更何況龍溪認爲道教內丹學以身體爲主要修習對象所的成就金丹，都只是在後天上下手，兩者所成就的金丹格局不同。

　　儒道的成丹差異，在於道教是有漏物質的金丹，隨著時空轉變會無法常在人身，不像良知金丹與太虛同體而永恆常在，正是因爲煉製動機不同，所以產生的結果和格局也不同。這正是龍溪強調的重點，也是初步融會的所在。強調三教的學理，可以用良知的「虛」、「實」、「寂」、「感」四種層面來做全面的包含，同時指出道家過份注重無，在存有論上不能肯定道德性體的眞實存在，而佛教則在視世間爲苦海的思路下，走入出世的滅度思想。

　　龍溪認爲這些都是佛老都各自走入偏執的一端，但是良知心體本身是具體的存在，只是以虛體的方式而成爲客觀的存有與常在。「虛」體是良知的尙未展現的狀態，而良知心體在「實」的一面卻是客觀的實在，良知在「寂」的一面是活潑的虛靈明覺，在明覺的展現的一刻，呈現出感應感通萬物的力量，便是「感」的一面的展現。

　　良知本身是道德實踐的本體，也是宇宙存在的本體，心的流行發動處便是性理的展現。其修證包含「養德」與「養生」，良知是具有無量積極意義的

創生實體，以本身的永恆常在而沒有生死的障礙而超脫生死的執著，但是又不離開人世而成就一切人事不朽的功業。所以龍溪認爲良知是經世而佛教與道教的成佛解脫和長生的概念是屬於離開人世而成就的出世學問，因爲最初發心的不同，所以所成就的功用及成果也不同，這是以良知爲主體來立論分判三教的方式。

　　同時這也是融會佛教與道教學理，於良知心學的一種攝受方式。龍溪認爲只有以良知，才是究竟了義的教法，在此彰顯了其心中以三教歸儒目標的圓教思想和融會佛老的生命化境。也在此也藉致良知工夫，融會宇宙本體和道德實踐的主體，在本章，即是由此兩方面來融會與理解道教的修身與道家修養心靈的工夫。同時也說明儒道修行方式的差異如下所示：

> 蓋吾儒致知以神爲主，養生家以氣爲主。戒愼恐懼是存神功夫，神住則氣自住，當下還虛，便是無爲作用。以氣爲主，是從氣機動處理會，氣結神凝，神氣含育，終是有作之法。〔註48〕

根據龍溪的定義，良知的凝聚爲「精」，流行爲「氣」，妙用爲「神」，「氣」的定義爲「神」之流行，代表氣質之性，代號爲「身」。同時另一面也是「元氣」，而「神」亦是「氣」的主宰，是氣質之精華，爲萬劫不壞的無漏眞體。也代表「心」，由於「身」與「心」皆是相互作用而不離，皆是良知本體的呈現。故可視做一體的兩面，所以便可以從養德入手，達成吾儒主於「理」的特色，而進一步成就「神氣混融」、「性命合一」的境界，此爲儒家修行方式的特色。

　　爲了融攝道教信眾，龍溪認爲可由儒家的「調息法」下手。另外打開一條從養生入手的法門，從控制呼吸入門，同時也可以藉此收攝外在的雜念，進一步從有意調息進入無意隨息的呼吸方式，以達到入定的境界。也將此當做是用來攝受一般根器的人士的權便方法，此時已經可以達到養生之效；亦可以攝受道教的養生之理，只是與道教的不同在於儒家講求「神氣渾融」及「性命合一」，強調主於「理」；而道教是以「氣」爲主，以煉精化氣入門，在此以刻意控制呼吸而得到「元氣」。不像良知之學，可以達到以神爲主，進而當下還虛的境界。此爲良知之學的特色，也是儒道修行方式的差異。此爲龍溪融會道教而開設的權法，進一步再將良知之教的究竟義展開，以達到致良知存乎心悟的功效，同時將道教的學理以良知之教進行統攝。

〔註48〕【明】王畿：〈三山麗澤錄〉，《王龍溪先生全集》，卷1，頁116〜117。

就以上對於道教的批評來看，其實道教張伯端也有類似的看法：

> 嗟夫！人身難得，光景易遷，罔測修短，安逃業報。不自及早省悟，惟只甘分待終，若臨歧一念有差，墮三途惡趣，則動經塵劫，無有出期。當此之時，雖悔何及。故老釋以性命學，開方便門，教人修種，以逃生死。釋氏以空寂爲宗，若頓悟圓通，則直超彼岸。如有習漏未盡，則尚徇於有生。老氏以煉養爲眞，若得其要樞，則立躋聖位；如其未明本性，則猶滯於幻形。其次，《周易》有窮理盡性至命之辭，《魯語》有「毋意、必、固、我」之說，此又仲尼極臻乎性命之奧也。然其言之常略而不至於詳者何也？蓋欲序正人倫，施仁義禮樂之教，故于無爲之道，未嘗顯言，但以命術寓諸易象，性法混諸微言耳。至於莊子推窮物累逍遙之性，孟子善養浩然之氣，皆切幾之。迨夫漢魏伯陽，引易道交媾之體，作《參同契》，以明大丹作用。唐忠國師，於語錄首敘老莊言，以顯至道之本末如此。豈非教雖分三，道乃歸一。奈何後世黃緙之流，各自專門，互相非是，致使三家宗要，迷沒邪歧，不能混一而同歸矣！〔註49〕

對於道教中人對於命功的修行則表示：

> 且今人以道門尚於修命，而不知修命之法，理出兩端：有易遇而難成著，有難遇而易成者。如煉五芽之氣，服七耀之光，注想按摩，納清吐濁；念經持咒，巽水叱符；叩齒集神，休妻絕粒；存神閉息，運眉間之思；補腦還精，習房中之術，以至服煉金石草木之類，皆易遇而難成者。以上諸法，於修身之道，率多滅裂，故施力雖多而求效莫驗。若勤心苦志，日夕修持，止可以辟病，免其非橫。一旦不行，則前功漸棄。此乃遷延歲月，事必難成。欲望一得永得，還嬰返老，變化飛升，不亦難乎？深可痛傷。蓋近世修行之徒，妄有執著，不悟妙法之眞，卻怨神仙謾語。殊不知成道者，皆因煉金丹而得，恐泄天機，遂托數事爲名。其中惟閉息一法，如能忘機絕慮，即與二乘坐禪頗同。若勤而行之，可以入定出神。奈何精神屬陰，宅舍難固，不免長用遷徙之法，既未得金汞返還之道，又豈能回陽換骨，白日而升天哉？ 夫煉金液還丹者，則難遇而易成。要須洞曉

〔註49〕 【宋】張伯端：〈悟眞篇〉《中華道藏第 19 冊》（北京：華夏出版社發行，2004年 1 月），初版，頁 294。

陰陽，深達造化，方能超二氣於黃道，會三性於元宮；攢簇五行，
和合四象，龍吟虎嘯，夫唱婦隨，玉鼎湯煎，金爐火熾，始得玄珠
有象，太一歸眞。都來片餉工夫，永保無窮逸樂。至若防危慮險，
愼於運用抽添；養正持盈，要在守雌抱一。自然複陽生之氣，剝陰
殺之形，節氣既周，脫胎神化，名題仙籍，位號眞人，此乃大丈夫
功成名遂之時也〔註50〕。

由以上引文可知，張伯端認爲三教都不離開大道，但是隨著根機的不同而有
個別的修行方式，並提出若專修「命功」或是「性功」，皆不究竟。若以「性
功」的修行爲主，則可能在精神專注的前提下，而成就近似於「鬼仙」的境
界。此境界雖然可以入定，而引發宗教學上的神祕經驗，但是由於在肉身上
的關注與保養的工作不完備，便只能達到出陰神的境界。而佛教的二乘禪定，
就是如此。此爲沉醉於「性功」的缺點。

但是若過份沉迷於養生的需要，而沒有自然無欲的性功修養，專注於肉
身的保養，那便會流於楞嚴十仙的缺點，也非道教的究竟義。唯有性命雙修
而並進成就，方爲道教內丹學上品丹法的境界。而就此點而言，張伯端與龍
溪的立場非常近似，皆認爲影響成聖的因素爲「氣質之性」，必須將內心的修
養以自然無欲的境界修養，使本心湧現，以對治生命的習染，使內心不流於
情欲的發展，往成聖之路邁進，如此一來，在道教便可以產生棄「濁」取「精」
的效果，使體內的精氣神不流失，而歸於丹田，煉成金丹。而在儒家也可以
在內心寂靜的狀態下，體會良知的流行爲氣的活動力，完成儒家式的養生功
夫。就此而言，此爲儒道二教的共識。

由上可知，其實龍溪的養生之道與張伯端非常相近，但是不同之處，在
於心學不以「性」功爲究竟的依止，只把此類功法的成就視爲附加的效果。
而強調在道德價值上的意義。強調必須以「無條件爲善」的無欲精神爲宗，
方爲儒學本質。

雖然張伯端也強調「無欲」的性功修證，但是畢竟是先以「命功」所帶
來的養生效果爲度化眾生的工具。強調先以「有條件爲善」的「功利之志」
爲勾攝大眾入道，再以「性功」的修證完成神仙的無欲境界，此時雖然能將
功利之心，以出世思想及如幻觀解消，而進入無條件爲善渡眾的天仙境界。
但是仍然必須是以成仙爲誘因來進行渡化初機眾生。而非一開始是以「道誼」

〔註50〕【宋】張伯端：〈悟眞篇〉《中華道藏第19冊》，初版，頁295。

之志爲修證的宗旨，故就道德價值層次而言，略遜於儒家一籌。關鍵就在於所依據的是「準則」還是「法則」？

其次，若以康德的倫理學來看，若所依據的「準則」能夠普遍化時，此準則便是具有法則的地位。所謂的「法則」就是「道德法則」，具有普遍性與必然性，而儒學修證的義理價值，便在於其所依據的「準則」，就是「道德法則」，故就普遍性與必然性而言，皆勝過道教的義理，此點是就道德上的價值來分判，此爲儒道之間的「不共法」。

但是在身心修養的次第觀，以及皆強調性命雙修的實修立場上，張伯端的立場，則與王龍溪皆非常相似。皆強調「命」功的修證只是短暫的權便方法，不可過度沉醉於此境界，不然會有楞嚴經所談到的十種仙人的缺點產生。而儒道二教皆意識到這一點，而強調以「自然無欲」及「虛靜觀照」的心靈修養，而道家則是以「虛靜觀照」的方式見到自然無欲的本心，而龍溪則是以「自然無欲」的修證上，融攝道教的修行法門，而在此進行共法義上的會通，但是在本質上，仍然是以「道德法則」爲宗，強調所見性的目標是「道德本心」，此爲二教的毫釐之差，但是在實踐上則是可以在心靈無執的作用層上得到一定的共識。

但是以龍溪的立場而言，道教的做法仍然是屬於一種有條件爲善的功利心，仍然是以「成仙」爲宗旨，其普遍性與必然性不足。即使強調天仙境界亦不捨離眾生而能無我利他，但是畢竟要到天仙境界才能有此修養境界。就其以「功利之志」的解消而到成道的果位的修證歷程而言，仍然有所不足，以龍溪的立場來分析，道教此法仍然只是一種往「道誼之志」的補救措施。與其如此，何不一開始以「道德法則」爲修證所依據的準則？反而更爲了義！故龍溪便是在此立場下，建構一套統攝道教的修行法門。

第四節　結　論

道教經典縱然在修證理論中，充滿各種自利利他而成仙的圓教義。但是在龍溪的分析下，可以得知其修證的最後目的，皆是爲了達成長生不死的仙道果報而努力。在最初成聖的動機中，已經朝向「有條件律令」而行，即使是道家亦不例外，在體用義上，道家所說的「道」，屬於境界型態的存有論，所說的「無」，由否定人爲造作而顯，其正面意義爲「自然」，但是欠缺「創

生義」，屬於一種境界型態之存有論，道家在此所說的「道」，只是一種主觀作用。具備三種型態之「生」，分別爲不生之生、不著之生、境界型態之生，此爲道家與道教學理的特色。

反觀良知之教，在龍溪的解析下，可以得知在最初動機上，強調使「自然無欲」的本心呈現，主張「無條件爲善」，按「無條件律令」而進行修證。在儒家的看法而言所謂的「自然」，必須具備「實踐性」與「創生性」。在主體方面爲道德實踐；在客觀方面，強調由直貫創生的天道作爲根源。雖然儒家亦講「無」，但是卻是兼備積極方面的意義，以「自然無欲」的良知本心，來保持住道德純淨與自律，具有無條件實踐的必然性。於一切人類意志上皆成立，此爲良知學理的特色。

由上述分析下，分別儒道的不共法，在於道教的修行以「成仙」爲重點，其義理本身內容，可以歸屬於追求私人幸福原則與道德情感的融會，爲「經驗原則」，亦是後天原則。以康德的角度立論而言，此類思想皆是無普遍性與必然性，屬於意志他律，而龍溪欲會通道教，則在此先解析出儒家不共法所在。在更進一步以自然無欲之心中的「共法義」，來進行融會；同時將道教中積極度化眾生，以累積三千陰功而成仙的思想，以儒家的教理會通，並同時轉化成既超越又內在的道德本心。

同時亦以此爲收攝點，回歸到儒學中的性命雙修，以良知本心爲焦點，賦予萬劫不壞元神的意義。同時亦是自主自律而絕對善的性體意志，提供一條養德與養生兼備的儒學修行次第。以「致良知」及「致中和」的方式來達成，同時龍溪亦身體力行，以自身的高壽來作爲經驗界事實的保證，以滿足道教中人對於身心自在的渴望。

但是仍然強調不可失去儒家義理的本質，即使是致中和工夫，目標依然是變化氣質，使性體暢通而呈現本來面貌，而達到將「氣質之性」與「天地之性」諧和一致的境界。但是必須以道德實踐來達成，「氣質之性」可以融會道教的「命功」；而「天地之性」方面的修行，可以融通「性功」。此爲儒家性命雙修的特點，在共法之中會通道教養德兼養生之要求，但是在最初動機與修證原理上，則保持儒學本質，屬於「無條件爲善」的性命雙修法。

反觀道教，則是屬於「有條件爲善」的道德哲學，以修行成仙爲目的，此爲儒道分界，由此可看出道教屬於「現實意志」一系；而良知學本質屬於「純粹意志」一脈，故能有無條件爲善之修證，而道教的修行，依龍溪而言，

只能走入有條件道德學之成就。所以會有如《楞嚴經》所分析十種仙道的缺點產生，龍溪亦批評此種修行為「守屍鬼」！由此可知，良知學的思路，必定是以對應道德行為本性為主，雖然性命雙修，但是由於因為以自然無欲的本心為入手處，所以能達到在無雜念的道德心靈中，進行無條件為善的修行，以體會其自身之天理，同時亦兼備身心解脫自在的效果，此為良知心學的特色，亦是龍溪會通道教之關鍵。

第三章　王龍溪對於佛教空理的
　　　　分析與融會

第一節　前　言

　　王龍溪出生在晚明，處於三教合流與相互刺激的情況下，受教於王陽明的門下，以「四無」的工夫通達良知之教法，得到陽明的肯定，之後一生便在致力於良知之教的弘揚和以良知來貫通三教的教理，同時保持著儒家的本體和與佛老的差異，而進行三教歸儒思想體系的建立。

　　同時也強調，三教的教理精華，唯有在良知心學的融會之下，才能夠掌握全面，且認為可以由良知心體的義理，可以掌握佛教空理的精義。企圖站在更高的立足點，將佛教融攝於儒家思想中，本文嘗試以良知教所包含的、「寂」、「感」的層面，來對王龍溪對於佛教的理解的方式來做一番討論。

　　本章分為四節，第一節為前言，簡單描述本章重點，在於以良知教所包含的「中」、「寂」、「感」的層面，來融通三教道理。本章討論良知中的「寂」而「感」的概念如何能來對治佛教的「寂」而「空」的思想？並如何保持不離人倫事物的優點，進行儒與釋教理的區分與融通。第二節則是將良知心體中「寂」而「感」的特色，與儒釋的差異與融會這兩部份進行分析與討論，在此也對佛教的「出離心」進行利弊分析。

　　第三節則以討論對於佛教的融會為核心，論龍溪如何以儒家經典中的空理，來融會佛教的空理。並分析儒佛對見性義的看法，並以此來分析儒家對於佛教的三界觀與超脫三界思惟方式的看法，此為本章重點，由此來分析龍

溪是以何種角度定位佛教？同時對其收攝的方式，進行深究。

　　第四節則為本章結論，則是將本文中的精華做回顧，並指出龍溪如何分析佛教思想的缺點，再以良知教法來融會佛教的生死觀與空理，並將儒家的不離人世而超脫三界與生死的看法，於這一節做簡要的敘述。

第二節　龍溪對於空理的分析與融會

　　儒佛之間對於心有著不同的爭議，也因此產生了種種的爭論，欲解決此類爭議，則必須從原典中找出二教對於「心」的定義，方能進行討論，以知識論的看法而言，就是先找出所提倡的「基本信念」是什麼？方能進行後續的處理。依據據佛教經典對於「真如第一義諦如來藏自性清淨心」的「真」與「妄」概念定義如下：

> 如是所說心義者，有二種相。何等為二？一者心內相，二者心外相。心內相者，復有二種，云何為二？一者真，二者妄。所言真者，謂心體本相，如如不異，清淨圓滿，無障無礙，微密難見。以遍一切處常恒不壞，建立生長一切法故。所言妄者，謂起念分別覺知緣慮憶想等事，雖復相續，能生一切種種境界，而內虛偽，無有真實，不可見故。」，「所言心外相者，謂一切諸法種種境界等，隨有所念，境界現前故，知有內心及內心差別，如是當知。內妄相者，為因為體；外妄相者，為果為用。依如此等義，是故我說一切諸法悉名為心。又復當知，心外相者，如夢所見種種境界，唯心想作，無實外事。一切境界，悉亦如是，以皆依無明識夢所見，妄想作故。」「復次，應知：內心念念不住故，所見所緣一切境界亦隨心念念不住，所謂心生故種種法生，心滅故種種法滅。是生滅相，但有名字，實不可得。以心不往至於境界，境界亦不來至於心，如鏡中像，無來無去。是故一切法，求生滅定相，了不可得。所謂一切法畢竟無體，本來常空，實不生滅故。如是一切法實不生滅者，則無一切境界差別之相，寂靜一味，名為真如第一義諦自性清淨心。彼自性清淨心，湛然圓滿，以無分別相故。無分別相者，於一切處，無所不在。無所不在者，以能依持建立一切法故〔註1〕」。

〔註1〕【隋】菩提登譯：《乾隆大藏經第34冊：占察善惡業報經》（台北，世華國際

　　筆者此分析禪宗所追求的「真心」的定義，首先從對於本體的態度而言，雖然性空體寂無所有，但是由於法身的自性不空，為不受諸因緣的「無為法」，故以此法則為體，此法則為「緣起法」。因為此法則所展現的「性空正見」為真實的道理。故就法則的真實面而言，可立論為法身有自性而「不空」。也因為「性空」，所以能緣生諸法，此「性空」為一實境界，為心的真實體性。此真實的境界已經遠離顛倒的妄心與攀緣，沒有任何的造作，故名「真如第一義諦如來藏自性清淨心」。此為禪宗見性的目標，所謂的「無自性」是指「妄心」與「外在境界」的攀緣，進而由「妄心」生一切法，但是皆是由分別心幻化，可歸屬為「有為法」，所以從現象與主觀的心意識而言，可以說是沒有「實體」。

　　也由於妄心的薰習，方能產生外在因緣和合而生的諸法，此法皆是具備「依它性」，進而產生相續不斷的萬象，但是這些相對法，皆是不相捨離，互相矛盾又互相統一。所以一切萬法都在緣起之中，但是都是由「境界」與「妄心」所變現，所以並非是真實的境界，所以「性空」為真心的「一實境界」，而「緣起」則為妄心而生的「假有」；但此為「緣起有」，由「妄心」變現，所以是「假有」，禪宗便是要視破此「假有」，而生起「出離心」，進而回歸不受諸因緣的「真心」。

　　禪宗所要見性的方向，便是將言語道斷的「一實境界」展現；同時使「妄心」與「外在境界」的攀緣執著斬斷，見到「法身」，也就是「緣起法則」的本來面貌。此為沒有一切相的境界，由於此境界為真實的存在，故稱「一實境界」。而當「見性」之後，便要進行六度萬行的修行，同時也要修習一切善法，才能成就如來「報身」與，方能究竟成佛。

　　對於禪法的體會，龍溪認為特色在於緣起法則的「如幻觀」之修證，所以便嘗試以「道德法則」的「如實觀」，進行對於佛教的攝受與轉化；同時提倡以良知法門來會通三教。在此前提之下，必須先對於佛理先進行理解與分析，以龍溪而言，對於佛教的空理的體會如下：

　　　　夫法有權有實，教有三種，道惟一乘。三種者：禪、律、講也。心悟為禪，身證為律，口演為講。或依實施權，或乘權顯實，普應群品，皆屬建化門，皈道則一而已。於此參得透、悟得徹，即空即假，即中即一，即三即一，一空一切空，一假一切假，一中一切中，終

股份有限公司印行，2003 年 12 月），初版，卷下，頁 309～310。

日說法，未曾說著一字，猶如太虛不存鳥跡，無非直指見性之宗！〔註2〕。

佛教的空理，在面對不同程度的情況下，可以分成權巧方便的教法；和究竟了義的說法，禪法的重點在於心靈無執的解脫，當與佛心相應時，則能「見性」。便能在日常生活的體現中，與身解脫相應，而成就戒律的圓滿；當以口舌來演說時，則能講解佛教的道理；但是無論是權法還是實法，當進入「空性智慧」的境界時，與空相應。便能夠看透一切的事物的眞相，只是因緣和合的「假名」，並非永恆的存在。只有看透兩端的眞相，才是中道的如實觀察的智慧，這就是佛理的精華所在。

但是王龍溪在晚明時期，面對三教思想的相互交流與衝擊下，在基於以將三教歸於以良知教法一統的立場下，面對佛教的「空理」，企圖從儒家的經典來找到立論根據，以融攝佛教中人。在此將儒家的空理，立論於顏回而講述如下：

> 或叩顏子屢空之旨。先生曰：「此是減擔法。人心無一物，原是空空之體。形生以後，被種種世情牽引填塞，始不能空。吾人欲復此空空之體，更無巧法，只在一念知處用力。一切世情念頭上有牽扯放不下，皆謂之妄，皆是不善之動。顏子之學，只是有不善未嘗不知，知之未嘗復行，謂之不遠復。復者，復其不善之動而已。先師云：『吾人只求日減，不求日增，減得盡便是聖人。吾人護心如護眼，好念頭、不好念頭俱著不得。譬之泥沙與金玉之屑皆足以障眼。』諸友欲窺見此意，端居之暇，試將念頭不斷一著理會，果能全體放下無一物否？一切知解，不離世情，皆是增擔子，擔子愈重，愈超脫不出矣。」〔註3〕

在此分析顏回的空理，便是回歸原來不被人世情感與欲望所染著的「眞心」。重點在於良知本體的呈現，認爲所有一切人世間的外在情欲，都是虛僞的妄念的流動。而顏回修行的重點在於「德性之知」；而非外在知識的「見聞之知」。故強調放下對於外在執著攀緣的妄想，以致良知的工夫來掌握本體，完全掌握住「德性之知」，才能將外在的人欲與見聞之知完全放下，方能徹底進入成

〔註2〕 【明】王畿：〈葦航卷題辭〉，《王龍溪先生全集》（臺北：廣文書局股份有限公司，2000 年 11 月），清道光壬午年刻本影印，初版，卷 15，頁 1060。

〔註3〕 【明】王龍溪：〈九龍紀誨〉，《王龍溪先生全集》，卷 3，頁 226～227。

聖的道路。

　　龍溪在此以顏回的空理，來融會佛教空理的生命境界，但是又保持住儒家的本色，在終極實在的立場上，仍然堅持良知心體的常在。這是儒家與佛教最大的不同，但是對於無欲的生命境界上，則是二教之共法。並在此立論於儒家，來找到一條屬於儒釋之間最大的共識方向，以良知心體對於體的不執著的生命境界進行融會。

　　除了從顏回的修行工夫找到立論根據，並以此下手來融會佛教的空性道理；而歸屬於儒家的空理之下，也可以看出自然無欲的良知心體，便是三教共法的所在。首先是儒家的空理的實踐，在於要放下一切對於人世情欲的染著與成見，回到自然而不動於欲的真心；任由真心作主而自然產生對於一切事物最合宜的反應，反之，若對於一切事物，在下判斷前，若帶有「人欲」或是「成見」在身，則會走向與良知心體自然無欲的本質逐漸遠離。這一類由人欲作主的情況下，龍溪簡稱為「妄」。

　　要破除這種情況，則必須以良知真心作主，以掃除「人欲」，關鍵在於良知本體的彰顯程度，與良知心體相應的程度越深，則去欲的效果越明顯。也能將成見放下，回復良知心體自然而不動於欲的全貌。此為良知之學的深層意義，但在此也初步融會佛教禪宗的精神而回歸於儒家的系統，關鍵就在於良知心體「自然無欲」的共法面。除了強調良知心體的深層意義外，同時也兼備融會佛老的共法，但是儒者之不共法義，便是在於「人倫事物的顧及」。對此龍溪說明如下：

> 良知之體，顯微體用，通一無二者，此也。戒慎恐懼，致知格物之
> 功，視於無形，聽於無聲，日用倫物之感應而致其明察者，此也。
> 知體本空，著體即為沉空：知本無知，離體即為依識。〔註4〕

在此分析良知心體的特色在於體用一源，而儒家的一切修行工夫，如「戒慎恐懼」和「致知格物」等，都可以在心體的展現時，達到生命的化境，進而融入於日常生活實踐中。無須刻意進行此類修行工夫之學習，如果刻意執著則會因為過份在意這些工夫，反而使無欲的心體不彰顯，反而可能成為障礙。

　　對本心的體會就在人倫事物的感應之中，去體悟良知的常在，這就是良知心悟的重點所在。若執著於良知心體中「寂然不動」的一面，則可能落入於人倫事物感應的不足而偏向「靜」；但是若只篇向「感而遂通」的一面，則

〔註4〕　【明】王畿：〈致知議略〉，《王龍溪先生全集》，卷6，頁406～407。

又走向另一方面偏「動」的極端。也就是走向有用而無體的弊端。所以在這裡，龍溪認爲只有掌握本體的常在，同時又將對於體的執著放下，才能顧及人倫事物的感應而動靜兼顧，才能以此特性來進一步融會佛教過份偏「靜」的空理，而不走入佛教「如幻」思想之缺點，這也是龍溪以良知來進行三教歸於儒家良知的立論依據。

龍溪云：

> 先師憂憫後學，將此兩字信手拈出，乃是千聖絕學。世儒不自省悟，反哄然指以爲異學而非之。夜光之珠，視者按劍，亦無怪其然也。孔子曰：「吾有知乎哉？無知也。」言良知之外別無知也。鄙夫之空空，與聖人之空空，無異，「故叩其兩端而竭」。兩端者，是與非而已。空空者，道之體也。口惟空，故能辨甘苦；目惟空，故能辨黑白；耳能空，故能辨清濁；心惟空，故能辨是非。世儒不能自信其心，謂空空不足以盡道，必假於多學而識以助發之，是疑口之不足以辨味而先漓以甜酸，目之不足以別色而先泥以鉛粉，耳之不足以審音而先淆以宮羽，其不至於爽失而眩瞶者，幾希矣！〔註5〕

對於王陽明所提出的良知教法有疑問的世間儒者，由於不知道儒家心學的精華，在缺乏證量的經驗下，看到陽明先生所展示的證量工夫，與儒學本來面貌。反而質疑陽明心學爲儒學的異端，對於這種情況，龍溪在此以孔子爲立論根據來回應。並將孔子的空的意涵，以良知心體「虛」的一面爲聖人德性的展現，並賦予良知「德性之知」的意義。

同時亦以孔子的說法爲立論依據，認爲人人本具這虛心德盛的心體，以「空」來形容心體的特色，具足一切，但是又沒有體的執著，也因此可以容受萬物而神感神應。以此破斥世間俗儒對於於良知的誤解，假如認爲外在知識比這「德性之知」重要，就像是懷疑耳朵不能分辨五音，而要先從外在樂音的調整來下手，反而是一種捨本逐末的方式。

「無」才是知是知非的最高境界，「空」也在知是知非中顯，儒家的空理等於是「知是知非」，假如預先有是非之心的執著，即會有成見。所以在此儒家的空理，以「自然無欲」來代表這無執而不帶成見的意志。而佛教的空理，便是從體會無自性的「緣起法」下手，進而達到解脫三界所需的智慧境界。但是在本質上並非是「道德的實踐」，只具有「當體寂滅義」。而龍溪所言之

〔註5〕 【明】王畿：〈致知議略〉，《王龍溪先生全集》，卷6，頁408～409。

空理，則是就道德當下實踐而言，而具備變動創生義，所以自然無欲之真心顯現時，便可以不離開人倫事物，所以在此為初步的毫釐之差。

儒家的「無」，雖是無形無相，卻是不離倫物感應，因而具備「無」而「有」的特色，能遍照萬物；而佛教所說的空理，是代表諸法無自性的意義。所謂的「有」只是「緣起有」，可不離於人世，展現「性空」的意義，但是由於從視世間如幻下手，於積極創生義的一面不足，即使有相近於儒者的生命境界，但是由於畢竟在心體本質上以「出離心」為出發點，以脫離三界為主要教義，所以仍然是屬於有條件律令。即使有發「菩提心」來進行六度萬行等積極救世義，但是仍然是以出世之樂為誘因，便終究無法視人倫事物為成聖要素，故以儒者以「自然無欲」的標準來看，仍然是不夠圓滿。

從以上兩段引文，可以得知王龍溪企圖以儒家空理的意義，來將良知心體中「虛」、「寂」、「感」的一面做立論根據。以此做為融會三教於良知的說明，除此之外，也強調儒家本來面目就有包含良知心體的立論根據在其中，同時以孔子的空理來企圖融攝佛教的空理，以良知能顧及人倫事物感應的一面，來說明儒家比佛教更上一層樓的地方，在此做細緻的分析。以此保持儒家的本色，說服傳統儒者的挑戰與質疑，同時也以此做為良知融通三教的準備。

儒家的空理在龍溪的解釋下，賦予「寂」、「感」的特色，從孔子的言行中，找到能說服傳統儒生的立論根據，以良知「虛」的一面來說明，也以此重新將空理的看法，從佛教的看法中抽離，給予儒家本色的意義與價值意識，並以良知心體的特色做詳盡的融攝。

同時也使儒家良知心體的教理更加豐富，在儒家內部而言，可以使傳統儒生信服，在面對佛教時，可以將儒家本色的空理，盡情的展開其「寂」而「感」的特色，與佛教「空」而「寂」的教理來做比較。並以人倫事物的顧及來針對佛教的空理做批評，並由此來下手融會佛教的空理，達到對於將佛教融攝於儒家的目的，在此可以看出龍溪的決心。

其中的看法如下：

> 前所舉顏氏之學，已盡其義。夫子『克己歸仁』之旨，克己者，修己也，一日而成，乃是頓教，非以效言也。有念為邪，無念為正。『四勿』諸根互用，是從一念攝歸無念，所謂屢空也。〔註6〕

〔註6〕　【明】王畿：〈鄉貢士陸君與中傳略〉，《王龍溪先生全集》，卷20，頁1522。

儒家所說的空理，可以從儒家的「克己歸仁」來表示，並從此分析所謂的空理，也就是從自己身上來下手，從良知來體會仁體的常在，但是卻能不執著於仁體，從抓取體的概念到將最後連體的概念都放下，才是實踐儒家空理的生命境界。但是跟佛教的差異在於儒家的體仍然常在，只是在不執著於體的態度上來取得儒釋之間的共識，在更進一步的深層意義是指在「克己歸仁」的工夫下，將人欲與成見，在與本體相應下，達到當下轉化與掃蕩人欲的效果，而回歸「自然無欲」的宗旨，才能與儒家的空理契合。

凡是刻意的去進行有意的運作，都已經與儒家的空理背離，龍溪簡稱為「邪」，而與自然而不動於欲的「真心」相應而運作的工夫，便是儒學空理的本質，這一種工夫簡稱為「正」。唯有自然無欲心體的呈現，才能與無念相互契合，龍溪在此段話中隱約指點出，自己修行與證量的工夫是如何運作，而藉儒家聖人顏回的言行與工夫，來做為自己立論的依據與正統性，也以此來做更進一步融會三教於儒家良知學的思想運作，以「自然無欲」為良知心學與三教的融通橋樑與共法。

龍溪在此保存住儒家本色而來融會佛教不執著的生命境界，並從儒家經典找到立論的根本依據，以此說服儒生；並以此來融會佛理而歸本於儒家的教理，龍溪在此採取的方式是先接受佛教的術語，再從儒家經典找出儒家原有的義理來抗衡佛教。並以儒家的特色來說明儒家教理勝過佛教的地方，這是王龍溪對於佛教的態度，與一貫的融攝佛理回歸於儒家的手段。

龍溪詩云：

已分虛空屬我身，一絲不掛豈論紳？更虛打破虛空相，信手拈來法法真〔註7〕。

句詩中表現出傳統儒者欲突破空理的決心，但是這空理是佛教「空」而「寂」的空性義理，而非是儒家的實理。此詩隱含著以儒家的實理來融通三教的雄心，龍溪以打破佛教沉醉於空性之體的決心，為儒家能顧及人倫事物感應的「寂」而「感」的良知實體之理而努力。在這首詩中已經完全展現出三教歸儒的心意，以寂體通達「無」，以感通來會通「有」，代表儒家心體教理可以達到寂感兼備又能有無合一不離的特色，而沒有佛老的缺點。

同時也分析「寂」與「寂滅」的差別如下：

夫惺惺法，敬也。主一之謂敬，一者無欲也。無欲則靜虛動直。靜

〔註7〕【明】王畿：〈復久庵紀夢韻十首〉，《王龍溪先生全集》，卷18，頁1320。

虛是爲寂寂，動直是爲惺惺。寂而不惺，則淪於寂滅，滅斯槁矣。惺而不寂，則流於用智，用斯鑿矣。弗槁弗鑿，常寂常惺，聖學之大全也。良知知是知非，而實無是無非，無是無非即所謂寂，知是知非即所謂惺，譬諸日月之明，圓澄瑩廓然無翳者，寂之體也，輝光丕冒，洞然無礙者，惺之用也。虛以適變，不拘典要，寂以通感，不涉思爲，恆寂恆惺，千聖學脈也〔註8〕。

寂體的特色在於「靜」與「虛」，但是對於「寂」體產生執著的情況下，可能會導致走向佛教追求寂滅的道路，而無法顧及人倫事物的感應，但偏向過份重於「感」的一面，則可能因爲過份強調不離於人世，則可能會走入流於以人欲作主的私智之心的狀況下，忘卻那背後不離而常在的良知眞心。則將走向另一個極端的道路，而良知本身的全貌是體用一源又即感即應，就像是無雲晴空中的太陽，陽光雖然無形無相，與萬物爲一體，但是根源卻來自太陽的本體，本身遍照一切而沒有障礙，便是良知本體的常在狀態，而「寂」字代表本體，以太陽本身來譬喻，「感」字則代表陽光本身的與萬物通達而使其受用而不離的狀態。

在此更深層的意義展開下，可以看到儒家強調與萬物不離而成就的一面，即體即用而不捨棄人世，具足無量的創生意義在其中，這一點從龍溪的比喻中可以看出良知心體的精華。在無是無非的本體下，做出恰如其分，而知是知非的決斷力，兩者關係如同太陽本體與陽光一樣，互不分離而即體即用，使萬物受到無盡的受用，在此看出儒家大用天下的精神所在，也是良知心體與佛老的差異之處。就在於有一個自性的兼備無限創生義的本體，可以兼善天下又自利利他而不帶任何誘因與條件，只需順著本體去流行暢通即是龍溪「自然無欲」心體的特性，這是本段文章的深層意義。

而在陽光的遍照一切而沒有障礙的狀態下，便是良知的用，兼具「寂」與「感」的特色於一身，而不走向即存有不活動的寂體的狀態，良知心體的特色是即存有即活動，這一點便是龍溪分析良知心體「寂」而「感」但是又不走向進入「滅」的重點。在此段引文中，可以簡單分析此文的中心思想的重點，仍然在於自然無欲的良知眞心。本質包括了「寂然不動之體」與「感而遂通之用」，以「靜虛」代表本體的具體的實在與存有；以「動直」代表本體的活動狀態的形容語句，再度分析良知心體的本色必須「動靜」與「寂感」

〔註8〕　【明】王畿：〈惺臺說〉，《王龍溪先生全集》，卷17，頁1242～1243。

兼備，才能夠使本體保持即存有即活動的狀態。唯有如此才能保持住儒家心學本色的創生義而不流入佛老，除此之外，龍溪更指出佛教空理的缺點，並立論於易學來批評，如下所示：

> 易道而言，寂然不動者易之體，感而遂通者易之用，所謂畫前之易也。釋者謂「隨時變易以從道」，只說得一半。語感而遺寂，語用而遺體，知進而不知退，非藏密旨也。易即是道，若欲從之，是猶二也，二則支矣。此古今學術之辨也〔註9〕。

易體的特色在於寂然不動時，呈現出本體為真實存有的狀態，在易體的用時，展現出活動面，但兩者皆是不可分離的一體。但是一般講解的人士只看到變化的部分而忽略了寂體的常在，導致無法承認一個真實的本體的存有和終極實在，造成在偏向用的一端的教理，就易學的道理來看，佛教的方式似乎走向了支離的缺點。龍溪在此將儒家與佛教的關鍵差異，立論於易道來做說明。

同時從孔子的言行中，來分析儒家的空理，如下：

> 孔子曰：「吾有知乎哉？無知也。」言良知本無知也。「鄙夫問於我，空空如也」，空空即虛寂之謂。顏子善學孔子，其曰：「庶乎履空」，蓋深許之也〔註10〕。

由此可知，佛教空理的缺點，在於「如幻觀」，容易導致無法正視人生的倫常，流於「寂」而「滅」，在此並提出良知心學勝過佛教的地方「寂」而「感」，如下所示：

> 良知者，性之靈，以天地萬物為一體，範圍三教之樞。不循典要，不涉思為，虛實相生，而非無也，寂感相乘，而非滅也，與百姓同其好惡，不離倫物感應，而聖功微焉〔註11〕。

分析儒家的空理的意義，關鍵在於對於人倫事物的感應與終極實在的保全。即使是良知心體有虛與寂的一面，但是終究也不會走入佛教的空理的修證，因為佛教視世間一切如幻的態度，在本質上是和儒家所言的空理有關鍵性的差異。故龍溪從孔子來立論和說明儒家的空理，並強調不可以走向將仁義視為如幻的態度，由此可看出儒佛之間於本心修證上的不共法，就在於對於道德法則的「如實觀」與緣起法則的「如幻觀」之差異。

〔註 9〕 【明】王畿：〈藏密軒說〉，《王龍溪先生全集》，卷17，頁1229～1230。

〔註10〕 【明】王畿：〈三教堂記〉，《王龍溪先生全集》，卷17，頁1205。

〔註11〕 【明】王畿：〈三教堂記〉，《王龍溪先生全集》，卷17，頁1206。

　　惟有承認仁義的常在，才能不走入佛教的空理的缺點，並能從良知的特性來融會佛教，突破佛教空寂的教理，進一步以良知兼具寂感的實理來取代，以良知虛寂的形式來達成雖然有體的終極實在，但是卻有一個不執著於本體的生命境界。龍溪便是以此境來，做爲融攝佛教教理的立論根本。同時在這裡也保持儒家與佛教的關鍵差異，同時也能說服佛教與儒家對於良知教法的質疑。

　　但是以佛教而言，雖然佛教以視世間如幻爲下手處，但是未必如龍溪所說的一般，以大乘佛學而言，除了「出離心」之外，也強調以「大悲心」來渡化眾生，而視一切如幻如化的修行觀，也未必皆有負面消極的效果，在此筆者以中土禪宗成就者玄覺禪師的意見來分析，玄覺云：

> 語其相應者，心與空相應，則譏毀讚譽何憂何喜？身與空相應，則刀割香塗何苦何樂？依報與空相應，則施與劫奪何得何失？心與空不空相應，則愛見都忘，慈悲普救，身與空不空相應，則內同枯木，外現威儀，依報與空不空相應，則永絕貪求，資財給濟。心與空不空相應，非空不空相應，則實相初明，開佛知見，身與空不空相應、非空非不空相應，則一塵入正受，諸塵三昧起，依報與空不空相應，非空不空相應，則香臺寶閣，嚴土化生。〔註12〕

永嘉玄覺禪師亦認爲當處於凡夫境界時，因爲「識境」的分別心與不空相應，所以心有憂喜，身有痛苦，有得失，這是第一種邊見。當與空相應時，因爲執著於空，所以雖然身無痛苦、心無憂喜、依報無得失，但是只能成就小乘的智慧，停留在智心的覺照而已。過份執著空則會落入空的邊見，容易落入斷邊而否定功能而落入斷滅一切而進入消極的一面。

　　當「空」與「不空」融合一致時，在心解脫方面，將去、來、動、靜、是、非、住、往的世間邊見全部打破而進入一切法都不對立而交融一體的境界，忘懷憐愛之情，產生大我的慈悲心。在「身解脫」方面展現無現的威儀，在「依報」方面顯現永遠斷絕無厭的貪求，而達到福報和智慧永恆的滿足。此時便能成就佛眼融合三諦一境和三智一心，此時法身之理永恆清淨，智慧的光明永恆照耀，如同陽光雖然無形無相卻是遍照萬物，這便是諸法的實相，此時佛教「空」、「假」、「中」的精神便圓融無礙於一心之內，這是玄覺禪師

〔註12〕　【宋】道原：《佛光大藏經：禪藏史傳部：景德傳燈錄》（高雄縣大樹鄉，佛光山宗務委員會印行，1994 年 12 月）初版，頁 217。

的悟境，也是大乘佛法中，圓教的中道精義。

縱觀以上所述，佛教的中道義用佛教的解門來分析，是指不著「有」、不著「空」，將「我」執的思惟的跳開，去觀看諸法的因緣時，就不是用六根來看世界，而是用真心來看。此時就無我的存在，也沒有第三者存在，一切只有因緣和合而已。例如一位歌者，當歌者全都投入唱歌時。已經沒有我的存在，也沒有歌的存在，只有唱而已。對修行者而言，就是三輪體空，這個時候「行」本身，已經變成修行者的生命因素，在這個時候，就只有唱，唱就是行，而沒有行者。沒有歌者。沒有唱者而自在無礙。

佛教的「寂」的概念，指的是一切法的本來面目，例如看到佛像，就僅看到，沒有名詞，沒有形容詞，也不副加任何外在因素。就是如此，「空」的存在，也就是為了執著於相，認為是實有而以空破有的一種權巧方便。當「有」破除時，「空」亦不存在。此時如果還有「空」存在，就是佛教所破斥的頑空，也就是一種偏見。

縱觀以上所述，可以得知佛教是以解除一切生命欲望的痛苦為首要目標。這是佛教價值意識的本體，在宇宙論方面，主張一切無法恆常，提倡離開欲望，即離欲寂靜的生命境界。當體會空的道理時，於小乘果位可以達到捨離愛欲，在大乘的生命境界時，可以將愛欲昇華而救度眾生，以對治自我意識為主要修行方向，最終期望能成就出入一切世界而無障礙的佛陀果位。

佛教的一切修行次第，以及生命的理想境界，都是以此為目標而努力。在本質上以出離生死苦海為主，但是這種思考方式與價值意識，是否正確？便是龍溪所質疑和反對的地方，故對於佛教的理解與質疑，主要是站在以儒家大用天下的本懷來看待佛教，同時以良知之教為主，提倡以良知為通達融會三教歸於儒家的方式，其本質仍然是儒家精神的體現，不流於一般的三教合一論。引文如下：

> 漸庵李子、五台陸子偕同志百餘人，來謁先師新祠，即會於祠中。
> 李子叩儒與佛同異之旨，先生曰：「豈易易言也？未涉斯境妄加卜
> 度，謂之綺語。請舉吾儒所同者與諸公商之。儒學明，佛學始有所
> 證，毫釐同異，始可得而辯也。人受天地之中以生，所謂性也。良
> 知者，性之靈，即《堯典》所謂『峻德』，『明峻德』即是致良知，
> 不離倫物感應，原是萬物一體之實學。親九族是明明德於一家，平
> 章百姓是明明德於一國，協和萬邦是明明德於天下，親民正所以明

其德也。是爲大人之學。佛氏明心見性，自以爲明明德，自證自悟，
離卻倫物感應，與民不相親以身世爲幻妄，終歸寂滅，要之不可以
治天下國家。此其大凡也。問者曰：「佛氏普度眾生，至捨身命不惜，
儒者以爲自私自利，恐亦是扶教護法之言。」先生曰：「佛氏行無緣
慈，雖度盡眾生，同歸寂滅，與世界冷無交涉。吾儒與物同體，和
暢欣合，蓋人心不容已之生機，無可離處，故曰：『吾非斯人之徒與
而誰與』。裁成輔相，天地之心、生民之命所賴以立也。」〔註13〕

王龍溪表示，當完全掌握了儒家的心學的精華時，也能夠在佛學上也所成就，
儒家心學的精要在於良知，是性體的精靈，本身不離開一切人倫事用，而具
體的存在，與萬物爲一體，正因爲儒家立論的「性體」是一個終極的實在。
所以在成就儒聖時，也是一個必然的保證。由此保證來顯出儒學是一門實在
的學問，即使和佛教在生命的境界有許多的融會相同之處，但是儒家的學問
可以保持住人倫，而不像佛教一樣，失去在人倫事用上的生機，這點是儒者
所強調的地方。

　　但是面對於佛教的慈悲渡生的理念，似乎與儒家大用天下的精神相差不
遠，有人便以此質問龍溪，認爲龍溪的說法，只是爲了護持儒家的教理，以
此立論似乎不免有所偏差，王龍溪的看法是，即使是佛教的「無緣大慈」的
精神，要渡盡一切眾生，但是終究是要出離這個世間來得到解脫，要藉由出
離世間來成就佛聖，但是爲什麼一定要出離世間才能成就呢？這點是龍溪所
不能認同的地方，故認爲只有儒家可以做到在不出離人世的情況下，在人世
之中直接成就聖人的境界，這才是儒家君子大用天下的風範。

　　在此可以做個簡單的分析，在於佛教與儒家雖然都講求「見性」，但是儒
家的見性是指見到「道德本心」，此心具有無量積極的創生意義，講求大用天
下與萬物同體；但是佛教所講的明心見性，則是見到「菩提妙明眞心」，雖然
可以脫離一切煩惱而成佛，但是畢竟希望一切有情眾生出離三界。

　　所以即使是大乘法門的圓教講求菩提心可以度一切眾生，脫離三界或是
在三界內達成出離三界的佛果，但是就龍溪的看法而言，關鍵就在於「出離
心」，在這一點上是儒家所無法認同的，對此點，牟宗三先生看法如下：

雖「即空即假即中」，盡圓融之極致，雖無世可出，無生死可度，無
涅槃可得，盡不著相之極致，亦是圓融地滅度，圓融地出世，而畢

〔註13〕【明】王畿：〈南遊會紀〉，《王龍溪語錄》，卷7，頁457～458。

竟是著了相，留了個軟點，畢竟未能盡人生之極致。〔註14〕

在此可以看出「儒心」與「佛心」在本質上的不同。由於儒家不講求出離三界，而強調以道德心的充分實踐於人倫事物中，因為不講求出離，所以一切所修證的工夫，必定在人世成就而不離。其成就的境界，也勢必與人倫事物融為一體，如此方能稱為「寂」「感」兼備而即存有即活動的良知心體。以龍溪的標準來分析佛教空理的缺點，就是在於對於出離心的過份強調，在此動機之下，所成就的一切境界，也必定導向出離人世為主的境界，就算是大乘佛教也不例外！龍溪則認為這種思想是不夠妥善完備的，就儒者而言，必須捨棄去除這一類思想，才能大用天下。

縱觀以上所述，宋明儒者的儒釋之別，就在於心體的本質內容的意義不同，不論儒者之間的立論有多少差異，在對於儒家本心與佛教上的區別，卻是有一定程度上的共識。筆者在此，以牟宗三先生的看法，來將這些意見會整如下：

> 儒家的體用義，是道德的創造實體之體用，是康德所說意志因果性（是一種特別的因果性，與自然因果性不同）之體用，是性體因果性、心體因果性之決定方向之創生的體用。故此創造實體確有能生義、生起義、引發義、感潤義、妙運義。此創造實體之客觀性、實體性、實現性（創生性、生化性）不只是一種姿態，而卻是一種客觀的實體、實有之所具。〔註15〕

所以在此可以看到，儒家的心體的特性在於「常」與「有自性創生義」的保全。即使是龍溪欲通達三教，也必須將自然無欲的良知心體中包含此義，以此特性才能保持良知心體本身獨具的「不共法」。才能將佛教所講求的「出離心」轉化為以良知心學中轉化人欲的工夫程度，以此立論致良知工夫的之所以能具備超脫三界所需要的定力境界。在此點上保持儒佛之間的「共法」與「不共法」。卻沒有佛教以「出離心」為主以成就入滅境界為主要修行態度，所可能產生的缺點，以儒學的本質，來做高度的轉化。

在這一點上，龍溪做出儒佛證量工夫上的初步交會，但是終究回歸儒學本質意義。但是對於一般人而言，佛教所說的視世間如幻的態度，進而成就

〔註14〕牟宗三著《心體與性體第一冊：佛家體用義之衡定》（台北，正中書局股份有限公司印行，2006年3月），初版，頁651後不贅述。

〔註15〕牟宗三著《心體與性體第一冊》，初版，頁464。

出離三界煩惱的智慧，也是非常具有吸引力的，而龍溪欲融通三教，也必須從這一點下手，之後筆者將在下節分析，龍溪的三界觀與生死觀，並且如何以良知心學來解決佛教中人此類的需求。

第三節　龍溪對「生死觀」與「超脫三界」的分析與融會

　　佛教除了以空理爲特色之外，更強調出離三界而得到涅槃極樂的境界，對於不少生民有極大的吸引力。對於這種現象，龍溪便嘗試以儒家的教理爲基礎，將儒家的生死觀與對於世間法與出世間法的概念做進一步的解析。也以此進一步融會佛教於良知心學中，首先針對良知與佛教的差異，先做初步的分析如下：

> 予謂：「良知，性之靈，心之覺體。佛是覺義，即心爲佛。致良知即是開佛知見，同異未暇論也。」問：「觀音能度一切苦厄有諸？」，予謂：「此事全憑念力。一念覺時，即是見佛，苦厄頓消，所謂自性自度也。」問：「因果報應」，予謂：「一念善因，終成善果；一念惡因，終成惡果。其應如響。止惡修善，不昧因果，便是大修行人。一念萬年，無有生滅，即無輪迴。知生則知死矣」。又問：「六如之法」，予謂：「人在世間，四大假合而成，如夢境，如幻相，如水上泡，如日中影、草頭露，如空裡電，倏忽無常，終歸變滅，所謂有爲法也，惟無爲本覺眞性，萬覺常存，無有變滅，大修行人，做如是觀。借假修眞，即有爲而證無爲，此世出世究竟法也。」〔註16〕

龍溪的分析良知心體是能明覺一切事物的本體，佛教的佛陀本身也是代表覺悟的意義，以良知心體來融會佛心，以致良知的本身來融會佛教的修行工夫，有人以大乘佛教中的觀世音菩薩法門能消除一切生命的苦惱。有人請教王龍溪如何以儒家的良知法門回應？龍溪認爲，重點在於良知的展現，在覺悟良知心體時，就能覺悟佛理，同樣能使一切苦難消除，以良知來融會觀音法門。

　　對於佛教的因果報應的觀念，龍溪大致同意佛教的看法，但是以儒家的角度來看，才能眞正圓滿說明。因爲以儒家的方式修行而成就的修行者，可以在良知心體的體會中，從生死的枷鎖釋放，達到超脫生死的生命境界。從

〔註16〕　【明】王畿：〈亡室純懿張氏安人哀辭〉，《王龍溪先生全集》，卷20，頁1538。

外在事物的變化過程中，看到良知心體常在的生命化境，永恆存在而沒有毀壞，由儒家教法所成就的大修行者，便能夠以此來洞察一切，便能夠成就在世間法修行，同時又成就超脫生死的自在境界。

但是儒家本身不講求解脫生死，認為只有在人倫中體會此心，才能夠達到無條件為善，才是儒學本色，而認為佛教以出世為誘因為主要修行態度，無法成就無條件的道德實踐，所以終究不夠完備。在此可看出儒佛心體本質上的毫釐之差，關鍵在於儒家以「倫常」為成聖要素，而佛教以「出離心」為成聖重點。

所以在此首先將佛教脫離苦海思想中的缺點排除，但是亦以良知心體的覺悟，來達成不離開人世卻超脫人欲的效果。如此才能算是儒家獨特的究竟法門，在此可以看到龍溪強調不離開人世而解脫的生命境界，由此境界的立論下，將儒家的入世與佛教的出世以良知心體來融會，建立一套屬於儒家的圓教教理系統，便是龍溪思想的特色。

此外對於世間法與出世的看法，表示：

> 陸子曰：「公捨不得致良知，四五十年精神流注在此，已有師承，且了世間法，幹經世事業。若要了生死、出世間事，必須看話頭，方是大超脫勾當。二者不相和會，君請擇於斯二者。」先生曰：「世出世法，本非兩事，在人自信自悟，亦非和會使之一也。若教誨我致良知功夫欠誠一真切，未免落知解，涉義路，未能超脫得凡心，尚以分別為知，未曾復得無知本性，不敢不自力。若要捨致良知另看個無字話頭，真是信不及。且持話頭只為要見般若本覺真心，良知即是智慧，無有二法。若教捨了良知，所持又何事耶？」〔註17〕。

陸子對於王龍溪將一生的精力投入良知教中，提出一些看法，認為良知之教即使可以積極入世而在世間法上圓滿成就，但是在出世的一面卻是不足，只有從禪法的話頭下手，洞徹出世的智慧，才能了脫生死。認為龍溪過於偏執一端，對此點質疑，龍溪認為陸子對於良知的理解，仍然以文字的意義和分別心來看待良知，良知本心對於世間法和出世間法，都能圓融通達而無所障礙。所謂的參話頭的目的在於見到般若智心，良知本身就是蘊含般若智慧的境界在其中。在生命境界的本質是沒有分別的，若捨棄了良知，那即使是禪法的本質也沒有一個可以下手成聖的路徑。

〔註17〕 【明】王畿：〈答五台陸子問〉，《王龍溪全集》，卷6，頁450～451。

同時主張以立論於易學來會通三教的精華：

> 聖人微言，見於大易。學者多從陰陽造化上抹過，未之深究。『夫乾，
> 其靜也專，其動也直，是以大生焉。夫坤，其靜也翕，其動也闢，
> 是以廣生焉』，便是吾儒說虛的精髓。『無思也，無爲也，寂然不動，
> 感而遂通天下之故』，便是吾儒說無的精髓。無思無爲，非是不思不
> 爲，念慮酬酢，變化云爲，如鑒之照物，我無容心焉。是故終日思
> 而未嘗有所思也，終日爲而未嘗有所爲也。無思無爲，故其心常寂，
> 常寂故常感。無動無靜、無前無後而常自然，不求脫離而自無生死
> 可出。是之謂大易，盡三藏釋典，有能外此者乎？〔註18〕

「虛」的道理建立在「乾」與「坤」卦，此二卦陰陽交感而產生其他卦象和
五行，也是萬物生機的所在，具有無限直貫的創生力量；「無」的精華也在這
二氣的交感中，以自然的化境看到虛無的本色。是「寂」而「感」的，當修
行的境界與易相應之時，便能使心體如明鏡一般，無論外在事物如何在鏡子
上呈現出多少外相，鏡子本身仍然能無垢無染，順應一切而無所障礙，便是
易學中「虛」與「無」的精華。不需要另外去尋求了脫生死，自然能當下了
脫生死！龍溪認爲即使是看盡佛教的三藏經典，也無法超出這融會三教於
「易」的心要之外，而易的精華便在「良知」之教中可以窮盡，以良知一即
一切，又超越一切，來容攝佛教般若智心不執著的特色。

心體特色如下：

> 日應萬變而心常寂然。無善無不善，是爲至善；無常無無常，是爲
> 眞常，無迷無悟，是爲徹悟。此吾儒不二之密旨，千聖絕學也〔註19〕。

在此可知，良知心體可以在存有的狀態下顯示「寂」體的一面，但是在面對
萬物時，可以有感通萬物的力量展現。良知便是兩方面都具足的完全體，此
體即存有即活動，爲超越相對善惡兩端的至善本體。雖然具足實體的常在，
但是因爲本體的變化不斷，所以可以融合佛教的空性而變化不斷的道理，也
是融會佛教的重點所在，但是又沒有佛教所批評將一切實體化而產生「我執」
的缺點。

因爲良知沒有「體」的執著，可以兼顧「常」與「無常」的優點。但是
又承認良知心體的終極實在，在這一個立場上堅持恆常，當徹底體悟良知心

〔註18〕　【明】王畿：〈東游會語〉，《王龍溪全集》，卷4，頁292～294。
〔註19〕　【明】王畿：〈不二齋說〉，《王龍溪全集》，卷17，頁1222。

體的境界時，便能完全掌握住這專屬於儒家的不二法門。龍溪以此為良知教理中最圓滿究竟的聖人境界。在此可以看到龍溪在融通三教歸本於儒家的教理下，也從分析三教的教理來入手，針對佛教無法顧及人倫事物上的缺點，以良知來融攝佛教，並建立一套以良知為中心的圓教思路，並以良知教理為最高的指導原則。

於佛教的三界觀，更提出以儒家的看法來超脫三界：

萬曆庚辰春，先生遇五台陸子於嘉禾舟中，謂曰：「八十老儂，生死一念比舊較切。究明此學，共證交修，同心之願也。」陸子因舉大慧謂『若要徑截理會，必須看個趙州『狗子無佛性』話頭，得這一念子，崒地折，暴地破，方了得生死，方名悟入。將妄想顛倒底心、思量分別底心、好生惡死底心、知見解會底心一時按下，只以話頭為拄杖，不得將心等悟，不得作道理會，不得向舉處承當，不得向擊石火閃電光處會，不得向意根下卜度，不得向揚眉瞬目處躲根，不得向語路上作活計，不得向文字中引證，不得揚在無事甲裡，直得無所用心、心無所用之無聊賴時，莫怕落空。能知得怕者是誰？心頭熱慌慌，轉覺迷悶，到這裡卻是好消息，不得放歇，提撕來提撕去，忽然落地一聲，便見倒斷也。』，此是大慧老婆心切，拖泥帶水，破生死之利刀，捨此更無可用力處。先生曰：「予舊曾以持話頭公案質於先師，謂此是古人不得已權法，釋迦主持世教無此法門，只教人在般若上留心。般若，所謂智慧也。嗣後，傳教者將此事作道理知解理會，漸成義學。及達摩入中國，不立文字，直指人心，見性成佛，從前義學，盡與刊下。傳至六祖以後，失其源流，復成義學。宗師復立持話頭公案，頓在八識田中，如嚼鐵酸餡，無義路可尋討，無知解可湊泊，使之認取本來面目、圓滿本覺真心，因病施藥，未嘗有實法與人，善學者可以自悟矣！」

先生因扣陸子：「看話頭與致良知公案，是同是別？」陸子曰：「若要了生死，必須看話頭，若只守定致良知，再得八九十年也了不得。」先生曰：「此盡言苦心也。盡將先師『知』之一字作趙州『無』字話頭，日用應酬，時時不昧此一點靈明，不作知解想，不作道理會，亦不從知上躲根，亦不作玄妙領略，此便是了了常知宗派否？」，陸子曰：「公捨不得致良知，四五十年精神流注於此，已有師承，且了

世間法，幹經世事業。若要了生死、出世間事，必須看話頭，方是大超脫勾當。二者不相和會，君請擇於斯二者。」，先生曰：「世出世法，本非兩事，在人自信自悟，亦非會合使之一也。若教誨我致良知功夫欠誠一眞切，未免落知解，涉義路，未能脫得凡心，尚以分別爲知，未曾復得無知本性，不敢不自力。若要檢致良知，另看箇『無字話頭』，眞是信不及。且持話頭只爲要見般若本覺眞心，良知即是智慧，無有二法。若教捨了良知，所持又何事也？」陸子因請問致良知功夫。先生默然良久曰：「子信得良知未深，不曾在一念入微，切己理會，故以爲有二法。且子自信看話頭，果得專精綿密、無滲漏否？今年已六十，亦該著緊時候，可得時刻堅持，打成一片，精神融結，無間斷否？一切凡心習氣之萌，能以無事話頭頓放在何處？若以爲功夫未熟，還須從根上究竟光明種子，以求全體超脫，未可專以熟不熟爲解也。《金剛》、《楞嚴》有四相、有四病：妄認四大爲我相，離我視他爲人相，所憎爲眾生相，所愛爲壽者相；有作有止，有任有滅爲四病。四相不出人我愛憎，四病不出有爲能所。凡動氣時，皆是我相未忘，未離四病，學道人未了公案。古云：『打破虛空爲了當』，不可以不深省也。先師良知兩字，是從萬死一生中提綴出來，誠千聖秘密藏，善學者自得之可也。」，陸子曰：「宋之儒者莫過於濂溪、明道，只在人天之間，亦未出得三界：欲界爲初禪，色界爲二禪，無色界爲三禪。雖至非非想天，尚住無色界內。四禪始爲無慾阿羅漢，始出三界，天人不足言也。」，先生曰：「此事非難非易，三界亦是假名，總歸一念。心忘念慮，即超欲界；心忘境緣，即超色界；心不著空，即超無色界。出此則爲佛乘，本覺妙明，無俟於持而後得也。先師謂『吾儒與佛學不同只毫髮間，不可相混』，子亦謂儒佛之學不同，不可相混，其言雖似，其旨則別。蓋師門歸重在儒，子意歸重在佛。儒佛如太虛，太虛中豈容說輕說重、自生分別？子既爲儒，還須祖述虞周，倣法孔顏，共究良知宗旨，以篤父子，以嚴君臣，以親萬民，普濟天下，紹隆千聖之正傳。儒學明，佛學益有所證，將此身心報佛恩，道固並行，不相悖也。〔註20〕」

〔註20〕　【明】王畿：〈答五台陸子問〉，《王龍溪語錄》，卷6，頁452～453。

由上述可知，所謂的三界都只是一個假名，都是源於「妄念」。當心靈對於外境的能轉化而不執著時，就能夠出離三界。首先當人欲的初步去除與轉化時，便能將一切以自我為主的思考和計算放下，剎那間超脫欲界；再進一步，當能使自己不攀緣外境，與良知心體進行更深的相應時，便可以超脫佛教色界天的程度；在更深一層進行將連放下的念頭都放下時，便可以在自然無欲的狀態下，以此來超越無色界天的程度。

也由良知自然無欲的一面，使儒家與佛教的教理雖然在生命的境界上，可以達到共識。但是龍溪認為既然身為儒者，就應該以儒家的教理為主，以積極入世的動機為主，以良知為主來達到普遍救濟天下的蒼生，才能無愧於天地之間！也能達到佛教無緣大慈與同體大悲的精神，當儒學上的修行有所成就之時，這時候的生命境界，可以同時圓滿具足儒學與佛學。佛教徒也可以此來報達佛陀的恩德，更是儒釋大同的生命境界！在此可以看出「自然無欲」為儒釋之間的共法，但是在本質上，良知心體雖然自然無欲，但是卻也兼顧了「自性」義以及「創生義」的儒家心學本色。在此顯示出良知與佛老的「共法」與「不共法」的差別，但是可以由自然無欲的生命境界，來做為融會的橋樑。

那良知心體本身的特色又是什麼？關於此點的分析如下：

> 乃不動於欲之真心，所謂良知也，與堯舜未嘗有異者也。若於此不能自信，亦幾於自誣矣。苟不用致知之功，不能時時保任此心、時時無雜念，徒認現成虛見，附和欲根，而謂即與堯舜相對，未嘗不同者，亦幾於自欺矣。〔註21〕

良知是不被人世欲望所染著的真心，當掌握這人人本來具足的真心時，要時常去肯定和展現良知的本體，同時與此真心常在而「熟習」，方能成就如堯舜一般的聖賢。重點在於領悟這良知的真心後的不退轉，在此指點出屬於儒家心解脫的成聖的工夫，此心是具有「創生性」的常在真心，在此心的領悟之中可以達到大用天下的效果，良知的特色就是來自於大丈夫自信的氣慨。

儒生對於生死的態度如下：

> 做個天地間脫灑光明大豪傑，乃不為俸生耳。且人生百年，只如倏乎，生死如晝夜，定知不免。孔氏云：「朝聞道，夕死可矣」，道無生死，一念靈明，照徹千古。生死隨緣，不作有無二見，可以死者

〔註21〕【明】王畿：〈松原語晤〉，《王龍溪語全集》，卷2，頁191～192。

以其放下，無復牽帶，所謂「通晝夜之道而知也」。〔註22〕

以儒家的生死觀來看待生死，認為身為一個儒者應該成就豪傑的功業，在人一生的時光中，每一段的生死就像是白晝與黑夜不斷的流轉，在流轉的時間中，聽聞大道便是儒家的重點！大道的本身沒有時間相與生死的束縛，永恆常在，而體悟大道時便能與道相應，而超脫生死的枷鎖。進入萬象背後那平等的生命境界之後，便可將外在的時間相打破！如同在看到白天的一面時，同時也掌握了黑夜。洞悉兩端的真相而沒有障礙，便是龍溪立論於儒家來難看待生死的態度。以對於生死的超脫為豪傑的功業，這正是表現出不離開人世而成就的表現。以此來面對生死，彰顯出儒家以肯定「生」而「樂」而成就一切的積極創生義，與佛教肯定「苦」而滅度的出世態度，在本質上的不同。

縱觀以上所述，王龍溪以良知本身就是道德的至善。良知的本身非空無一物，也不是毫無內容的空寂性本身，「無」或「虛」只是良知心體的作用形式；也以此批評佛教不能以道德的理性的天理，為其本質內容的心性。不承認此是真實不虛的創生性實體，在存有論上陷入完全的虛無主義，這是佛教思想的缺點。之後王龍溪便朝向以保住儒家的良知心體本色為主要目標，以良知的作用形式來統三教而不落入佛教中，這是因為良知在本質上是「道德法則」、「道德意志」、「道德情感」的統一。

龍溪以掌握良知心體為主要目標，並以良知的各種層面的特性，來掌握儒家的空理，並以此來更進一步來融會佛教的空性道理。以人倫事物感應的顧及來分別良知教法與佛教的空理的差異，並針對佛教走入寂滅的缺點來分析，以良知來做為會通儒佛的焦點，以良知真心的呈現來超越三界。以及以儒家的空理來超脫生死的迷思，在不離開人世中來修行，在佛教所謂的苦海中，以儒家的良知教法，直接在佛教的所說的汙染地修清淨心，為儒家的圓教修行次第。

接下來進一步，以良知教理將佛教視世間為苦的迷思打破，進一步以儒家思想來轉化融會佛教中以出世的彼岸來解脫得道的思考方向，最後進入儒家以良知心體為終極實在的最高教法。將佛教對於以實體化為苦的思路，以良知心體雖然有體的相，卻是沒有體的執著來融會佛教對於沒有體的執著的生命境界，便是龍溪融會佛教的教理的次第方向所在。

〔註22〕　【明】王畿：〈雪間樂齋聚冊後語〉，《王龍溪全集》，卷15，頁1043～1044。

從上述而言來分析，龍溪的思想貢獻，在於三教歸儒與對於佛教「出離心」思想的反省，提出質疑，儒家與佛教思想的差異，在於佛教視世間為「如幻」，都是短暫的因緣合和而生，以「緣起性空」為世間的真相。所以雖然不否定人倫，但是終究，不以人倫為究竟的依歸，也非成聖的要素！而儒家思想與心體的本質，以人世間的倫常為成聖要素，本質不具「出離心」，所以由此為關鍵性的差異。

但是儒家與佛教除了在此不共法上的差異外，其圓教思想，都強調不離人世成聖，佛教認為大乘佛法的究竟了義，須進入連「出離心」的執著都放下，以無執的精神救度眾生，以六度萬行與四攝法度化眾生，同時以眾生為外緣，引發成佛的功能，累積福報資糧，成就如來的「報身」。

佛教由度化眾生中，進行「轉識成智」的運作，使如來的法身成就，這是智慧資糧的運作，最後法身與報身及化身，三身成就，才是究竟了義的成佛。但是關鍵在於智慧法身的成就，才能將「有漏福德」轉為「無漏功德」，所以禪宗從「明心見性」入手，所以必須先將對於「出離心」的貪戀放下，佛教若以此立論，則亦可回應龍溪的質疑，佛教原典及中土禪宗四祖道信的看法如下：

首先是《占察善惡業報經》中對於佛的「法身」與「色身」的修證方式表示如下：

> 如是等說，眾生不能解者，謂無上道如來法身，但唯空法，一向畢竟而無所有，其心怯弱，畏無所得中，或生斷滅想，作增減見，轉起誹謗，自輕輕他，我即為說如來法身自性不空，有真實體。具足無量清淨功業，從無始世來自然圓滿，非修非作，乃至一切眾生中亦皆具足，不變不異，無增無減，如是等說，能除怯弱，是名安慰。又復愚癡堅執眾生，聞如是等說，亦生怯弱，以取如來法身，本來滿足，非修非作相故。起無所得相而生怯弱，或計自然，墮邪倒見，我即為說修行一切善法，增長滿足，生如來色身，得無量功德清淨果報！如此等說，令離怯弱，是名安慰。而我所說甚深之義，真實相應，無有諸過〔註23〕。

道信禪師亦云：

〔註23〕 【隋】菩提燈譯：《乾隆大藏經第34冊：占察善惡業報經》（台北，世華國際股份有限公司印行，2003年12月），初版，卷下，頁317。

祖曰：夫百千法門，同歸方寸，河沙妙德，總在心源，一切戒門、
定門、慧門，神通變化，悉自具足，不離汝心，一切煩惱業障，本
來空寂。一切因果，皆如夢幻。無三界可出，無菩提可求。人與非
人，性相平等。大道虛曠，絕思絕慮。如是之法，汝今已得，更無
缺少，與佛何殊？更無別法，汝但任心自在，莫作觀行，亦莫澄心，
莫起貪瞋，莫懷愁慮，蕩蕩無礙，任意縱橫，不作諸善，不作諸惡，
行住坐臥，觸目接源，總是佛之妙用。快樂無憂，故名為佛。〔註24〕

道信禪師在此指出，佛教雖然最初以出世為主，但是一旦與「見性」之後的
法身相應時，連出世的貪執都放下，不落於世間法與出世法的兩端而有所障
礙，因為真相是緣起性空之理，一旦體會這個道理，所謂的出離三界的「出
離心」，也在與空性相應之時，得到解消，連出世的一念都放下，才能得到法
身的受用，由此可以看出，佛教也意識到「出離心」思想的弊端，進一步以
大乘禪法轉化，認為必須解消而不執著於兩端，才是真正的佛教精神。

　　若以此立論，可以知道，龍溪所指出的佛教出世思想的缺點，其實佛教
內部，亦有一套對應的解決之道，但是所不同的是，佛教仍然視一切如幻為
真相，所以即使不離世間而成正覺，仍然是視一切為無常思想下的產物，無
法像儒家一樣正視人間的一切，龍溪認為唯有本質上正視人倫為常在，才能
不走入佛教思想的缺點，所以在此仍然不能認同佛教的「如幻觀」。

　　以佛法而言，儒家思想的缺點，容易形成「法我執」，亦非事實的真相。
真相是「緣起性空」而「諸法無我」。由此可知兩者思路與判定真理的標準不
同，所以立論亦有差異，但是兩教的圓教思想，都有在利他思想上的高度會
通性，所以龍溪會通三教思想的進路，便是從「共法」下手。但是仍然保持
儒學的本質，強調良知本心的無條件自發，才能具備「道德心」的特性，進
行無條件的道德行為，由意志自由而發，方為儒家不共法精神之所在。

　　從上述立論，進一步產生一個問題，那就是儒佛之間的相互判教，各有
一套以自己教理為立論基礎，指出對方思想可能產生的缺點。若以中立的角
度來看，就是儒者視世間倫常為「真」，才能正視人間的一切；而佛教視一切
如幻，則認為即使連成佛的彼岸也是如幻，都只是緣起而有的假名。以道信
禪師的看法而言，需要連世間法與出世法的分別心都必須解消，以緣起性空
為而視一切如幻為「真」，才能真正達到佛家圓教的自在境界。所以由此看出

─────────────────

〔註24〕【宋】道原：《佛光大藏經：禪藏史傳部──景德傳燈錄》，頁 127。

儒佛在最初的判定眞理標準方面不同，所以對於眞理的標準和價值意識便有所差異。

筆者以道信的看法而分析，世間法與出世的彼岸是眞實的對立嗎？如果答案是肯定的，是眞實的，由這樣的推論結果，會產生一種情形，那就是「聖」與「凡」的對立是無法改變的，那便可能導致沒有得度的可能性。但是由「緣起性空」的道理，可以了知「世間法」與「出世法」的對立，都只是因緣的產物。所謂的「出離心」只是對治於凡夫世間法貪執的藥方。

當貪執解消時，就能將「出離心」也解消了，如疾病消失之際，便不須再執著於藥物本身了。以此思路而言，儒家對於倫常與天理的執著，容易產生「法我執」，必須化消才能自在，才能不落入世間法的貪執。而對於佛教而言，則必須將出世的「出離心」，於修行到一定境界時，也必須化消，如此才能進入快樂無憂的如來境界，此等境界爲「無爲三昧」。《大寶積經》云：

> 「復次，文殊師利，云何名爲無爲三昧？」即說頌曰：無爲性寂靜，
> 於中無所著，亦復無出離，但有假名字。爲執著眾生，而說彼名字，
> 能如是了知，名無爲三昧〔註25〕。

由此思路分析，可以明白，以大乘頓教禪法而言，所謂的「世間」與「出世間」的彼岸對立思想，在如實的觀察中，其對立性在本質上是不存在的。進入究竟實義而言，沒有煩惱可以斷除，沒有彼岸的成佛之道可以成就，因爲在本質上一切如幻，由此現前正觀之法，可以化解所有一切對於「出離心」思想所可能產生的弊端。也能解消儒家對於倫常的執著所可能產生的「法我執」，進而過份貪愛世間的缺點，如此才能進了悟究竟的眞理，佛家亦可以此回應龍溪的質疑。

但是以龍溪的立場而言，即使佛家能達到不對立的境界，但是畢竟是以如幻觀來達成此境界，而非本質上的肯定，其思想仍然有所缺點。意見如下：

> 佛氏明心見性，自以爲明明德，自證自悟，離卻倫物感應，與民不
> 相親，以身世爲幻妄，終歸寂滅，要之不可以治天下。此其大凡也
> 〔註26〕。

這句話是主要是針對佛教的如幻觀思想的質疑與反思，首先就「出離心」與

〔註25〕 【唐】菩提流志譯：〈文殊師利普門會〉，《大寶積經》，台北，全佛文化事業
有限公司印行，2001 年 10 月，卷 29，頁 200。

〔註26〕 【明】王畿：〈南遊會紀〉，《王龍溪全集》，卷 7，頁 457～458。

「如幻觀」最常產生的缺點，就是容易走入寂滅的道路，無法顧及人倫事物感應；以儒家正視人倫的立場而言，這是此類思想的第一部份缺點。接下來便是對於佛教的「無緣大慈」的質疑：

> 佛氏行無緣慈，雖度盡眾生，同歸寂滅，與世界冷無交涉。吾儒與
> 物同體，和暢訢合，蓋人心不容已之生機，無可離故！〔註27〕

龍溪對於佛教大乘思想的質疑，在於追求彼岸出世安樂的「出離心」。雖然可以帶領眾生出離三界，但是缺點在於不能正視人倫。最後仍然是以視世間如幻而出離世間成佛，即使是大乘佛法可以在世間成佛而不離人世，仍然視世間與出世彼岸如幻而不能正視人倫。這是因為佛教在根本教義上認為，一切的現象背後的真相都是「如幻」。所以判定一切的標準，皆是如幻，方為佛教的價值意識與真理所在。儒家認為只要是無法正視人倫事物為真，即使是達到對於一切皆能不對立分別的境界，仍然是有走入寂滅的弊端思想產生，因此不能認同佛教的看法，而儒家認為在本質上不須「出離」，才能不走入佛教「寂滅」思想的缺點。

也因為儒家的心體本質上不含「出離心」，所以儒家的見性之學，便能不走入禪家明心見性之學的缺點。以此看法而言，儒家的見性之學如下所示：

> 人受天地之中以生，所謂性也。良知者，性之靈，即《堯典》所謂
> 「峻德」，「明峻德」即是致良知，不離倫物感應，原是萬物一體之
> 實學〔註28〕。

儒家在此認為良知心學的特色，在於不離「倫物感應」而見性，本質與萬物同體，認為本心是具體的實在，這是必須相信的事實。儒家以此為「真」！承認一個具有自性的「性體」常在，所以不能認同佛教的「如幻觀」。因為佛教認為一切都是因緣生，一切事物都是「無自性」。所以和以儒家心體的本質上有所差異，也是儒佛之間的不共法所在。只有在此立場上保持儒家的本色，才能成就與萬物同體而不走入佛教寂滅思想的缺點，也認為這才是良知實學之所在。

對於龍溪的批評，筆者以佛教的方式來更進一步的分析，對於禪法而言，所謂「世間」與「出世間」的思想對立，都是不必要的。在究竟義的說法中完全不可得，在世俗諦中亦是如此！因為一切法的自性本來是空，所以緣起

〔註27〕 【明】王畿：〈南遊會紀〉，《王龍溪全集》，卷7，頁458。
〔註28〕 【明】王畿：〈南遊會紀〉，《王龍溪全集》，卷7，頁457。

法才能不斷生起。所以佛教認爲萬物皆是「緣起法」的變現，只有緣起的法則是唯一眞實的存在，除此之外一切皆是如幻的顯現。所以禪宗所言的「眞如第一義諦如來藏自性清淨心」的本來面目就是指「性空」的境界。此境界具備常、樂、我、淨，是獨一無二的眞理。也是不受諸因緣的「無爲法」，除此之外無一物是眞實的存在。但是龍溪所主張的良知心體由於本身具有「自性創生義」，其本質爲「道德法則」，所以筆者在此歸屬於「自性生」的層次，儒佛差異便是在於所依循的法則不同。

以佛教的看法而言，由於緣起性空是世間萬物的眞實的道理，所以「自性空」與「緣起有」相互成立，而「自性空」與「畢竟無」的本質意義也有差異，所以佛教認爲儒家視性體爲「自性有」的說法，已經與眞理有一段距離，而見不到眞相，所謂的「此世」與「彼岸」的思想分別，其實由「實相」來看，這一切都只是概念的假設，而非眞實的現象本身。

但是就對於本體的態度而言，則認爲一切法本身無實體可得，但是從現象上來看，緣起法的作用本身是「有」的。在此可以與儒家心學正視人倫事物功能的一面相應，在此便是儒佛共法融會相通的所在。也是儒佛會通所要下手的必經路線，不過仍然保持住創造性的本體，此本體是「良知」也是「誠體」，具有道德的基礎，又是天地萬物的基礎，這是儒家的共識，也是有別於佛教的「不共法」。

但是對於佛教的會通，必須對於佛教的質詢做出回應，首先佛教對於人生的態度是從「苦」的一面下手，苦的根源是「我執」，若執著會產生「貪愛」的欲念，所以必須以無我的教理破除，因此只有緣起性空的正見，可以證「無我性空」的解脫境界。所以在此龍溪的會通，是從良知心體本身自然無欲的一面來進一步達成破除貪愛的境界，表示看法如下：

> 此生只有此一件事，良知時時作得主，清明在躬，洞然無礙，一切
> 欲念當體消融〔註29〕。

在此初步以自然無欲的心體彰顯後，便能將貪愛的問題解決，在此可以看出，由於良知本體是屬於「自性生」的層次來立論，所以能兼顧創生義。而因此與萬物同體，所以成就也必須在人倫事物中得到。在此前提下，所以可以沒有如佛教一般，必須去面對「出離心」的缺點，之後以菩提心來轉化的過程，而又有具備佛教捨離欲貪的思想優點，而良知心學的修行重點如下：

〔註29〕 【明】王畿：〈留都會紀〉，《王龍溪全集》，卷4，頁309。

在人倫事物上磨其不正，以歸方正，正是無欲工夫〔註30〕。

在此可以看出，「人倫事物」是儒家關心的重點，也是成聖的必要條件。儒家認為唯有視性體良知為「自性有」的情況下，方可避免佛教出世思想的缺點。其次，以佛教而言，出離三界是修行的重點所在。對於出三界的需求，龍溪的看法如下：

三界亦是假名，總歸一念。心忘念慮，即超欲界；心忘境緣，即超

色界；心不著空，即超無色界。出此，則為佛乘，本覺妙明〔註31〕。

事實上三界都只是心理狀態的假名，當與良知心學相應之時，首先便能將個人的利害得失計較全部放下，即能超越「欲界」的程度，進一步使內心不執著於外在的物質現象，即能超越「色界」的狀態，當最後進入與良知心體更深一層的相應境界時，即能放下對於「無色界」中光明境界的執著，而超越三界。但是若存在「出離心」，則是進入佛教中本覺妙明的佛境界。

以佛教的觀點而言，「欲界」眾生的特色在於「食欲」與「淫欲」兩大欲望尚未斷除的境界；而「色界」眾生的特色，在於以禪定力的深淺而組成，至於「無色界」眾生的特色在於只剩下單純的心意識。「無色」界的境界只剩下心意識的存有〔註32〕。所以必須具備斷除欲望的高深定功才能出離三界，以此立場來分析儒家的修證，可以在真心作主的一刻，以「自然無欲」的境界與定力，放下對於欲望的貪愛執著，才能進入「色界」的程度。

由於放下了對於外在物質的執著，可以進入「無色界」天的程度。但是由於反對生起「出離心」，所以此時雖然定力高深，但是佛家認為由於王龍溪將此定力的境界用於倫常的顧及與發用，而不用於「出離心」的發心動念，所以不能進入出離三界所需要的「滅盡定」的境界，故可能無法生起出離三界的功能。

所以由以上述所言來看，龍溪所提出來的超三界的方式，仍然是以道德法則「自性生」的層次來立論的三界觀，而佛教的出三界是以緣起法理而生的「因緣生」的方式來出離三界。以佛教的立場而言，龍溪此法是否真能出離三界？很明顯依佛教規定的是不行的，因為本質不具「出離心」也不使用

〔註30〕 【明】王畿：〈留都會紀〉，《王龍溪全集》，卷6，頁439。

〔註31〕 【明】王畿：〈答五台陸子問〉，《王龍溪全集》，卷6，頁452。

〔註32〕 參閱洪啟嵩著《佛教的宇宙觀》（台北，全佛文化事業有限公司印行，2006年4月），初版，頁95～96後不贅述。

「如幻觀」，無法修證「如幻三昧」。而且因為是屬於道德法則「自性生」的心體本質，所以可能無法生起出離三界的現象及功能，但是以龍溪的立場而言，由於三界本身是心理狀態的假名，與人世間是一體的兩面，所以本質上沒有所謂的三界可以出離，在此可以看出儒家的立場，與大乘禪法精神於龍溪身上高度融會展現的所在。

龍溪在此以禪法不對立的精神，以佛教的方式回應佛教信眾，所謂的三界也只是概念的假設，又提出以「自性有」的良知心體來進行建立一套不離人世，又能具備超越三界的所需要的定力境界。在此就能與大乘禪法高度相應，不過本質仍然是儒家，不含「出離心」故不講求出三界，同時也能不離人倫事物感應，只是在取消「此世」與「彼岸」對立的立場上，卻些許融會大乘佛法中不離人世而成佛的精華教理，進一步以儒家心體的本質內容來建立，也同樣可以回應佛教對於儒家執著於「法我執」的質疑。

從龍溪對於三界的看法來解析，可以得到一個結論，良知心體為「自性有」是永恆而普遍絕對的存在；而將佛教的「緣起有」歸屬於一種虛幻的假相，以儒家的義理為中心，使佛家的「緣起有」中對於一切事物不執著的精神，融會於良知心學中。以個人的領會，使「緣起有」成為「自性有」思想的附屬品，使性體與良知成為普遍又絕對的主宰者。這便是三教歸儒的終極歸趣，也彰顯出儒佛思想的界線與分野。

進一步對於佛教所說的「見性」來分析，所見到的是緣起性空之理，以空「性」為體，所指的是人和萬物的本質是空性。禪宗所指的「見性」，就是體悟這智慧正見的境界，以此為成就大乘佛教中的智慧法身。但是若沈醉於「見性」中，則會有無法顧及人倫事物的缺點，所以在此被儒者所批評。

但是以大乘佛教而言，究竟成聖的境界，必須加上六度波羅密來利益眾生而成就報身和化身的因緣，此為福德資糧；而「見性」為智慧資糧，兩者完全具備才能成佛。所以必須發「菩提心」，不捨離眾生，以眾生為成聖資糧的修行所在，大乘佛學認為離開眾生則無法成佛，所以成佛一定「見性」；但是「見性」未必成佛，而儒者所批評的關鍵在於過份注重「見性」修行，所可能產生的寂滅思想取向，也是龍溪所聚焦討論的所在。

而良知心學被佛教批評的地方，在於執著天理為實有，不知「緣起性空」的道理才是諸法實相，容易造成「法我執〔註33〕」。針對此點來分析，關鍵在

────────────

〔註33〕佛家指出儒家人士以道德法則與倫常為真實的存在，這點堅持容易產生執

於儒家與佛教的判定標準不同，便是何者為真正的「見性」？依筆者的分析而言，大乘佛教的以「緣起有」為真理來見性；而良知學以見到天德良知的「自性有」為真理來「見性」，共法在於「有」，不共法在於「見性」的標準。

　　若大乘佛學行者只注重「見性」，則無法走出「出離心」思想的弊端。此點便是儒者抨擊的所在，而儒家認為勝過佛教的所在，在於「見性」的標準必須以人世為主，本質不具「出離心」，所以不需要面對出世思想的弊端，而在良知心體下運作時，便自然能達到近似佛教所要求福智雙修的圓滿境界。但是與佛教的差別，在於儒家認為良知心體本具一切，不需要佛教一樣向外累積成就福智的資糧，只要能將自然無欲的真心隨處呈現，便能「仁」「智」兼備而無盡擴充，由內發而成聖，由儒家的性體為見性標準，也是創生實體與成聖的必然保證，龍溪在此洞悉佛教思想缺點的所在。

　　由儒家「自性有」的良知心體，將佛教「緣起有」思想融會於儒家心學中，除了對於出世思想的反省，同時也看出佛教成聖原理上，所可能產生的弊端解析出來，進一步以儒家成聖原理來分析。良知心學的優點，在於能達到無條件為善的境界，不需要靠外緣來成聖，由於人人本具良知的自性，所以成聖有必然的保證，良知心體自身即圓具一切資糧，只需於人倫事物中，作無盡的擴充即可。所以能不離倫物而成就，反觀大乘成佛之路，則需要外緣來引發與累積成聖的資糧，才能成就最圓滿的佛乘，儒家在此便勝過佛教。

　　由上述觀之，可以看出成佛的方式，無非是「出世心」、「菩提心」、「性空智慧」三種的交互運作，以眾生為外緣累積資糧而成就佛乘。而「見性」就是見到緣起性空之理的般若智心而成就；而大乘的「菩提心」可以解消出世思想所可能產生的缺點。但是仍然無法像儒家一樣，以無條件為善的「自然無欲真心」為人人本具，不論是否有緣，都可以比佛教更能達到人人成聖的需求。

　　反觀大乘佛學，一旦與眾生無緣，則無法得到拯救，因為因緣不具。這種思想的本質在於「緣起有」！所以無緣不能得度，屬於「有條件律令」；而儒家則是強調以「無欲真心」來進行無條件為善，成聖原理在於預設「自性有」的良知心體，即使無緣亦能得度。屬於「無條件律令」，就此得度的標準

　　著，而不知性空正見的緣起法則的真實性，而此點執著便是法我執，以佛教而言，除了緣起法則之外，一切皆是如幻的存在，才是世界的實相，此點為儒釋之間的不共法，也是良知之教與佛教之間的最初預設。

而言，儒者認爲此種無欲的層次比佛家更上一層樓，同時也對於佛教的出世思想與出離心，也可在儒家思想的檢視下，提出其成聖原理上所可能產生的弊端，進行反思。

所以儒者的「見性」義，就是使自由意志彰顯，通過無條件自我立法立法而見到性體。主張無條件爲善，按無條件律令而行，由直貫創生的天道，作爲「自性有」的根源，爲儒家「見性」的特色。對於佛教所質疑的「法我執」，儒者認爲這是主張「道德」因然存在的理由，才能避免落入「如幻觀」思想的弊端，龍溪亦遵循此一共識。由此對於佛教思想的進行反向思考模式而質疑。批評即使不離開一切法證「空」，但是畢竟無法視一切法爲「眞」，因爲一切皆是「緣起有」，所以必須是視「空」爲眞，「萬象」，這一點是大小乘共識，此點爲儒釋的分界。

順此思路進一步解析，可以看出龍溪認爲，只有自信「自性有」的良知心體是具體的實在下，才能對應道德行爲的本性，充分表現出無雜念的道德心靈，也就是自然無欲的「良知」，以體求自身之天理。在此體會下，方能肯定一切又不離一切，達成「無條件爲善」。而不走入佛教有條件道德學的思想缺點，也能達到佛教不被感官慾望所侷限的心靈境界，以儒家的本色，見到「超越的道德本心」，使心的自主性完全呈現，由此見到良知心體的深層意義。

由此立論下，可以得到一個結論，便是良知教法的修行重點就在於自信本心是「自性有」，進一步使本心自發，由無條件的道德行爲中，見到本心，即是「良知」，亦是「性體」，此爲無條件爲善的道德學。此時，「性」即是體，能起宇宙之生化，道德之創造，自身具備普遍法則，同時兼備靈知靈覺，以上就客觀形式而言，來立論良知義。

進一步而言，進入主觀實踐時，則便是形而上普遍的本心良知呈現，由心的自律即主宰，進一步來貞定吾人之行爲，爲即存有即活動，此時心是存在原則，同時也是使天地萬物與道德行爲的存在者〔註34〕，此時法則是自由的認識根據，自由是法則的存在根據，沒有「自由」，就沒有「法則」。

就龍溪而言，當與良知相應時，便是以本心兩者融攝，由無條件爲善的道德本心自發，而成就儒家的聖人，此時便是良知學中的「見性」之學成就的境界，由「自性有」的性體爲成聖必然保證。所以可以「寂」而「感」，而非走入佛教從「緣起有」而見性，所可能產生「寂」而「滅」的弊端；從「自

〔註34〕參閱牟宗三著《心體與性體第一冊》，初版，頁563～564。

性有」的心體入手，將強調「緣起有」而性空的佛理，以儒家的本來面貌收攝於良知教法中，進行三教歸儒思想的會通與建立。

由上述討論得知，不論儒佛之間的圓教觀，在「自性生」與「因緣生」的立論起點，有多大的差異。但是就對於不離世間眾生而成聖的層次而言，卻是交會的共法所在，此「共法」便是對於「世間法」與「出世法」的對立解消，進而自利利它，此為「大平等性」的境界。兩者差異在於儒家以「如實觀」的立場進入手，而佛教從「如幻觀」的角度切入，進而在「共法」上，進入無我利他的實踐，此為兩者的圓教境界。

進一步從「共法」之中分析，儒佛之間的「不共法」，便是在於誰能將自然無欲而利他的聖人境界，徹底彰顯出來。而心學的深層意義及「自然無欲」的不共法義。就是以儒家所立論的「自由意志」入手，能使人人平等得度而無條件為善，也就此點指出佛教思想的缺點，在於「因緣生」的思想立論下，必須有緣才能得度，屬於「有條件律令」；就良知心學而言，此境界仍非究竟。必須由「自然無欲」之真心，將「無條件律令」展現，才能達成人人得度的境界。此為儒家教法能必佛教更能在共法上，深入「無我利他」的聖人境界之所在。在「不共法上」，由「無條件律令」達成具有高尚道德價值的成德之教，此為儒釋分界。

縱觀上述可知，儒佛兩教除了「如實觀」與「如幻觀」的差異外，便是在於出世思想與入世思想的不同，尤其是佛教所提倡的「出離心」，龍溪認為此法若與「如幻觀」並行，會產生「寂」而「滅」的缺點，那以佛教的立場要如何回應龍溪的批評呢？答案是，將所「出離心」的本身亦視之如幻，進行超越，以「如幻觀」將出離心的執著與主觀意識，當成是一種顛倒夢想，將其化消，便能見到大乘的「性空」境界，進而圓滿六度萬行而成就大乘果位，與一切法界眾生相依而不離，此為「如幻觀」的最高境界，就是一切皆是平等如實而無障礙的境界。《占察善惡業報經》云：

> 復次，當知，若修學世間有相禪者，有三種，何等為三，一者無方
> 便信解力故，貪受諸禪三昧功德，而生憍慢，為禪所縛，退求世間。
> 二者，無方便信解力故，依禪發起偏厭離行，怖卻生死，退墮二乘，
> 三者有方便信解力，所謂依止一實境界，習近所謂依止一實境界，
> 習近奢摩他、毘婆舍那二種觀道故，能信解一切法唯心想生，如夢
> 如幻等，雖獲世間諸禪功德而不堅著，不復退求三有之果，又信知

　　　　生死即涅槃故，亦不怖怯，退求二乘〔註35〕。

由以上引文可以看出，佛教認爲明儒王龍溪所指出佛家「出離心」的缺點，其實就是因爲在修習禪定時，由於過份偏向觀察世間的苦，而產生了害怕與逃離的念頭，所以只看到二乘的空理，而並不是究竟的空理，所以才會有儒家指控的思想缺點，而此點，也是佛教所反對的，所以在此得到一個結論，王龍溪的指控只能適用於小乘道，對於大乘法門，則並不適用，因爲大乘菩薩在修行禪定時，雖然獲得諸禪的功德，但是本身並不貪著於此，知道生死即涅槃，對於世間沒有貪求，也沒有對於無常的恐懼與追求出離的思想，所以不會退墮二乘禪定，佛教認此種定功才是大乘禪定的境界，所以佛教可以此點回應儒家的批評。

　　此境界雖然強調連「出離心」及「如幻觀」的本身都如幻不實，所以在實相上，並沒有出離，故能以境界能進入不捨離眾生而見性成佛的境界，也解決了生死問，此爲大乘了義之教，但是在本質上，龍溪認爲勢必可能導致連「倫常」與「道德法則」皆是爲如幻不實的知見，所以龍溪針對於此，仍然反對佛教思想的「出離心」及「如幻觀」，正是正視到此點弊端。

　　即使大乘法門能將「出離心」思想的弊端已經全部消除。但是最後仍然是必須視「出離心」的本身也是如幻才能成就，所以筆者在此分析而得到一個結論，儒釋之間爭論的根源就在於「如幻觀」，只要此點不共法能堅守住，就絕對不會將儒釋之間的見性義混爲一談。

　　但是在心靈上的自在無欲與遠離「妄心」與對於外界境界攀緣的立場上，卻是可以達到三教之間的會通與相應，此點爲儒家與佛教在見性義上的差距，必須進入到由儒家良知見性義修持成就之「本心如意相應相」才能完全理解儒家見性的宗旨，便是對於「道德法則」及「倫常」的「如實觀」與相應不離，筆者認爲此點是當三教皆進入與自家本心宗旨相應時，才能夠徹底明瞭這一點毫釐之〔註36〕。

　　由上述分析可以得知，儒佛之間見性的差距，就在於儒者以「道德法則」

〔註35〕【隋】菩提登譯：《乾隆大藏經第 34 冊：占察善惡業報經》（台北，世華國際股份有限公司印行，2003 年 12 月），初版，卷下，頁 315。

〔註36〕龍溪認爲佛老的共通點在於以如幻觀來看待世間，而儒家與佛老的不同點在於對於世間的人倫與道德法則的如實觀，即使大乘佛法可以以究竟如幻的觀點將出離心的缺點完全化消，但是畢竟以如幻觀爲究竟的教誨，此點仍然不被儒家認同，此爲三教的毫釐之差。

為真實相應的究竟根據,而佛家則是以「緣起法則」為唯一真實的依止;除了「性空境界」之外,無一物為真實的存在。依此道理方能成就「如幻三昧」,此點為佛教見性的宗旨。而明儒王龍溪正是反對這一點,認為雖然「緣起法則」是真實的道理之所在。但是除此之外,「道德法則」亦是真實的道理,不可將此亦視之如幻,反而應該以「道德法則」為宗,以「緣起法則」為輔,進而成就為遠離顛倒夢想的儒聖之境,方為儒家見性之學的特色,同時以「自然無欲」的本心,將佛家教理收攝於儒學思想之下,同時亦保持住所獨具之不共法,此為龍溪思想特色之所在。

由以上得知,即使佛家的圓教義中,可以將「出離心」的缺點,降低到無礙的境界,但是由於必須以成佛為目標,做為最初的發心。即使是大乘菩薩行者,仍然是屬於「有條件律令」而為善的行者,與儒家強調的「自然無欲」的本心而進行「無條件為善」,仍然是在本質上有所不同。此類差異雖然在形式上相近,但是在本質上的最初發心仍然是不同。

此外在修證上的差異,便是在於儒家是以「道德法則」的「如實觀」而修得儒聖境界。此點與佛家以「緣起法則」的「如幻觀」而修證佛果是不同的,此點亦為儒釋之間的不共法,兩者爭議的觀點在於是否以「道德意識」為宗?這也是龍溪對於佛教思想分析與區別的所在,除此之外,皆是可以相互會通而無礙,王龍溪亦是在此立場下進行三教會通的深層融攝。

第四節 結 論

縱觀以上所述,可以得知佛教的「覺」,是站在離開一切相對法,否定一切相對法有真實的本體,入於不二法的證智境界,雖然本體是「空」,但是承認「現象」和「功能」是實有而不離,認為一般人將功能和現象當成本體的思惟是錯誤的。進一步把這種執著打破,而證得大乘的法、報、化三身,這便是「空有不二」的法門。

雖然佛教的圓教意義之下,可以不離開人世而超脫三界。但是就龍溪來看,只要佛教所修證的境界,背後那最初成聖的動機,有「出離心」與「脫離三界」的思考模式。在此模式下所發展的思想,必須視世間如幻,才能使出離心的修行有所成就。即使是大乘法門,具備菩提心而不捨棄眾生,但是最後仍然是要帶領眾生出離三界,走入涅槃的滅度境界。就龍溪以儒家的立

場來看，終究是不夠圓滿完備，關鍵在於視世間如幻的態度。與觀察世間的角度為「無常」與「苦」，以此做為出離心產生的動力，「出離心」便是龍溪反對的地方。

故在此強調儒家的心體與佛教的差異，在於儒家的心體具備「創生義」，是有自性而常在的實體，強調不離人世而成就此心。但是此心成份之中並不具「出離心」，在此點上，便能保持儒家的本色。在此可以看出良知之教的不共法，在於以「道德法則」為宗的「如實觀」；而佛教則是以「緣起法則」為宗的「如幻觀」為不共法，只要此點能掌握住，便可以看出儒釋之間的毫釐之差，此為儒釋二教所獨具之「不共法」。

但是在儒佛的立場壁壘分明的情況下，龍溪欲融會佛教，勢必要從三教中的共法來下手，此共法便是「自然無欲」的良知心體。從此心體相應的程度的深淺，便可以達成佛教中人所追求出離三界所需要的定力工夫，但是由於儒家本身不講求出離生死而成就的工夫，所以在此只做初步境界上的融攝，最終仍然回歸於儒家思想中，以此滿足佛教中人對於出離三界的渴望。

龍溪認為所謂的三界，只是與良知心體相應的深淺程度而已，越能「自然無欲」，則越能夠於煩惱中得到超脫。在對於人欲的超脫上，以「自然無欲」之心來取得儒佛之間的共識，但是在本質上，龍溪強調佛教的「出離心」，在良知心學中並不存在。但是良知學的教法，可以在不刻意的情況下，達到融合佛理中出離三界所需要的定力境界。

由於不講求出離，所以一切工夫的運作和成就，必定與萬物同體而不離。所以良知心體的本身可以達到「寂」而「感」的效果，也因與萬物不離，所以能在生死觀上超脫生死的執著而無障礙在心中。正是因為良知心學的特性，能夠放下對於出離三界的執著，本質上不像佛教容易因為「出離心」而走向追求彼岸而入滅的態度，反而視世間為具被無限大樂，又充滿生生之機的國土。

在此龍溪除了對於佛學的反思外，又能以「自然無欲」的良知真心，來滿足佛教徒了脫生死與超脫三界的追求。但是這些境界的追求，卻能夠在高度以儒家義理融會下，而進一步將佛教的「出離心」轉化成對於人欲的出離程度的境界，在此龍溪進行了很成功的運作，初步先滿足佛教徒的要求，在進一步將佛教中的「出離心」轉化而消除，賦予儒家的本質意義，最後在逐漸從佛學義理回歸融會於儒家良知之學的意義下。

第四章　良知統三教的立論與
　　　　實修次第之建立

第一節　前　言

　　王龍溪處於晚明時期，面對來自於三教各方面的思想與衝擊，嘗試以良知心學來融攝三教義理於儒學教理中，並從儒家立論的相關典籍中找到融會的立論根據。除了兩保持儒家的本身的特質，以面對來自於如季彭山與聶雙江等陽明後學的質疑與挑戰；同時也必須會通三教的經典，從佛教的經典中，發現佛教過份追求出離世間的離欲思想，是佛教思惟模式的缺點。在此便以良知「寂」而「感」的特性來容融會佛教思想，以立論於易傳的相關道理和儒家孔門的空理來做融通工作，同時以道德法則的「如實觀」與「緣起法則」的「如幻觀」爲儒佛之間的見性義標準及不共法。

　　對於道教的追求長生思想，龍溪以良知就是不壞的元神金丹，來取代道教丹道一派追求金丹的迷思。並以儒家的「致中和」工夫來取代道教的內丹工夫，同時也可以達成養生的功效，從身體的解脫上建立了一套專屬於儒家的修身工夫，在道教追求心靈無執的自在境界上。並從論語等相關儒家經典上，找到本來屬於儒家的養生道理，在此分析出儒家更勝於道教的地方，在於養生兼養德。以儒者能看破生死，不被身體的枷鎖所束縛，以養德爲主的動機來修行以進行對於道教的統攝，顯示出儒家勝過道教的所在。

　　對於道家的思想，龍溪則以良知「虛」而「實」的優點來融會道教「虛」而「無」的缺點，並立論於易傳來融會道家的老莊思想。從道家的心解脫和

儒家的心解脫來做分析，並依相關儒家經典來說明在心解脫方面，儒家勝過道家的地方和所在。本章所要討論的範圍就在於對於道教長追求長生的迷思的破除，以及對於佛教追求出離三界的迷思打破，最後由良知的特性來對三教做全面的融會。

此外本文將從王龍溪對於三教的看法看分析，以及龍溪對於三教思想的檢討，從王龍溪的相關言行語錄中來做更進一步的文獻分析，並將整裡有關於良知對於三教思想融會方式與龍溪以個人獨特的融攝方式，於本章中將做更進一步的解與分析，來看龍溪如何以良知心學的「悟」與「修」來滿足三教中人對於肉體與心靈解脫的需求。

第二節　龍溪對於佛老教理的統攝

道教追求長生，以修養內丹爲手段來達成，主要步驟從「元氣」下手，將精氣神三分來修行，在「煉精化氣」時，以意念控制使體內元精上升，使「元氣」下降，元精代號爲「坎」卦；在外丹中類化相關特質的屬性，以「鉛」來表示沉重的性質，元神代號是「汞」。

以「離」卦表示體內「元神」輕浮的特色，道教的修行方式，便是以「元精」鎖住「元神」，進行「棄濁保精」的動作。以便掃除後天情慾的雜質污染，此時鉛汞並存，重點在於成就「命」功。這時需要掌握時辰，以「意念」來調整呼吸，來「進陽火」及「退陰符」，以「元神」來掌握呼吸，便可以控制「火侯」；由「元神」控制「元精」成藥，以「既濟卦」表示兩者的在體內交互運作的情況。

在「煉氣化神」的階段時，只剩下「汞」。此時性功多於命功，到「煉神還虛」時，可以將元神煉成純陽而成丹。利用元神生元精，元精生元氣的相生順序來達成。最終目的在於「修命復性」，追求長生不死的神仙境界。工夫的關鍵在於以「意念」爲主宰，五行代號爲「土」。將精氣神三寶，以文火將呼吸之氣輕微導引，以武火將呼吸之氣集中吹逼，便是道教成就內丹的根本理論。

道教南宗祖師張伯端看法如下：

> 虛心實腹義俱深，只爲虛心要識心。不若煉鉛先實腹，且教守取滿堂金〔註1〕

〔註 1〕　【宋】張伯端：〈紫陽真人悟真篇註疏〉，《中華道藏第十九冊》，卷6，頁332。

亦云：

> 始於有作人爭覓，乃及無爲眾始知。但見無爲爲道體，不知有作是
> 根基〔註2〕。

由上述得知，雖然「性功」與「命功」都很重要，但是「命功」是「性功」的基礎。從煉養內丹來下手才能進一步修習「性功」，所以道教修行的方式先講求身體的長生，進一步在追求心靈的覺醒。先從抽取「元精」；添加「元神」來煉製內丹爲入門的基本下手處，先初步成丹。使小成之金丹留在丹田，以便隨時使用，強調「先命後性」。此時同時也是「性命雙修」！但是道教將重心先放在「命功」身上，先講求肉體基本的長生，再追求不死的神仙。

但是針對道教過份注重養生的缺點，王龍溪的批評如下：

> 性是萬劫不壞之眞體，所謂無漏清淨法身，只緣歷劫虛妄凡心不了，
> 故假修命延年之術，以爲煉養復性之基，徒手後天渣滓，不究性源，
> 到底只成守屍鬼，永無超脫之期〔註3〕。

針對道教追求長生的迷思，所產生的缺點來分析，以道教的術語來解釋，所謂「後天」，就是後天因爲情慾的影響的人體三寶，即「淫溢之精」、「呼吸之氣」、「思慮之神」，道教在身解脫方面，強調長生修養的第一步，在於使體內之精不失，回歸於「丹田」。

進一步煉成金丹，達到純陽而長生不死，龍溪認爲道教過分偏向長生的修行，注重後天渣滓，也就是肉體的保養；而在心靈的解脫方面無法完全顧及，即使成就，也只是一個執著於自身肉體的守屍鬼而已。這是以養生爲重點的道教思想的最大缺點。

針對儒家的批評，張伯端認爲道教的修仙也需要利益人世才能成就，道教在此也強調人世間的顧及，也是成丹的關鍵，表示：

> 大藥修成有易難，也知由我亦由天。若非積行修陰德，動有群魔作
> 障緣〔註4〕。

對於神仙進行利益眾生的境界，亦云：

> 德行修逾八百，陰功積滿三千。均齊物我與親冤，始合神仙本願〔註5〕。

〔註2〕　【宋】張伯端：〈紫陽眞人悟眞篇註疏〉，《中華道藏第十九冊》，卷6，頁320。
〔註3〕　【明】王畿：〈與魏水洲〉，《王龍溪先生全集》，卷9，頁583。
〔註4〕　【宋】張伯端：〈紫陽眞人悟眞篇註疏〉，《中華道藏第十九冊》，卷6，頁335。
〔註5〕　【宋】張伯端：〈悟眞篇註釋〉，《中華道藏第十九冊》，卷中，頁395。

道教的看法認爲，煉丹時所成就的是「命功」，而「性功」的修行，必須要在有益於社會的德行中來成就。才能將障礙求取內丹的心理因素消除，成就「性功」，所以道教在此雖然講求長生，但是也要同時利益人世，由此分析來看，道教也講求人世的顧及，才能性命雙修而成就內丹而成仙。可見道教也講求人世間的顧及，也是成丹的關鍵，並非全然追求長生，以此立論分析，道教與儒家一樣都講求「性命合一」。道教對於儒家的批評，便是站在此論點上回應儒家。

但是龍溪認爲，這些行善積德的動機，最終的目的，仍然是要追求肉體的長生，如果沒有以「長生」做爲條件的誘因，則無法使人人無條件爲善而利益人間。所以雖然同樣是「性命雙修」，但是畢竟不像儒家的「致良知」工夫一樣完備，因爲道教最初的動機是追求長生的肉體而成仙，而儒家最初的動機是「養德」，而肉體的長生只是養德之下的附帶產物與必然成就的功效。以此分判儒家與道教的差異。

但是爲了攝受道教中人，對於道教的態度，採取的方式是採納道教修行術語，賦予儒家本質修行的意涵，以儒家的立場，將性與命的看法重新分析如下：

> 坎者陰中之陽，命宗也，離者，陽中之陰，性宗也，其機不外乎一念之微，寂感相仍，互爲體用，性命合一之宗也〔註6〕。

王陽明對於「良知」與精氣神的看法如下：

> 夫良知一也，以其妙用而言謂之神，以其流行而言謂之氣，以其凝聚而言謂之精〔註7〕。

龍溪順從陽明對於良知與精氣神的定義，認爲「坎」卦代表五行中的水，具有流動的性質，代表良知心體的流行，呈現的狀態是「元氣」。「離卦」代表五行中的「火」，也是良知學中的「元神」，代表良知的妙用。以此來融通道教的術語，賦予儒家良知心學的意義，從「元神」來下手，以養德爲動機，以良知爲主宰，去取代道教所說的「意念眞土」。強調儒家的修行重點，應該放在「元神」與「元氣」的交互運作工夫得當，便可使身體與心靈同時成就，另外建立一套儒家的養德與養生並進的修持理論。

〔註6〕【明】王畿：〈中庸首章解義〉，《王龍溪先生全集》，卷8，頁532。

〔註7〕陳榮捷著《王陽明傳習錄詳註集評》（台北，台灣學生書局印行，1998年2月），修訂版，頁216。

接下來龍溪以良知來融通道教的說法如下：

> 良知兩字，萬劫不壞之元神，範圍三教大總持，良知是性之靈體，
> 一切命宗作用，只是收攝此件，令其堅固，弗使漏洩消散了，便是
> 長生久視之道〔註8〕。

雖然道教亦有性命雙修，但是畢竟以追求身體解脫爲主，仍然執著於肉體的長生，龍溪認爲終究不夠究竟。就儒家的角度來分析，道教過份偏重「命功」的成就。於是從儒家的修養工夫，來取代道教長生方式。認爲儒家的修行是從「元神」下手，以良知融會精氣神而不三分。以戒愼恐懼取代道教所說的「火侯」，以不賭不聞來爲先天眞藥物，認爲掌握「元神」，便可同時掌握三寶。此功法以致良知工夫來達成，認爲精氣神皆是「良知」的變化，體用一源而不可分割；故反對道教將性命分割的修行方式，強調身心同時解脫才是眞正的還丹。以儒家的還丹方式，取代與融會道教的修養工夫，以致良知工夫來取代。

對於佛老的迷思，除了正面的破斥兩教學理的缺點，同時以良知的特性和殊勝處來立論說明如下：

> 予謂良知是聖門斬關立命話頭，老師只與揭出示人乃是聖學之的，
> 所謂未發之中也，良知無不知而無知，神感神應，即此是寂，若此
> 知之前，別有未發，便是守寂沉空，此知之外，別有已發，便是緣
> 情逐境，皆是落兩邊見解，非是中道也〔註9〕。

良知的寂體是不分動靜而合一的狀態，具有感通萬物的力量，由於能感通萬物，所以勝過佛教追求寂滅的空理。不走入沉空的狀態，但是因爲具有對於本體的不執著，便能保持住「寂」體的特色，在此融會了佛教的空理的精華。也在良知教理中以良知心體的特色來融攝道教學理，在致良知工夫的運作下，不會向外境執著，而走入道教追求身體長生的迷思，以良知心體不分動靜，又兼顧養德與養生的效果，以致良知的實踐來取代道教的學理，同樣具備長生的效果，所以就道教中人追求肉體長生的渴望，便提出一套儒家的長生理論：

> 養生家以還虛爲極則，則致知之學，當下還虛，超過三鍊，直造先
> 天，不屑屑於養生，而養生在其中矣〔註10〕

〔註8〕　【明】王畿：〈與魏水洲〉，《王龍溪先生全集》，卷9，頁582。
〔註9〕　【明】王畿：〈書見羅卷兼思默〉，《王龍溪先生全集》，卷16，頁1173。
〔註10〕　【明】王畿：〈書查子警卷〉，《王龍溪先生全集》，卷16，頁1188。

亦云：

> 所謂戒慎恐懼而中和出焉，方是求丹眞正脈路〔註11〕。

由上述分析可以得知，良知心體的「寂」、「感」、可以破除佛教追求寂滅的弊端，又掌握住佛教心靈解脫的特色。在肉身成就方面，面對道教學理，以良知的「未發之中」與「已發之和」的一體兩面，來融會道教相關術語。但是在本質上以儒家的致良知即致中和實踐工夫來達成長生的效果，但是龍溪認爲仍然要以「養德」爲主，才能得到心解脫的成就。故以良知心體的特性與致良知工夫的實踐，在面對三教的門生的質疑下，提出一套屬於儒家的身心同時解脫的修行與體證的工夫論，同時也是屬於儒家的丹道修習理論的建立。

反觀道教的內丹理論建立在「有」與「無」兩個概念，強調從「有爲」回歸「無爲」，從「後天」逆修回歸「先天」，才能成就金丹。所以重視身體的養生，爲入道的基本，認爲必須有一個健康的身體，才能進一步體悟大道，所以強調先「命」後「性」。因此道教張伯端：

> 內藥還同外藥，內通外亦須通。丹頭和合類相同，溫養兩般作用。

亦云：

> 內有天然眞火，爐中赫赫長紅。外爐增減要勤功，妙絕無過眞種〔註12〕。

「有」的概念代表命功，代表後天八卦中代表坎卦的「元鉛」，也就是「元精」。修習命功的目的在「結丹」，此時成就外藥；而「無」的概念代表「性功」，代表先天八卦中的「離卦」。就是指先天「元神」，古代稱爲「汞」，爲內丹學的根基。修行性功可以成就內藥而達到心解脫，以排除一切雜念，使思想入靜，不受情欲干擾爲修行方法來成就。最後將「內藥」和「外藥」，以意念的運作來成就不死成仙的大藥，爲道教性命合一的成仙方式的完成。

綜觀以上所述，可知道教的成丹理論，目的在於「陰盡陽純」。進而成就長生的神仙，動機在於以「養生」爲主，對於道教的融通方式，認爲可以在精氣神相生的理論，以及追求陰盡陽純的立場下取得共識。儒家從元神下手，關鍵在於「養德」，元神在道教爲代號爲「離」卦。龍溪認爲可以從意念的控制下手，可以達到神氣交而性命全，養德與養生並進；認爲道教的缺點，在於過份注重後天身體的保養，爲了保養身體，勢必將重心放在「元精」來下手，所以才會

〔註11〕 【明】王畿：〈書查予警卷〉，《王龍溪先生全集》，卷16，頁1190。
〔註12〕 【宋】張伯端：〈悟眞篇註釋〉，《中華道藏第十九冊》，卷中，頁392。

有「煉精化氣」、「煉氣化神」、「煉神還虛」三個次第來修行，龍溪認為會過份偏重「命功」，不及儒家圓滿，強調以「致良知」工夫取代道教內丹工夫。

龍溪認為，只要以致良知工夫成就，便可以不被情欲所奪，從元神下手，時常保持純陽的心境，便能在身體與心靈上同時進入陰盡陽純的境界。身心同時解脫，所謂的「陰」，便是後天的情欲。儒家與道教在此點上有共識，但是實際修煉的方式與下手的工夫方向，以及最初的動機，皆不相同。也在此保持儒道的差異，以儒家的致良知工夫為中心，而不落次第，在致良知工夫下，將性命雙修下同時成就，以儒家經典和自身修持經驗為根據，證明在實踐上，同樣可以達到持長生的效果。由經驗界看到龍溪本人的長壽，和心靈的修養上，確實是性命雙修成功的典範。

以道教的學理來看，人的精神有兩種，為「元神」與「欲神」，分別為「先天之性」與「氣質之性」，而凡夫的情欲根源是來自「氣質之性」，此即為「陰」。煉丹的目的是克服「氣質之性」，回復「先天元性」，達到「陰盡陽純」的境界。而「元性」就是純陽的「金丹」，而「元性」就是「元神」、「元精」、「元神」的合一，此為道教的修行原理〔註13〕。以此剖析龍溪的教法來看，其實就可以看出儒道的共識在於「陰盡陽純」，只是儒家從「元神」入手，而道教從「元氣」切入，目標都是要去除後天情欲，所以只要能達到去除後天情欲的效果，未必一定要遵守道教的次第。故強調儒家的良知之教入手，一樣可以達成道教的長生需求，但是不以「長生」為究竟義，此為儒學與道教不同處的所在，但是可以此為權便的方法來會通道教信眾。

所以在滿足道教中人對於長生的需求之後，接下來便是針對佛教思想的偏執，與漢儒思想的缺點，來檢討分析如下：

> 漢儒之學，以有為宗，仁義道德，禮樂法度典章，一切執為典要，有可循守，若以為太極矣，不知太極本無極，胡可以有言也，佛氏之學，以空為宗，仁義為幻，禮樂為贅，并其典章法度而棄之，一切歸於寂滅，無可致詰，若以為無極矣，不知無極而太極，胡可以無言也，一則泥於跡，知順而不知逆，一則淪於空，知逆而不知順拘，未免墮於邊見，無以窺見心極之全，學之弊也，久矣〔註14〕。

〔註13〕孔令宏著，《宋代理學與道家、道教》（台北，中華書局印行，2006年3月），修訂版，頁596。

〔註14〕【明】王畿：〈太極亭記〉，《王龍溪先生全集》，卷17，頁1194。

漢儒偏向太極的有，局限於典章法度的文字解釋中，容易造成不知返求事物的根本；而佛教雖然看到了這個缺點而走向無執的一端，強調看待人世間的一切爲「如幻」的態度，即使可以將一般人是世間的一切爲實有而去抓取貪愛的念頭消除，可惜卻走向另一方面的極端，造成人倫事物的感應無法顧及而走入「寂滅」的道路。這都是因爲只看到心學的一面的眞相，而掌握的不夠全面，龍溪認爲只有良知無執的本體，對於於本體終極實在的保存，才能全面而完整的顧及三教的道理，而不走入任何一面的極端。

佛教思想的缺點在於過份視世間如幻，以求取解脫三界，以「出離心」爲成聖的最出動機。即使大乘講求不捨眾生的「菩提心」，也仍然強調出離三界而證佛果。「出離心」是大小乘佛教的共法，所以大悲「菩提心」中的本質一定包含「出離心」，雖然可以解脫煩惱而成就「般若智心」。

但是由於本質上最初發心的成聖動機中，因爲仍然有「出離心」的本質，所以不免會造成歸於寂滅的弊端。而使人不能參贊天地的化育，龍溪認爲這是佛教和漢儒的迷思，重點在於佛教不能正視一切存有的價值，求明心而遺物理，漢儒求明物理而外於心，都是一種走向偏執的迷思，龍溪在此以太極與良知的特性來破除〔註15〕。

對於儒家而言，太極爲唯一的實體，等於良知，在「體」能寂然不動，在「用」能感而遂通天下，太極本體在有的一面，具足中正仁義，等於良知的「有」。以內含中正仁義的一面來破除佛教會有進入寂滅缺失的思想，儒家認爲一切事物都能在太極中陰陽二氣的不斷變化聚散及良知心體的感應特性中，看到太極本體等於良知心體，全體是中正仁義，龍溪從此得到對治三教思想迷思的立論依據，也可以圓滿的回應三教人士〔註16〕。在此區分儒佛的差異，同時保存儒家心體的本質意義，在此區分上，牟先生表示：

> 此天理實體是能起道德創造，宇宙生化之創造眞幾，亦是貞定萬事萬物，使萬事萬物，有眞實存在之自性原則。此是支撐萬物，挺立宇宙之鋼骨。自此立定，自不能贊成，緣起性空之如幻如化。此是根本之差異，而不容渾淆者〔註17〕。

〔註15〕 陳明彪：《王龍溪心（易）學研究》（台北：師範大學國文研究所碩士論文，2002 年），頁 140。
〔註16〕 同前註，頁 138～142。
〔註17〕 牟宗三著《心體與性體第一冊》，初版，頁 78。

從古至今儒家與佛教，在心體上本質上不同的地方，這一點是儒者的共識，即使是欲會通三教的「良知學」也不例外。也必須以此來區分和保持儒家本色，也在此立場下，反對佛教視一切「如幻」的態度。但對於是儒者的批評，佛教人士則認為只能適用於小乘法門，對於大乘佛法而言，則未必適用。依照佛教天台宗圓教思想的分析，佛教的「空諦」是指諸法的本體，沒有永恆不變的本質。雖然宇宙的諸法皆由因緣和合，幻化而成，但是有現象相狀，但是不可以執著為真實的存在，一旦執著便落入「常見」，這便是假諦。只有對於空假二諦的同時觀察，才能全面看見諸法的實相〔註18〕。

因此，筆者以佛教《大乘起信論》的觀點，來回應儒者相關質疑，看法如下：

> 二者聞修多羅說，世間諸法，畢竟體空，乃至涅槃真如之法，亦畢竟空，從本已來自空，離一切相，以不知為破著故，即謂真如涅槃之性，唯是其空。云何對治？明真如法身自體不空，具足無量性功德故〔註19〕。

《占察善惡業報經》亦云如下：

> 如是等說，眾生不能解者，謂無上道如來法身，但唯空法，一向畢竟而無所有，其心怯弱，畏無所得中，或生斷滅想，作增減見，轉起誹謗，自輕輕他，我即為說如來法身自性不空，有真實體。具足無量清淨功業，從無始世來自然圓滿，非修非作，乃至一切眾生中亦皆具足，不變不異，無增無減，如是等說，能除怯弱，是名安慰。又復愚癡堅執眾生，聞如是等說，亦生怯弱，以取如來法身，本來滿足，非修非作相故。起無所得相而生怯弱，或計自然，墮邪倒見，我即為說修行一切善法，增長滿足，生如來色身，得無量功德清淨果報！如此等說，令離怯弱，是名安慰。而我所說甚深之義，真實相應，無有諸過〔註20〕。

大乘佛法認為，外在的生滅現象是「緣起性空」，而了知生滅現象的背後智慧

〔註18〕談錫永著《佛家宗派》（台北，全佛出版社印行，1998 年 12 月），初版，頁127～129。

〔註19〕【梁】真諦譯馬鳴菩薩造：《大乘起信論》（台北，新文豐出版股份有限公司印行，1993 年 1 月），初版，頁 44 後不贅述。

〔註20〕【隋】菩提登譯：《乾隆大藏經第 34 冊：占察善惡業報經》（台北，世華國際股份有限公司印行，2003 年 12 月），初版，卷下，頁 317。

和所要修證的主體是法身，此為「緣起法則」，具有呈現「真心」與「妄心」的功能，真心與妄心不相背離，是一體兩面。兩者可以相互薰習而不離，真心便是禪宗所講的「真如第一義諦自性清淨心」，又叫做「如來藏心」。認為人人本具法身，有「空」與「不空」的兩面，就法則的真實存在面而言是「不空」。具足無量功德，但是對於執著於「不空」的人，便可能出現一種認為走向消極而不去努力修證本體的缺點。

　　對於這種人的執著而言，大乘佛法給予的開示認為，雖然法身有無量功德，人人都具足，但是必須要修證，才能使法則的本體呈現；才能得到法身真實的受用，同時修行的力量，也可以成就如來的「色身」。對於執著頑空的人而言，佛教給予法身主體，是真實修證的所在，不會走入斷滅。以此對執著「空」與「有」兩端的眾生給予安慰，同時也保存積極修行的意義，以此點說明來立論，佛教似乎並非完全如同龍溪所批評一樣，走入追求寂滅而消極的方向。筆者在此以《大乘起信論》的觀點對於大乘法門的發心，介紹如下：

　　　　一者直心，正念真如法故，二者深心；樂集一切諸善行故，三者大
　　　　悲心，欲拔一切眾生苦故〔註21〕。

所謂的「直心」，便是禪宗所說的見性，具備轉識成智的力量，可以見到「法身」，但是尚無法成就如來「色身」。所以必須由六度萬行等善行，來成就佛陀色身所需要的福報資糧，在此由「大悲心」與「深心」來成就，而以「直心」來進行「轉識成智」的力量，將福報與智慧交互運作，而成就大乘佛果。而禪宗的見性修行，即是以成就能覺照「真如實相」的般若智慧為主，由空諦來看叫「真如」，從假諦來觀察叫「實相」，由中諦來做全面的通達與觀照，叫做「真如實相」。

　　佛教反對將客觀事物視為永恆不變的存在，但是也反對將宇宙諸法視為虛無，認為小乘佛教直雖然證得人我空，知道五蘊無我，但是仍然執著客觀世界為實有，為證法我空，尚不究竟〔註22〕。所以小乘法門容易走向出世方向，針對這一點來看，即使是大乘佛教，也無法完全認同，純粹以「出離心」為主要動機的思想，所以強調以「菩提心」來帶領一切眾生得度而成佛，所以在佛心的本質中，「菩提心」是重要的關鍵，在此區別大小乘佛教不同之所在。

〔註21〕【梁】真諦譯，馬鳴菩薩造：《大乘起信論》，初版，頁50。
〔註22〕小乘教之觀點是從以彼岸為真，而視人世為「妄」的觀點下手，故一切真實之界，是以解脫道的「無為法」為宗。

　　但是即使大乘法，可以不脫離三界而成佛。但是最終仍然希望眾生脫離三界，所以在此可以看出「出離心」仍然是大小乘佛教的共法！而龍溪在此以良知心體的本質來強調儒佛的差異，就在於儒家心體本質上並不具備「出離心」，但是具足無量創生義，在此即為儒家的特色所在。

　　對於佛教以「出離心」為成聖動機的修行態度，《楞嚴經》亦云：

　　　阿難！云何攝心，我名為戒？若諸世界六道眾生，其心不淫，則不隨其生死相續。汝修三昧，本出塵勞，淫心不出，塵不可出，縱有多智，禪定現前，如不斷淫，必落魔道，上品魔王，中品魔民，下品魔女，彼等諸魔，各各自謂，成無上道。我滅度後，多此魔民，熾盛世間，廣行貪淫，為善知識，令諸眾生，落愛見坑，失菩提路。汝教世人修三摩地，先斷心淫。是名如來，先佛世尊，第一決定清淨明誨〔註23〕。

由此可以很明顯看出，「出離心」與「斷淫」是成就佛果的關鍵。即使是大乘佛教也不例外，由於目標在於於「出離三界」，所以必須「斷淫」。即使是佛教認為在家人可以不邪淫；但是佛教認為最終畢竟以斷淫為依歸，以龍溪的立場來看，這一點會造成人倫事物無法顧及的缺點，正是因為佛教無法拋棄「出離心」而成聖。這一點是儒佛心體，在最初本質上的毫釐之差，佛教大乘法究竟了義之說，仍然是以出離三界為主。

　　《法華經》亦云：

　　　世皆不牢固，如水沫泡焰，汝等咸應當，疾生厭離心。諸人聞是法，皆得阿羅漢，具足六神通，三明八解脫〔註24〕。

即使儒家不反對大乘佛法中「菩提心」利他的主張，但是龍溪認為，佛教不論是大乘法門的菩提道，還是小乘的解脫道思想，在對於於視世間如幻的態度與「出離心」的立場是一致，這點是儒家所無法認同的。雖然視世間如幻的態度，固然可以擺脫將一切事物抓取而執著的念頭，而進一步達到心靈上的解脫，但是容易造成對於出世滅度思想，導致於人倫綱常的敗壞，以及人倫事物無法全面顧及。

〔註23〕　【唐】般剌密帝譯：〈四種決定清淨明誨〉《乾隆大藏經第33冊：大佛頂如來密因修證了義諸菩薩萬行首楞嚴經》（台北，世華國際股份有限公司印行，2003年12月），初版，卷六，頁1118。

〔註24〕　【姚秦】三藏鳩摩羅什譯：〈隨喜功德品〉，《乾隆大藏經第33冊：大乘妙法蓮華經》，卷6，頁583。

此外佛教雖然鼓勵人修行，可以得到出離生死苦海的出世之樂。並可同時成就如佛陀一樣的微妙「色身」，亦以此為誘因鼓勵，但是畢竟無法強迫人人必然朝向成就佛教聖人的道路前進，屬於「有條件律令」；龍溪認為這是佛教思想上的缺點，對於大乘佛法的思想，雖然可以在空假中圓融三諦，而保住一切法，但是畢竟不能肯定法本身的意義。所謂的不離開世間法，而證佛果，依然是注重「出世法」，以追求滅度理想為主，「世間法」只是繫附於「出世法」下的方便法門而已，大乘法的終極目的，仍然是帶領眾生一起出離世間而證果，對於儒家而言，終究不夠圓滿。關鍵在於「出離心」是大小乘佛法發心成道中的動力因，所以在此立論下，只能走向出離世間的一途。

分析如下：

> 良知之感應謂之物，是從良知凝聚出來。格物是致知實下手處，不離倫物感應而証真修，離格物則知無從而致矣。明明德在於親民，明德即所謂致知，親民即所謂格物。吾儒與二氏毫釐不同，正在於此〔註25〕。

良知心體最大的特色在於不離開人倫事物的感應，致良知工夫的成就也在人世中圓滿，儒家三綱八目中的明明德與親民的成就，就是「致知」與「格物」工夫的圓滿，這種在人世中成就的修養工夫，因為可以不離棄人倫事物而成就，所以這也是儒家良知心學勝過佛老的地方，因為知即於格物中顯，離物無知，所以必定以倫常為成聖要素。

良知雖然為本體，但是必定在一切物超越實踐中，顯知之用，由此差異來保持良知與佛老教理，在關鍵細微中區分的所在並作為判定和區分的標準在於佛教空理本質上，不具備「創生義」，無法生起道德實踐；只能成就解脫煩惱的實踐。在心體的本質上，龍溪認為儒家可以產生真實的道德實踐，具備「創生義」，但是不具「出離心」，所以沒有佛教思想的缺點而可以善化一切法。

但是面對龍溪的批評，佛教的看法則是認為，雖然「出離心」卻實是佛教最初成聖的發心，但是在這「出離心」的本質中，亦包含著對於生死輪迴中的眾生的大悲菩提心。即使出離世間，但是大乘菩薩道認為，即使成佛到彼岸安樂的世界，也因為大悲心的驅使下，仍然倒駕慈航，回來人世度脫眾

〔註25〕 【明】王畿：〈驃騎大將軍南京中軍都督府僉事前奉勅提督漕運鎮守淮安地方總兵官鹿園萬公行狀〉，《王龍溪先生全集》，卷20，頁1422～1423。

生，因為六道眾生都是無量劫來的六親眷屬。所以在此「菩提心」的運作下，進行無緣大慈的拯救，於是到最後連出世與入世的分別和執著都取消後，便有地藏菩薩的「地獄不空、誓不成佛」的大願出現，這不也是另一種無條件發心度化眾生的力量嗎？同時也能兼具接近康德所說的普遍性的境界，所以對於龍溪的批評不能全面認同。

《觀音菩薩授記經》亦云：

> 成就一法，得如幻三昧，得是三昧，以善方便能化其身，隨眾形類所成善根而為說法，令得阿耨多羅三藐三菩提。何等一法，謂無依止，不依三界，亦不依內，又不依外。於無所依得正觀察，正觀察已便得正盡，而於覺知無所損減，以無減心悉度正慧。謂一切法從緣而起，虛假而有，一切諸法因緣而生，若無因緣無有生法；雖一切法從因緣生，而無所生。如是通達無生法者，得入菩薩真實之道，亦名得入大慈悲心，憐憫度脫一切眾生。善能深解如是義已，則知一切諸法如幻，但以憶想語言造化諸法究竟悉空，善能通達諸法空已，是名逮得如幻三昧。得三昧已，以善方便能化其身，隨眾形類，所成善根而為說法，令得阿耨多羅三藐三菩提〔註26〕。

從這段話發現，菩薩道的發心，可以看到一切緣起法表象背後中不生不滅的境界，以如幻的態度來廣度眾生，逐步捨棄有條件的「出離心」而與一切眾生常在的境界而成佛，逐步提升而轉化到佛陀倒駕慈航現菩薩身渡生的境界。在此分析佛教的發心程序，首先是厭離世間而進行修習羅漢道的有條件利己之心，進一步進入有條件自利利他的菩薩行，而成就「菩提心」。

在菩薩度生利他之時，同時由六度萬行利己，而轉變自身的生命境界，將有條件的貪求佛果的心與「厭離心」逐步轉化，最後進入佛果時，完全轉化成完全利他的「佛心」。所以才能進一步，不執著佛果彼岸而回到世間度眾生，以佛果地來立論，似乎與康德的無條件律令相距不遠，也是在佛果地中，具有無條件實踐的必然性。就人人本具佛性而言，由佛果位而倒駕慈航現菩薩身而無條件利他的一面來看，也可以說在一切人類的意志上成立，所以由此而立論，龍溪的批評只能適用「菩薩道」與「羅漢道」。

因為此兩者尚有「成佛」與「出離三界」的追求心態在心中，對於佛果

〔註26〕 【宋】黃龍國沙門曇無竭譯：《觀音菩薩經典：觀音菩薩授記經》（台北，全佛文化事業有限公司印行，1995 年 12 月），初版，頁 74〜75。

地而言並不完全適用，但是即使就此境界，也包含無條件的善意志而言來立論，仍然不如儒家一開始就直接從無條件爲善的純粹意志來下手而更爲圓滿，以儒家的標準而言，佛教仍然是繞著遠路走，即使最終可以從有條件自利利他之心而能回歸無條件的利他之心，終究是多了一層「意志他律之心」。

即使大乘法意識到此心而力圖轉化，但是也仍然要到佛陀果位才能完全實現無條件利它的行爲與意志，不如以良知心學的直接就從自主自律而絕對善的意志，也就是自然無欲的良知眞心來下手成聖。就分析儒佛之間成聖的快慢而言，儒家成聖的道路較簡單快速而迅速，可與自主自律的「善意志」相應，關鍵就在於「倫常」的不捨。而楊祖漢先生亦以此指出儒家與佛老的差別，看法如下：

> 佛老並不以倫常之實踐爲其得道之要件。儒學既能保住人間之倫
> 常，又能有對超越的天理之嚮往〔註27〕。

在此可以看出儒家與佛老的不同處，在於儒家以「倫常」爲成聖要素。故不離人世來成就，而佛老以出離人世爲最初的成聖動機，雖然可以在人世成就出離心而證道，但是畢竟期望出離人世而自在無礙。即使佛教有六度萬行等積極入世的一面，但最終目的仍然是帶領眾生出世而脫離苦海，而道教的「成仙」也是同樣的情況。

在這一點上是儒家與佛老的毫釐之差，而龍溪在此保持住儒家良知之學的本質，雖然不認同佛教視世間一切如幻的態度，但是同時也承認佛教思想的優點，在於解放心靈，以成就無執的智慧與生命境界。於是，便嘗試在儒家相關的經典上，找到可以融攝相關於佛教空理的聖人言行，來建立一套歸本於儒家的學問，並以良知來做貫徹融通的工作。

於是便以良知心體的特性，來融會三教學理，以個人的領悟與詮釋，將良知的特性解析如下：

> 寂然不動者，良知之體；感而遂通者，良知之用。常寂常感，忘寂
> 忘感，良知之極則也〔註28〕。

亦云：

> 良知者，不學不慮、自然之明覺，無欲之體也。吾人不能純於無欲，

〔註27〕 楊祖漢著《從當代儒學觀點看韓國儒學的重要論爭》（台北，台大出版中心印行，2005 年 8 月），初版，頁 6。

〔註28〕 【明】王畿：〈太極亭記〉，《王龍溪先生全集》，卷 17，頁 1196。

故有致知之功。學者，復其不慮之體也；虛也者，復其不慮之體也。

故學雖博，而守則約；虛雖百，而致則一，非有假於外也〔註29〕。

由於良知的寂體的特性，可以與佛教的空理相應但是不走入寂滅的一端，因為良知的終極實在仍然保持住，只有對於本體的不執著的態度可以融通。良知在本體的保存下，同時也即存有即活動，所以可以和萬物感應，因為本體具體活動性，又是放下本體執著的終極實在；所以本體能「寂」而「感」而自在無礙，但是又保持著自然無欲的狀態，所謂致「良知」工夫，也是對於本心掌握的極致。

而外在的學問只是輔助的條件，良知心體在此，便開始產生不同的修行次第的學問，以融會三教學理的精華於良知教理中，如大海容納百川一般自在無礙。因為良知心體的理論是依據易傳的相關道理來建立，所以良知本身如同「易」一樣，具足寂然不動的本體、生生不已的德性、感而遂通的精神。由良知的德性中已經具備創生的力量，從「感而遂通」的精神中，看到萬物的變化都是由陰陽兩氣和合，從此發揮生命的力量。使宇宙的生命生生不已，這便是良知「寂」而「感」而自在無礙的特色〔註30〕，由人倫的感應顧及，將佛教思想的缺點，以良知教法來取代與融會。

雖然佛老兩教，也有講求度化人世的教理，但是在心體的本質的成就上，由於不具備儒家獨具的「創生義」。再加上講求出離人世而成道的思想，於是在積極義上便不及儒家。由此立論以破除佛老追求長生與解脫於彼岸的「出離心」迷思；同時強調良知教法可以順著陰陽剛柔相感相應而發展，由人的意志來決定感應的方向，所以良知心體的特性便能達到「寂」而「感」的效果。所以，只要能掌握良知，就可以在身心上獲得完全解脫，而得到無盡受用。

以此立論下，良知心體與佛老間，共法與不共法的掌握，便是區分三教與會通佛老的關鍵處。就在於儒家是由無條件的「純粹意志」，也就是「良知」，來生起道德實踐作用，所以可以不離倫物而成就「無」而「有」的生命境界。從道德實踐上見「無」，在更進一步，從無條件的「道德法則」中，發現這是源自於本心的作用，也就是見到「良知」而成就。

〔註29〕【明】王畿：〈文林郎項誠縣知縣補之戚君墓誌銘〉，《王龍溪先生全集》，卷20，頁1469。

〔註30〕參閱吳怡註譯《易經繫辭傳解義》（台北，三民書局印行，1995年4月），初版，頁13～16。

反觀佛教，不論大小乘，都是爲出離生死，而達到般若智心，即使是大乘「菩提心」要度盡一切眾生，但是也不離開「出離心」而帶領眾生出離三界而成就，這種生命境界是「有」而「無」，而儒學本質與佛老的差異就在於最初的立志。

龍溪亦云：

> 夫志有二，有道誼之志，有功利之志。道誼者，純乎天則，無所爲
>
> 而爲；功利則雜以世情，有所爲而爲也〔註31〕。

佛老二教雖然教理非常高妙，但是由於仍然以出世爲究竟的依歸。所以在此與儒家仍有毫釐之差，而終究不夠圓滿，因爲佛老二教無法捨棄「出離心」與「成仙」等有所爲而爲的修行，屬於有條件律令，以龍溪標準而言，屬於「功利之志」。

反觀儒家良知心體心體本質，由於本來就沒有「出離心」的成分。在此以世間法不離人倫事物而立論對於人間的關懷，在此儒家比佛教完備，因爲儒家可以用「無」爲三教共法來會通佛老，但是本質上能夠不失去創生義，匯聚於良知心體中。龍溪認爲這是有別於佛老二教之上的「不共法」。而從道德實踐上證無，從無條件的道德實踐中，發現這自然無欲之心的作用，而見到良知心體，故屬於「道誼之志」。

筆者認爲若以康德的角度來看龍溪對於三教的分析，可以發現三教的共法與不共法，在於「自然無欲」的良知心體具備「共法」與「不共法」的雙重意義。首先就儒家「不共法」的一面而言，在於良知心體本質爲自主自律而絕對善的「純粹意志」，即本心即性，特色在於具備無條件實踐的必然性，在一切人類意志上皆成立。

以此爲判定標準來看佛老二教，便可得到一個結論，那就是佛教以出離生死苦海爲誘因，而道教則追求長生不死的神仙境界爲主，若一般人不想成仙或成佛，則無法保證這些人必然往成聖的道路邁進，因爲這些誘因都屬於「意志的他律」，特色在於「有條件而爲善」。由此看到儒家的教理，可以無條件使人人都往成聖之路邁進，爲儒家心體的不共法。而「有條件」和「無條件」的爲善成聖方式，便是佛老與儒家良知心學成聖動機的不同之處和毫釐之差〔註32〕。就在於良知心體的本質保存了最純淨道德自性自律的特質。

〔註31〕 【明】王畿：〈水西同志會籍〉，《王龍溪先生全集》，卷2，頁176。

〔註32〕 參閱牟宗三著《心體與性體第一冊》，初版，頁123～130。

但是就「共法」的一面而言，不外乎要滿足佛教的出離三界的生命境界，與道教的長生神仙的要求，以康德的思想來分析佛老的要求，則是在私人幸福原則上與道德情感上下手。都是屬於「經驗原則」與「後天原則」，因為源自於純主觀的人性之特殊構造，所以無普遍性與必然性。但是不可否認的是，佛老的道德情感，雖然有度盡眾生的的教理在其中，但是由於只能對有緣者才能得度，再加上本質上以「出世」為主，雖然有無緣大慈的心胸，但是因為此道德情感的程度，必須有緣者才能得到受用，所以對於無緣者並不能受用，普遍性並不足，所以不能像良知心體一樣，能轉化成超越又內在，既普遍又特殊的具體道德心。

所以龍溪認為良知心學可以「虛」與「實」相生，又「寂」與「感」兼顧，能提供滿足佛老出世的生命境界所需的修養工夫，但是心體本質上不具「出世」心與「捨離心」，這便是自然無欲的良知心體的共法義與不共法義的雙重運作模式。

而楊祖漢先生，對於儒家心體的「虛」與「實」，亦表示如下：

> 儒家所說的本體，雖亦可用虛、寂來形容，但一定是虛而有，寂而
> 感；絕不容說虛而無，寂而滅〔註33〕。

楊祖漢先生在此指出良知心體的特色與佛老的差別，同時這也是陽明心學的本質意義。不過對於龍溪欲以良知學會通三教於儒家的思想立場而言，當良知本體掌握完全的狀態下，便進入將「寂」與「感」的生命境界放下而達到良知心學中理想的生命化境中。此時便能具足道教的「身解脫」與佛教空理中「心解脫」的境界。

龍溪便以此來破斥佛老二教的了生與脫死的迷思，同時也以無私的態度來破除俗儒對於世界的迷執。在以良知教理的分析下，分別解說三教的缺點，最後歸本於儒家的良知教理，並以良知教理為統攝三教的最高圓教思想，之後在下一節，便是龍溪逐步融會三教的流程介紹和分析。

第三節　三教融貫論

王龍溪在破除佛老思想的缺點後，強調以良知的特色可以彌補佛老教理的缺失，首先就易學看法如下所示：

〔註33〕楊祖漢著《從當代儒學觀點看韓國儒學的重要論爭》，初版，頁6。

> 良知知是知非，而實無是無非。知是知非者，心之神明；無是無非
> 者，退藏之密也。人知神之神，不知不神之爲神。無知之知，是爲
> 真知，罔覺之修是爲真修。文王所以不識不知，而順帝則也。夫以
> 此洗心，指易道而言，寂然不動者易之體，感而遂通者易之用，所
> 謂畫前之易也。釋者謂「隨時變易以從道」，只說得一半。語感而遺
> 寂，語用而遺體，知進而不知退，非藏密旨也。易即是道，若欲從
> 之，是猶二也，二則支矣。此古今學術之辨也。〔註34〕

良知本身就是「易道」，在體的狀態是終極實在的存有。就存有本身而言是
「寂」體，但是並非只有寂體的狀態，就針對於外在人倫事物的感通而言，
這是良知本體即存有即活動的展現。認爲良知包易道，含「寂」而「感」的
特性，便是可以將佛教收攝於儒家教理的所在，龍溪分析一般講解易學之士
的缺點，在於不夠全面到本體。

　　進一步以此延伸來分析，既然龍溪欲會通三教，以「易」學爲中心來下
手，便可以在此看出不論佛教空理如何發揮，由於不具創生義。都無法像「良
知之學」一樣圓滿而全面，只能走入將易學道理支離的道路；而儒家便針對
這一個缺點，以良知教理，來融會和補充說明。之後以「良知」來融攝佛理，
在更進一步來面對道教學理來做回應，尤其是以「養生觀」爲重點，亦提倡
以儒家的養生之道來取代「內丹」學派的養生方式，主張如下：

> 魏子謂之丹，邵子謂之丸。致良知，即所謂還丹，所謂弄丸、知此
> 謂之知道，見此謂之見《易》。乃四聖之密藏，二子之神符也〔註35〕。

魏伯陽所說的「還丹」，以及康節所說的弄丸，都可以用致良知的工夫來達
成。以致良知來取代道教內丹的修養工夫，在追求長生方面，賦予儒家的學
理來解答。解決肉體長生的基本需求。強調以儒學的修養工夫，可達到「養
德」兼「養生」的效果，屬於「心解脫」與「身解脫」的層次。以儒學的修
養工夫，以取代道教性命雙修的方式。但是本質上仍然是儒家風範！以本身
學理的特色來兼顧及寂體與人倫事物的感應，同時也將佛教融會在良知教理
之中。

　　在此亦強調良知的特性：

> 良知者，本心之靈，至虛而寂，周乎倫物之感應，虛以適變，寂以

〔註34〕 【明】王畿：〈藏密軒說〉，《王龍溪先生全集》，卷17，頁1228～1230。
〔註35〕 【明】王畿：〈易測授張叔學〉，《王龍溪先生全集》，卷15，頁1052。

通故，其動以天，人力不得而與，千聖相傳之密藏也〔註36〕。

「自然無欲」所成就的心靈境界，在於沒有體的執著，但是卻能承認本體的終極實在性。也顧及人倫事物的感應，認為「寂體」與「感應」本身是一體兩面而無法分離。從無欲的一面，來融會禪學心靈無執的特點，但是能正視人生的「倫常」。其特點在於承認有一個終極實在的本體來修證，只是對於本體的執著可以全然放下，而融通佛老的無欲境界。以此特性來立論，並融通三教精華於良知心學中，此為龍溪心學的特點。接下來面對虛與寂的特色，來做說明：

> 予謂：「虛寂者，心之本體，良知知是知非，原只無是無非。無即虛寂之謂也。即明而虛存焉，虛而明也；即感而寂存焉，寂而感也。即知是知非，而虛寂行乎其間，即體即用，無知而無不知，合內外之道也。若曰本於虛寂，而後有知是知非本體之流行，終成二見〔註37〕。

所謂「虛」與「寂」是指心體沒有執著的作用形式，以及對於終極實在的保證。「無」的境界就是對立思維的解消，所謂的寂與感是分別心下來立論，彼此相對又相聚而不能分離，良知在體呈現無相，在用能呈現一切相，所以能容受萬物而沒有任何障礙，能與萬物相感應而不分離，這裡顯示出良知融會三教的精華所在。

　　方祖猷先生表示，「虛」與「寂」都是良知心體一體兩面。在本質上相同，都表示心的認識作用，都是表示心靈虛靜自然狀態。而「寂體」的特色在於具有感應外物的性質，能不分內外，自在無礙兼具動靜合一。在靜態的一面，展現靜而無欲，表現道德屬性常在，在動態的一面，表現出思惟與認識功能，但是動與靜合一而不可分離，所以良知心體兼具「動」與「靜」〔註38〕。

　　正因為「虛」的作用，所以能容受萬物而沒有對體的執著。故能解消佛教所言在無明中，凡夫因為實體化的思考模式所產生的心靈痛苦。認為以良知教理來破除和解消，便能達到佛教所追求破除我執的境界。但是因為終極實在的保存，所以能保全人世間的人倫事物而不走入佛教寂滅的弊端，這裡便是融通三教的關鍵處，強調以「道德法則」的「如實觀」為主，以「緣起

〔註36〕　【明】王畿：〈自訟問答〉，《王龍溪先生全集》，卷15，頁1083～1084。
〔註37〕　【明】王畿：〈別曾見台謾語摘署〉，《王龍溪先生全集》，卷16，頁1153。
〔註38〕　方祖猷著《王畿評傳》（南京，南京大學出版社出版，2001年5月），初版，頁120～131。

法則」所言之「如幻觀」為輔，以「自然無欲」的本心收攝兩者，進行三教會通與「道德法則上」的真實相應，方為心學的見性宗旨。

龍溪云：

> 先師指出良知兩字，是千聖入道之靈樞，良知原是未發之中，原是
> 發而中節之和，無先後內外，渾然一體者也〔註39〕。

以儒家立場分析佛老的道理，都只是良知一端的展現，不像良知心體一樣完備，良知本身是不分割的，都是三教中人要成聖所必須經過的道路，為入聖的關鍵。良知是未發之中的「寂體」，也具備感通萬物的神用。在實際的修行過程中，良知教法的致中和工夫，可以融通到教追求長生的身解脫工夫；亦融會內丹道派的學理，而收攝於儒家的修養工夫之下。

在以追求「寂滅」安樂為宗的佛教方面，以致中和工夫收攝佛老教理在其中，方能顧及人倫事物的感應，由於保持著對於終極實在的保證，此保證是以「道德法則」為宗，以此法則為本心的真實體性，但是在作用層上的形式，則可以有如幻的顯現，所以可以融攝佛教空理的特色，而不失去儒家的本質。所以龍溪以良知為最高教法來進行融通三教的工作，並以良知教理為究竟了義的說法，再次立論下，便進一步提出一套儒家的修行方式，就「悟」的方式分析如下：

> 師門常有入悟三種教法：從知解而得之者，謂之解悟，未離言詮；
> 從靜坐而得者，謂之證悟，猶有從待於境；從人事練習而得者，忘
> 言忘境，觸處逢源，愈搖蕩愈凝寂，始為徹悟。此正法眼藏也〔註40〕。

良知心體的領悟的方式，從文字上得到體悟的方法，叫做「解悟」。這是一般程度的人士的初步體會，進一步以外在的靜坐方式，來得到更深一層對於良知的體證，這種體悟的方式叫做「證悟」。雖然能進一步掌握良知心體中寂然不動的一面，但是卻是需要依靠靜坐等方式來達到，過份偏向「靜」的一端，容易走入佛老的缺點，仍然不夠圓滿。

而且這一類方式需要斬除外緣，是屬於離開污染地來修清淨心的方式。龍溪認為這還是有所執著，對於良知的掌握不夠全面。所以需要再建立更進一步的體悟方式，便是直接以人事為修心的道場，從人世的一切事物來體會良知心體，唯有如此，才能不離開人世的外緣，直接修證體悟良知心體的「寂」

〔註39〕 【明】王畿：〈趙望雲別言〉，《王龍溪先生全集》，卷16，頁1140。

〔註40〕 【明】王畿：〈留別霓川漫語〉，《王龍溪先生全集》，卷16，頁1158。

與「感」而不走入佛老的關鍵，這也是良知心體能融通三教的所在，這種方式叫做「徹悟」。只有徹悟良知，才能全面掌握住良知的精華。

當全面掌握良知的境界如下：

> 良知原是徹天徹地，通貫萬物之靈機。明明德於天下，只是完復得他本來體段，非可以氣魄承當得來〔註41〕。

良知心體的全面掌握，可以貫徹天地，將光明心體大用天下，由於抓住本體，同時也掌握住儒家注重此生的決心，光大儒家成德之教的光芒，回復與聖人一樣的心體，此為內聖學問中高級的生命境界。

對於道家教理的融會則表示：

> 予曰：「聖人之學，務在理會性情。性者，心之生理。情則其所以乘以生之機，命之屬也。故曰：『喜怒哀樂之未發，謂之中，發而皆中節，謂之和』，中和者，性情之則也。戒慎恐懼而謹其獨，立本以達其機，中和所由以出焉者也。有未發之中，而後有發而中節之和，中和一道也。虞庭謂之道心之微，孔門謂之寂，此聖學之宗也。養生者宗老氏，老氏之言曰『常無欲以觀其妙，常有欲以觀其徼』，觀妙即所謂徼、所謂寂，觀徼即所謂人心。感通之機、性命知說也。微而顯、寂而感、無而有，言若人殊，要皆未有出於性情之外者也〔註42〕。

由此可知，道教與道家的性命之學以儒家的方式來進行理解，認為道教的養生學理是源自於道家老子的教理。可以分成「性」與「命」兩個層面，性的定義等同於儒家的「寂」和「微」。命的定義等同於「徼」和人心感通之機，在儒家屬於「命」的與「感」的層次。龍溪認為可以用儒家致中和的工夫還達成「養生」與「養德」的效果。

在「心解脫」方面，以儒家未發之中的寂體工夫，可以融會老子所說的「致虛」、「守寂」等心靈修養。龍溪提認為可以從致中和工夫中，和的一面來達成養生的功效。在儒家的分類中，屬於「命」和「情」等人心感通之機的層次，不論性命如何分類修習，對於儒家而言，道教與道家分別都走入支離的路線，故以「致良知」工夫，達到性命雙修的效果。雖然以「道德法則」的相應，為心學修證的宗旨。但是在實際修行上，亦可以達到身體與心靈同時不落次第而成就「養德」與「養生」並進的圓滿境界，此點為儒家勝過道

〔註41〕　【明】王畿：〈書見羅卷兼贈思然〉，《王龍溪先生全集》，卷16，頁1171。

〔註42〕　【明】王畿：〈遺徐紫崖語略〉，《王龍溪先生全集》，卷16，頁1146。

教與道家的特色。

　　牟宗三先生表示：

> 老子之宇宙論地言，無爲天地萬物之始、之本，道類似有客觀性、
> 實體性、及實現性。然此三性，說穿了，只是一種姿態，實並無一
> 正面之實體性的東西曰無而可以客觀存在地(存有論地)生天地萬
> 物，而天地萬物亦存有論地實際存在地由無而生出也，蓋無只是一
> 遮詮字，由否定人爲的造作有爲而顯〔註43〕。

縱觀上述，良知所以能統三教的原因，在於良知的「虛寂性」。心體本身可以
範圍三教，故能無而有，同時兼具「寂」而「感」的特色；儒家講「寂」而
「感」，可以融通佛教「寂」而「空」的思想，但是不走向入滅的道路，儒釋
的共識在於「無」，指的是「作用上的不執著」，立論基礎在於三教都同於太
虛之心，一心之遍潤感應就是無限心的展現。所以良知教理的成就，同時也
可以融攝佛教超脫三界的理論。但是儒家的修行重點在於「自然無欲」，強調
以「倫常」的如實觀，以道德法則爲見性的宗旨；而佛教修行重點，在於將
執著煩惱的滅度爲主，強調「如幻觀」的修行，除了「性空正見」的境界外，
一切都是如幻的存在。這裡便是儒家與佛教的關鍵差異〔註44〕。

　　在面對道家的部份，儒家講求「天命有爲」；道家強調「天道無爲」，故
融會方式是以「乾卦」和「坤卦」中陰陽二氣生五行和萬物的理論入手，進
行會通合道家「虛」的本色，以乾卦的元亨的德性。將道家的「慈」與儒家
的「仁」融會；以「坤卦」中的利貞的德性將道家「儉」的概念，貫通於儒
家教理中。以良知心體將三教學理中雖然講求「虛」與「寂」，但是又不排斥
萬有世界的特色展現出來，以良知爲最後的融攝〔註45〕。

　　但是儒家與道家的本質上的差別仍然保持住，關鍵在於儒家良知心學的
「創生義」與「實體性」的彰顯。而道家由於在此無法明顯彰顯此義，所以
只能在良知學中與「自然無欲」的心體完成共法方面的相應。無法超過龍溪
所定義的良知圓教義，而此相應的共法，便是良知心體能融會道家義理精華
的所在，故融通道家的入手處，就是以「自然無欲」的共法義入手。

〔註43〕牟宗三著《心體與性體第一冊》，初版，頁462。
〔註44〕蔡家和：《王龍溪思想的衡定》（中壢：國立中央大學哲學研究所碩士論文，
　　　　2000年），頁71～79。
〔註45〕同前註，頁75。

　　良知心體本身代表生命境界的圓頓化境，良知也是道德上的本體，以良知來分別三教，認為儒家為「存心養性」，道家追求「修心煉性」，而佛教講求「明心見性」，認為佛教講求一昧平等，而沒有理一分殊，在中和之道上可能處於過於追求出世的思想，仍然不夠全面〔註46〕。

　　而且在以斷淫欲為教門為前提下，可能會走向沒有陰陽二氣之交感，儒家認為這違反是天地的常道。所以龍溪在這一點也不贊成佛教的說法，認為佛老雖然講「虛寂」，卻不能像良知的中和之道一樣，雖然是心之本體，但是可以在虛寂的狀態下，而使天理在道德實踐中顯示展開。龍溪認為聖人的境界，應該是雖然有人欲，但是因為致良知工夫的純熟，能夠「當機即化」，而使本體自然無欲而兼顧創生義〔註47〕。

　　良知心體的境界，可分為形上的證悟，可達到生命的化境而沒有分別相的境界。另外則是以良知為根據，對治「感性欲望」而成就的無欲之心，形上的證悟以龍溪的四無說為代表圓頓的最後化境，至於那「超越的證悟」則是以陽明的「四句教」為代表〔註48〕，不論入聖的了悟，是從何處下手，最終都將流入於良知心體的大海中而沒有任何障礙，能不離於人倫事物，進而成就在身體與心靈上的同時成就，以此為良知心體融通三教的特色。

　　綜觀上述，雖然龍溪認為，良知「即寂而感」，「即虛即實」，也以此為良知勝過佛老之處，同時更以自然無欲為良知心體的定義，也兼備三教共法的功能。但是龍溪的「道體觀」，是否欠缺剛健奮發義？這一點，就從發心成聖的因地而言，「無」雖然是三教共法，但是因為具有「創生義」，此心體雖然自然無欲，但是因為本質沒有「出離心」，所以會有出世思想的缺點。但是在會通佛老時，此時便需處於共法的一面來融攝，這時候的「無」，便暫時不顯其創生義。當回歸於圓教義時方顯，所以「無」，基本上具備雙重意義。端看不同角度上的運用，不過究竟仍然不捨離「創生義」，此為儒學心體的本質。不過龍溪確實也造成一個哲學問題，那就是道德法則與「無」的先後問題，這一點是後世儒者所欲探究的問題，筆者在此所處理的程度，只處理到龍溪心體的本質，必定是儒家本色而無疑。

　　良知能融通三教，又能取代佛老的關鍵處，在於心體與學理具有以下的

〔註46〕同前註，頁70。
〔註47〕同前註，頁21～69。
〔註48〕同前註，頁8～18。

特色如下：

> 良知者，性之靈，以天地萬物爲一體，範圍三教之樞，不循典要，不
> 涉思爲，虛實相生而非無也，寂感相乘而非滅也，學佛老者，苟能以
> 復性爲宗，不淪於幻妄，是即道釋之儒也，爲吾儒者，自私用智，不
> 能普物而明宗，則亦儒之異端而已，毫釐之辨，其機甚微，吾儒之學
> 明，二氏之學始有所證，需得其髓，非言思可得而測也。〔註49〕

三教融通的基礎在於良知，「虛」與「寂」是良知本體作用形式的特性，認爲
佛老的教理的缺點，在於修行過份偏重「寂體」，以及視世間一切如幻的的態
度，如果佛老的重點能顧及人倫事物的感應，不走向寂滅的方向，龍溪認爲
這就是佛老教理中儒家精神的展現，反之，即使是儒家的人士，若不能將智
慧大用天下，光大儒家的成德之教，走向自私而不顧及人倫事物，此類人士
也只是儒家的異端，對於佛老與漢儒思想上的缺點，以及與眞正的儒家思想
的差別，龍溪云：

> 良知兩字，範圍三教之宗。良知之凝聚爲精，流行爲氣，妙用爲神，
> 無三可住，良知即虛，無一可還。此所以爲聖人之學。〔註50〕

亦云：

> 良知者，千聖之絕學，道德性命之靈樞也。致知之學，原本虛寂，
> 而未嘗離於倫物之感應。外者有節，而內者不誘，則固聖學之宗也。
> 何偏之足病？故曰：『致知在格物』，言格物所以致吾之知也。吾儒
> 與二氏，毫釐之辨，正在於此。〔註51〕

三教融通的基礎在於「虛寂」，良知具足虛寂性於一身，立論基礎在易傳的道
理，三教心體都具虛寂性，在此基礎上都具有良知共法義的基礎，但由於良
知是隨「寂」隨「感」，在流行時全神是「氣」，全氣是「神」，在凝聚時爲「精」，
這裡表現出良知的特殊內涵，也在此建立融通三教的次第和基礎，都是建立
在本體論上的「無」來立論。

在此分析儒家與佛教最大的差異，在於「如幻」的程度。由於心學以天
地萬物爲一體，以「無欲之心」爲宗，同時以無條件的道德心爲依據，所以
顧及了人倫事物的感應。強調在人世成就一切，故在此便能看出良知心體的

〔註49〕 【明】王畿：〈三教堂記〉，《王龍溪先生全集》，卷17，頁1206。
〔註50〕 【明】王畿：〈南游會紀〉，《王龍溪先生全集》，卷7，頁466。
〔註51〕 【明】王畿：〈三山麗澤錄〉，《王龍溪先生全集》，卷1，頁122。

完備，具足儒家生生的精神，視世間一切爲光明的所在。同時與萬物渾然一體，以良知的虛無特性來融通三教，又保持住儒家與佛老的差異，在本體上說「無」，從「道德法則」來規定本心，從道德實踐上來證悟良知心體之「如實觀」，故能不離人世而成就儒聖，爲龍溪思想的特色。

此外，龍溪表示：

> 聖人微言，見於《大易》。學者多從陰陽造化上抹過，未之深究。『夫乾，其靜也專，其動也直，是以大生焉。夫坤，其靜也翕，其動也辟，是以廣生焉』，便是吾儒說虛的精髓。『無思也，無爲也，寂然不動，感而遂通天下之故』，便是吾儒說無的精髓〔註52〕。

「虛」的道理建立在「乾」與「坤」卦，世間一切變化，皆依此二卦陰陽交感而產生其他卦象和五行，也是萬物生機根源的所在。具有無限直貫的創生力量，「無」的精華也在這二氣的交感中，以自然的化境看到虛無的本色，是「寂」而「感」的；當修行的境界與「易」相應之時，便能使心體如明鏡一般。無論外在事物如何在鏡子上呈現出多少外相，鏡子本身仍然能無垢無染；順應一切而無所障礙。便是易學中「虛」與「無」的精華。不需要另外去尋求了脫生死的生命境界，自然能當下了脫而超越生死的侷限。但是又能在良知學的教理下，達成不刻意去追求出離三界，但是卻能輕易擁有出離三界的定力境界。龍溪認爲即使是看盡佛教的三藏經典，也無法超出這融會三教於「易」的心要之外，而易的精華便在「良知」之教中可以窮盡。

龍溪認爲乾卦主「創生」，生物之德最大，所以是「大生」。「坤卦」如同大地一般，具有母性包容的特質，可以涵養乾卦所創生的萬物。所以具有「廣生」的特質，可以生養萬物。從這種虛實相生的特性，在陰陽二氣的交感下，產生了實際的萬物，在此由「虛」見「實」，也看到一切大道的根源。同時一切人倫事物的感應，亦由此而生。易道的變化在此展現了全面的特性，也具足容納三教的教理在其中。

於是，良知心學的立論根據，在易傳相關道理的支持下，在龍溪的詮釋與融通三教學理下，其定義分析如下：

> 自然之覺，良知也。覺是性體，良知即是天命之性。良知二字，性命之宗。〔註53〕

〔註52〕　【明】王畿：〈東游會語〉，《王龍溪先生全集》，卷4，頁292～294。
〔註53〕　【明】王畿：〈致知議畧〉，《王龍溪先生全集》，卷6，頁410。

亦云：

> 自然之覺，即是虛、即是寂、即是無形無聲、即是虛明不動之體、
> 即爲易之蘊。〔註54〕

由此可知良知的定義是指「自然生起的無上覺性」，遍一切處，同時又能夠包含三教的「共法義」，同時也講解「良知」的特性：

> 先師提良知二字，乃三教大總持。吾儒所謂良知，即佛所謂覺、老
> 所謂玄、但立意各有所重，而作用不同。〔註55〕

由此可知，良知的就「無欲覺性」的意義下，可爲三教之共法。所以才能說是「大總持」，此爲基礎信念，以此爲究竟的根據及基礎。也是對於良知信念的自我證成，此爲龍溪三教會通的基礎論點。進一步以此建構會通三教的「儒學融貫論」，此爲初步的開端。接下來便是針對良知本心的特性，進行與佛老之不共法的定義如下所示：

> 良知兩字，乃是範圍三教之宗，是所謂歷劫不壞先天之元神。養生
> 家一切修命之術，只是隨時收攝，保護此不壞之體，不令向情境漏
> 洩耗散，不令後天渣滓攪和混雜，所謂神丹也。凡是鉛汞龍虎種種
> 譬喻，不出性情兩字，「情來歸性初，乃得稱還丹」，已一句道盡，
> 外此皆旁門小術。吾儒未發之中、發而中節之和，皆是此意，其要
> 只是一念之微識取，戒懼慎獨而中和出焉，即火侯藥物也〔註56〕。

良知本身爲具有自然之覺的終極實在，也是虛明不動之體，在本體上爲「誠」體，當呈現沒有本體執著的妙用時，叫做神！因爲「元神」沒有生滅而永恆常在，以此特色可融會道教丹道思想。以良知爲「金丹」，藉此取代道教「內丹」概念，但是同樣可以達到養生的效果。在肉身成就方面，可以此攝受道教信徒，在實際的修行層面上，仍然是以儒家的學理爲「養生」的立論依據。

　　對於佛老所追求的心靈解脫方面，龍溪以儒家教理中的「未發之中」與「已發之和」來達到身體與心靈同時解脫的要求。以「致中和」工夫取代內丹的修行，以致良知工夫中致虛守寂的一面來達到佛老所說的「心解脫」。但是不同在於儒家的良知學理可以同時完成身解脫的長生要求，與心靈無執的心解脫工夫，一次成就。此爲良知教理能融通三教學理的殊勝之處，以「動

〔註54〕 【明】王畿：〈致知議辯〉，《王龍溪先生全集》，卷6，頁420。
〔註55〕 【明】王畿：〈與李中溪〉，《王龍溪先生全集》，卷10，頁705～706。
〔註56〕 【明】王畿：〈與潘笠江〉，《王龍溪先生全集》，卷9，頁611～612。

靜不分」又「寂感兼備」的特色，爲良知獨特於三教的不共法。

　　雖然儒家本身不講求「解脫」，但是卻擁有佛老兩教想要出離世間與追求長生，所需要的定力境界與養生方法。又能夠不離「倫物感應」，以「自然無欲」的共法義總攝三教，又能滿足佛老信眾的要求。故能會通三教，但是又不失去儒學本質，此爲龍溪的獨特教法所在。

　　既然以良知爲最高教理，可以達到身體與心靈同時成就解脫，卻又不離人倫事物，故因此而建立起一套修行次第：

> 先生曰：「此可兩言而決：頓與漸而已。本體有頓悟，有漸悟；工夫有頓修，有漸修。萬握絲頭，一齊斬斷，此頓法也；芽苗增長，馴至秀實，此漸法也。或悟中有修，或修中有悟，或頓中有漸，或漸中有頓，存乎根器之有利鈍。及其成功一也〔註57〕。

在此解釋了實修上的情況，同時也指點出良知之教的「悟」與「修」應該如何下手？龍溪認爲：

> 良知是本體，於此能日著日察，即是悟；致知是工夫，於此能勿助勿忘，即是修〔註58〕。

在此提點實修的重點，良知的體悟層面，屬於心靈解脫的層次。成就的關鍵在於對良知心體的掌握程度，之後，下一步重點便是在於以「養德」爲主的無欲境界。以本心來帶動身心並進而轉變肉體與心靈，以完成「報身」的長生與道德法則的眞實相應。當能不退轉時，便是良知的「修」的次第成就，至於入聖的第一步與成聖的捷徑，提點如下：

> 陽明先生揭致良知三字，眞是千古之秘傳。時時提醒，時時保任，不爲物欲所遷、意識所障，易簡廣大，入聖之捷徑也。〔註59〕

筆者以爲，不論是從哪一種次第來成就，都能證得同樣的成果。這也是龍溪以順應三教中各方面人士的智慧，來進行的會通，如此才能眞正表現良知心體的高明之處，在不失去自家宗旨的前提下，進行對於佛老教理的融貫。特色在於從「知是知非處」，一念自反而得「本心」，進一步與「自然無欲之心」相應。同時在極強的信念下，痛切改過，即進行慧劍斬情絲，而顯本體的修證。當進入不被人世的情欲所染的境界時，將情欲以昇華的方法轉換，就可

〔註57〕　【明】王畿：〈留都會紀〉，《王龍溪先生全集》，卷4，頁303。

〔註58〕　【明】王畿：〈東遊會語〉，《王龍溪先生全集》，卷4，頁303。

〔註59〕　【明】王畿：〈答張陽和〉，《王龍溪先生全集》，卷11，頁761。

以不走向佛教的入滅態度，便能進入聖人「寂」而「感」的生命境界，此為「道德法則」之真實相應成就，亦是儒學的見性之宗旨。

所謂的「次第」之成就，關鍵在於最初的立志。也決定了使本心呈現的強度，就指是「悟」的工夫，這是心學工夫的精髓獨到之處。也在此「悟」中，方能有不落次第相的化境呈現，此境界的呈現必須以「無欲為宗」才能完成。但是若要長期受用而入聖地，則需要良知的「修」，使心體時常保持任運而自在常現，方能得到永遠的受用。所以就現象界的肉體修證而言，則必須隨順一切大眾，當機指點，方能使其得到受用，就此立場而言，則必須以「次第」的建立，為權便方法以進行區分。但是皆必須與「無欲」的「道德法則」相應才行，對此重點，龍溪表示：

> 君子之學，以盡性為宗，無欲為要，以良知為訣〔註60〕。

首先龍溪指出修證成就的重點入手處，在於使無欲的覺性現前，但是由於根器的不同，所以有不同成就的情況出現，如下所言：

> 致知雖一而所入不同，從頓入者，即本體以為工夫，天機常運，終日兢業保任，不離性體，雖有欲念，一覺便化，不致為累，所謂性之也，從漸入者，用功夫以復本體，終日掃蕩欲根，去除欲念，以順天機，不使為累〔註61〕

由上述可知，實修的情況有分「頓」與「漸」的兩種修行方式。但是重點都在於如何使自然無欲的覺性現前而不散失，此為養德兼養生的關鍵，對此云：

> 聖人本體無欲，時時保任緝熙，即本體便是工夫。賢人以下，不能無欲，須時時做寡欲工夫，以求復其本體。〔註62〕

從以上所說明的重點中，可以看出儒家的修心重點，在於對於「人欲的對治」。此法有兩種對治方式，可從頓悟良知心體來下手，與本體相應時，便能將情欲當下轉化，順著良知而自在流暢。另一方面，便是從「人欲」下手，將情欲視為敵人來對治，兩者的最終目標都是將人欲消除，在此點上為三教的共法。

由於皆有此共識，便可以此共法進行會通，就在於對於「人欲」的處理。只是儒家的方式是以「致良知」來對治人欲，同時達到身體與心靈同時解脫而不失人倫事物感應的特色，故從元神下手，當與良知本體相應，便將良知本體

〔註60〕【明】王畿：〈松原晤語壽念庵羅丈〉，《王龍溪先生全集》，卷14，頁988。

〔註61〕【明】王畿：〈松原晤語壽念庵羅丈〉，《王龍溪先生全集》，卷14，頁992。

〔註62〕【明】王畿：〈與趙尚辛〉，《王龍溪先生全集》，卷9，頁637。

純陽的境界呈現。方可不被後天情欲左右，而達到道教所說的「陰盡陽純」之境界。也因爲良知是「德性之知」，包含倫物感應，強調「倫常」的如實觀，所以能不走入仙佛絕物的極端。而是以無過的方式，將良知眞體發用流行，兼顧「寂」與「感」又動靜合一的特色。故以良知爲總攝三教於儒家的究竟不共法門，由於承認「緣起法則與「道德法則」的「如實觀」，但亦進行遠離人欲的修行，所以能夠兼顧佛老的道理，但是又能保持心學的見性義，所以龍溪認爲「良知」便是三教的大總持，當修證成就時，便能有如下之境界：

> 所操益熟，所得益化，信而從者益眾。時時知是知非，時時無是無非，開口即得本心，更無假借湊泊，如赤日麗空而萬象自照，如元氣運於四時而萬化自行，亦莫知其所以然也。蓋後儒之學泥於外，二氏之學泥於內，既悟之後，則內外一矣，萬感萬應，皆從一生，競業保任，不離於一。晚年造履益就融儒釋，即一爲萬，即萬爲一，無一無萬，而一亦忘矣〔註63〕。

當良知之教的修證成就之時，便可以將佛老的教理完全容攝於良知中。就像是佛教所說的一法能生一切法，但是一切法又回歸一法。良知就是究竟的一法，而三教的道理如同百川，都是大海的一部份，無論如何變化，都將回歸大海，良知具足無限的快樂，可以容受佛教「解脫之樂」，也可以成就道教性命雙修的「長生之樂」。

　　但是三教的教理所能達成的快樂，卻無法包含良知心體的快樂，因爲佛教認爲生死流轉爲虛妄，世間爲無常與苦，所以講求「出離心」。一旦以出離心爲動機，即使可以在三界內而成佛，但是由於「出離心」與「視世間如幻」的態度，即使大悲心發揮到極限，最終仍然要出離三界，只能成就「解脫樂」；以及斷煩惱的圓融智慧，但是在「人倫之樂」與萬物同體方面，則無法顧及，此爲佛老教義的缺點，所以龍溪認爲良知之教在此能勝過佛老，而完備三教的精義。

　　從龍溪最初的發心，來分別三教所修證因果關係，以及所得到的格局來分析，認爲唯有良知的教理最爲圓滿，因爲良知自性本來具足「無限創生義」，而本質上並不具「出離心」，故從此立場出發，將三教教理，以良知心學能圓融三教而回歸於儒家之中，再從儒家的學問中，將精華取出，而融會於良知教理中，而成就儒家學理中，最圓滿上乘的究竟了義學問。

〔註63〕　【明】王畿：〈涂陽會語〉，《王龍溪先生全集》，卷2，頁171～172。

縱觀以上所述，可以將良知心學與佛老二教的教理，做初步分析，儒家的良知心學特色在於本質上是屬於康德所說的「自主而絕對善的意志」。具備無條件實踐的必然性，在一切人類意志上皆成立，以龍溪的定義而言，便是「自然無欲之心」，屬於儒學中本心即性系統，此心不從「經驗」建立，不從範例引申，也不從上帝底意志建立，更非從人性底特殊屬性推演〔註64〕，只是一顆最純淨而保持道德自性自律的無條件為善之「道德本心」，以此心進行「無條件為善」，進而成就儒家聖人果位，為儒學本質與佛老不同處，這是專屬於儒學本質的不共法。

龍溪云：

> 先生曰：「先師有言：『老氏說到虛，聖人豈能於虛上加得一毫實？佛氏說到無，聖人豈能於無上加得一毫有？老氏從養生上來，佛氏從出離生死上來，卻在本體上加了些子意思，便不是他虛無的本色〔註65〕。』」

以龍溪的標準來分析而言，佛老的教理屬於「有條件為善」，因為佛老講求出世而成聖，本質上只能以出世的清淨自在之樂為誘因，進而鼓勵人人精進修行。若一般人並不想追求出離三界之樂。則佛老對於此類人士，也只能歸類於「無緣」一類，無法使這類人士，在佛老教理下而得到救度。反觀良知心學，由於人人本具此「無條件為善」的道德本心，即使是惡人行惡之時，也知道自己在為惡，這正是良知本心的作用，更何況一般人見孺子入井時，都會無條件去進行拯救，此時便是本心的彰顯。

此法便是比佛老更接近虛無的本色，更能隨緣度化眾生，筆者認為龍溪在此所言的本意，便是指出佛老教義上的追求出世思想的缺點，只要佛老無法捨棄此點在本質上之有條件為善，即使修證的境界再高，也無法達到圓滿的境界，以龍溪而言，只有與本心相應，以無條件為善來實踐而與道德法則的結合，才能夠真正見到虛無的本色，此點為良知之教的不共法。

而儒家的教理便是從回復此「無條件為善」的真心下手，在本質上不使用「有條件誘因」來鼓勵成聖。良知心學本質只強調彰顯那既超越又內在，既普遍又特殊的道德本心，儒學認為由此下手，便能比佛老更能在本質上度化無量的眾生，不過儒家以人間為主，不講求「出離三界」與「成仙」。所以

〔註64〕 牟宗三著《心體與性體第一冊》，初版，頁123。
〔註65〕 【明】王畿：〈東遊會語〉，《王龍溪先生全集》，卷4，頁292。

能顧及人倫事物而沒有佛老「出離心」所可能產生的缺點，而佛老所追求的出世之樂，以龍溪的立場而言，可以在無條件爲善的良知眞心成就之後，自然於人世中得到相似的受用境界，但是儒家不以此爲究竟的依歸，仍然是以儒家的「無條件爲善」的君子儒聖爲修證的宗旨。

　　若以佛老的教法來反思與分析龍溪所言，則勢必有一個結論，那就是無法成就出世的聖人，因爲正如龍溪所言，儒學本質上並不具「出離心」，雖然可以顧及人倫事物感應，但是由於不講求出離世間，對於人世間的一切無法了斷。所以無法於肉身的修行洏成就究竟的「佛果」。因爲，仍然有最後一絲的世間之心無法放下。即使在良知心學下，可以達到儒家圓教而打破「世間心」與「出世心」的障礙而自在之境界。但是在本質上仍然無法究竟成就佛老二教的最高境界，正是因爲儒學本質上，仍然是一個專門因應人世而成就的學問，所以以佛老的立場而言，是無法成就佛老兩教的究竟果位的。

　　針對於此，以龍溪的立場而言，是要如何回應呢？以筆者的分析而言，是否能成仙或成佛？對於龍溪而言，並非是重點。因爲良知心學本質上，並不以此爲目標，所追求的也非是「成仙」與「成佛」，而良知心學中所要滿足的是佛老二教信眾，對於成仙與成佛的渴望，從良知心學的「心解脫」與「身解脫」的特性，而講述出來以攝受佛老信眾的一種權變方法。

　　龍溪以「有條件」誘因來說逢佛老信徒，初步使其得到受用，之後再開權顯實，將無條件爲善的「自然無欲」之心，以良知教法來彰顯，破除對於「成仙」與「成佛」的貪戀；以進行三教歸儒的次第的實踐，方是龍溪眞正的意涵。但是亦以本身的修行經驗，來證明良知心學可以養德兼養生的效果，使追求長生與心靈解脫的一般人，一條實踐於經驗上，可以見證的範例。

　　由於良知心學本質，本質上並不具備「出離心」，所以無法究竟成就佛果。也因爲良知心學的教義，並不以追求長生不死的「天仙」爲究竟意義。所以也無意成就仙道，但是可以提供一個滿足佛老二教信眾，達到近似於佛老二教心靈解脫與長生所需要的自在定力與境界。只是對於「出離三界」與「長生」的定義不同，但亦可建立一套立論於儒家的修行體系。

　　由上述得知，龍溪是以回復「自然無欲」的本心爲主要的修行方式，故於日常生活中，進行無條件爲善的修證，此爲儒家的「見性之學」的特點。「道德法則」指的是「良知」，即是自然無欲之心；而佛教的「明心見性」，指的是見「菩提妙明眞心」，在心的本質上，有些許差異。便是佛教的「厭離心」

與爲了成佛所進行的六度萬行，皆是「有條件律令」之心，而儒家的心體本質是回復「無條件律令」之心，本質上並不具「出離心」，所以是入世之學，這是儒佛本質上的差異。

而對於道教的成仙之學，則是同理可證，一樣是屬於「有條件律令」，以此做爲儒家與佛老在養生與養德上的毫釐之差。同時亦是儒家與佛老各自的「共法」與「不共法」的交界處，關鍵在於最初成聖的發心。由此解析，便可以釐清雖然三教皆有養生與養德的「共法」，但是成聖動機與最後的證果上，則是表現在心體本質上的「不共法」。所以就以此立論，在最初發心動力因上的不同，故所成就的聖果亦不同，所以由此看出三教的共法與不共法的所在。但是以心學'高度融會三教的「共法」。但在究竟義上，仍然以自然無欲之心，進行無條件爲善，爲儒家良知心學的「不共法」，從無條件爲善，進而當下給出善的價值，就是「頓」悟，從肯定良知存在，便可使自由意志當下呈現。

筆者以康德的說法來分析，儒家所言之本心爲「自由意志」，在本質上，屬於「即存有即活動」，同時也是最高的存有，包含一切道德意義，可以收攝於龍溪所言「良知」而存在。之所以不離開人世間而成聖，則是因爲人是道德實踐的存有，由理性的要求下，進行無條件爲善而實踐道德，才能滿足爲人的價值，同時也是最終目的，而道德本身就是此目的，本身就兼具實踐的價值。

只有無條件爲善，才能肯定此一目的。而人人都在此主體的自我要求下，而進行道德實踐，也只有如此，才能比佛老的無緣大慈；再更進一步，使人人明白得知，何謂眞正的自由？並非是佛老一般追求「有條件爲善」的出世之樂；而是在主體的自我要求下，進行無條件爲善，當下與道德本心相應，此本心同時也是以道德爲絕對價值，當下完成道德實踐，才是眞正的自由〔註66〕。

在此立論下，唯有良知心學可以達成康德的要求，而佛老二教只能在圓教義中，近似康德無條件爲善的精神，但是即使倒駕慈航與普渡眾生，但是仍然是不能正視人間，終究以出世爲了義之學。故佛老在這一點上，仍然不免有所缺陷，即使是將世間與出世間的對立取消而成道，也只是帶領更多的人士，出離三界，在世間成正覺，此覺仍然是出世的覺悟，由「厭離心」爲

〔註66〕牟宗三譯註《康德判斷力之批判下冊》（台北，台灣學生書局印行，1993年2月），初版，頁215～245。

動機，進行有條件律令的修行而成就，但是以康德的思想來判定，仍然是不夠完美，唯有龍溪所言的自然無欲之心，可以達到康德的最高標準。以龍溪本人而言，則是在於佛老是「有所爲而爲」的出世修行，而良知心學是「無所爲而爲」的成聖，由此爲判定標準的檢視下，唯有良知心學方能究竟了義，而圓融三教而無礙。

龍溪對佛老二教所言之「如幻觀」的看法如下：

> 學佛老者，苟能以復性爲宗，不淪於幻妄，是即道釋之儒也。爲吾儒者，自私用智，不能普物而明宗，則亦儒之異端而已。毫釐之辨，其幾甚微。吾儒之學明，二氏之學始有所證，需得其髓，非言思可得而測也。〔註67〕

以上爲王龍溪對於佛老二教出世思想的分析與批評，雖然佛老認爲可以用圓教究竟義來化消「出離心」思想的缺點，強調所出離的一切皆只是顛倒夢想！由圓教究竟意義觀之，可以說明並沒有出離世間而成道。但是此法終究是使用「如幻觀」而達成。與儒家的見性意義不同，因此在此點，可以看出儒佛之間見性義的差距，在於儒家是強調「道德法則」的「如實觀」爲眞實的存在；而佛老則是視此爲如幻而無自性意義的存在。所以在這一點上，可以看出良知之教與佛老的不同，就在於「如實觀」與「如幻觀」的差異。所以由此可以得知，只要王龍溪強調「道德法則」的「如實觀」爲眞實的存在，那就決定不會與佛老同流，此點爲良知之教的特色，也在此點的堅持下進行三教會通的思想運作。

以上爲「不共法」之所在，也在此看出良知之教的特色，在於承認「道德法則」爲眞實的存在，而以此爲基礎進行三教會通，也提出良知之教與佛老的不同處，在於兼顧寂感又能達到虛實相生的效果，首先是「虛實面」的分析：

> 良知本虛，格物乃實，虛實相生，天則常見，方是眞立本也〔註68〕。

由此可以看出可以看出以「道德法則」之「如實觀」的宗旨，以及此無欲覺性本心特性，只有與此法則進行深切的相應，才能明白良知之教見性義的精華所在，此點也是判斷三教「不共法」差異的根本及標準，龍溪就此點而表示如下：

〔註67〕　【明】王畿：〈三教堂記〉，《王龍溪先生全集》，卷17，頁1206。
〔註68〕　【明】王畿：〈與聶雙江〉，《王龍溪先生全集》，卷9，頁578。

先師曰：「心之良知是謂聖」，「同此謂之同德，異此謂之異端」。虛
以適變，寂以通感，千聖之秘藏也〔註69〕。

其次是就本心中寂感兼備的一面分析如下：

良知者，無所思為，自然之明覺，即寂而感行焉，寂非內也；即感
而寂存焉，感非外也。動而未形，有無之間，幾之微也〔註70〕。

接下來是對於良知本體的定義與特性的分析：

自然之覺，良知也。覺是性體，良知即是天命之性，良知二字，性
命之宗〔註71〕。

此為良知的表層意義，接下來便是對於此心的本質意義進行深入討論，如下
所示：

自然之覺，即是虛、即是寂、即是無形無聲、即是虛明不動之體、
即為易之蘊〔註72〕

亦云：

良知者，寂然之體，物者，所感之用；意則寂感所以乘之幾也〔註73〕。

以上為良知的深層義，在於能夠「寂」而「感」而不流於「寂」而「滅」，為
儒學見性義的特色，此為儒佛之間的不共法，若明瞭此點，便能得知自然無
欲的良知心體的特性是如何進行運作，當與此心相應時，龍溪以個人的體會
表示如下：

何謂良知心之本體？良知者，性之靈，性無不善，故知無不良，良
知即是未發之中，只此二字，足以盡天下之道〔註74〕。

同時也指出儒佛之間的差異，如下所示：

吾人一生學道切要處，亦只有「在格物」三字。此儒釋毫釐之辨，
未嘗以為易而忽之〔註75〕。

以上為良知之教見性義的特色，而筆者就龍溪所言來分析，可以得知，所謂
的「虛」代表能容受事物運轉的空間。而「實」代表此本體是具體的存在；「寂」

〔註69〕 【明】王畿：〈孟子告子之學〉，《王龍溪先生全集》，卷8，頁563。

〔註70〕 【明】王畿：〈致知議略〉，《王龍溪先生全集》，卷6，頁407。

〔註71〕 【明】王畿：〈致知議署〉，《王龍溪先生全集》，卷6，頁410。

〔註72〕 【明】王畿：〈致知議署〉，《王龍溪先生全集》，卷6，頁420。

〔註73〕 【明】王畿：〈答吳悟齋〉，《王龍溪先生全集》，卷10，頁692。

〔註74〕 【明】王畿：〈答吳悟齋〉，《王龍溪先生全集》，卷10，頁687。

〔註75〕 【明】王畿：〈答吳悟齋〉，《王龍溪先生全集》，卷10，頁691。

是良知本體的形容,「感」是對於良知本體的活動狀態的形容,而以「自然無欲」的良知來將此四種特性融會於一心之中。所以能會通佛老,但是又不會等同佛老的「無」與「滅」的極端。其關鍵在於能把持此能「無條件為善」又可以「即存有即活動」的道德本心,所以由此可知,其所證得的本心必然是儒家的主體自由而無疑。

以上為三教之間對於「見性」的概念之區分,就是在於對於本體的態度,儒家為「自性有」的道德本心法則為本體的代表;而佛教則是以「緣起有」的「性空正見」為本體,而道教則是認為原始未化的真樸狀態為大道真實的本體,與佛教皆認為外在的一切境界皆是如幻的存在。以龍溪而言,良知之教與佛老的差異在於是否以「道德法則」為究竟的依歸?而儒家便是以此為見性的標準,此為儒家獨具的「不共法」。除了此點以外,皆可以進行三教之間共法的會通,進一步進行三教歸儒思想次第的建立。

以心學知識論的角度而言,龍溪以良知為真實的命題,具備「虛」「實」相生又「寂」「感」相乘的特性,以「道德法則」為真實相應之所在,同時也承認「緣起法則」的真實。但是不以「緣起法則」為究竟的根據及立論的基礎,所以保持住儒家見性義的宗旨;但是由於「緣起法則」也是真實的存在,所以在邏輯上的命題與「道德法則」並沒有背離。故在知識論上便可以產生一套相互依存的真理之體系,皆強調不離開人間而成聖。

故龍溪便從此入手,進行以良知之教為核心,將所有的真理收納於「無欲覺性」之中,形成一個無所不包的廣大真理。認為一切現象與真實皆是由此展現,依邏輯上的必然性而相互依存,此真理即是「良知」。唯有與「道德法則」真實相應,才能證得此心。將佛教之「緣起法則」收攝為儒家「道德法則」的附屬品,以「如實觀」與「如幻觀」做為儒家與佛老不共法之所在,形成了一套良知之教的心學「融貫論」。

縱觀上述,龍溪其實對於儒家與佛老之別與共法的會通,其實是非常清楚的。所以筆者便從此處來下手,嘗試由其一生的言行之中,將良知心學的修習歷程與心靈境界,整理成以下貫通三教的次第修行「工夫論」與「境界論」〔註76〕,將在下一節進行解說。

〔註76〕 本文九次第的建立,是為了針對於良知之教的實修需要,而進行建立及分類整理,也許並不能完全契合龍溪的原意,但是筆者基於王龍溪認為良知之教認為在理上要頓悟,在事上要漸修的看法之下,可以有此九次第的建立,不

第四節　良知九次第：無欲覺性直觀本心成就之道

　　自然無欲的良知本心並不難尋，只需使本心時常彰顯與熟習的程度加深，其實在此刻，便已經使本心之無欲覺性呈現於眼前。假如此時見性的動機是帶著有條件律令而行，便會流於佛教出世思想的修行，而與良知心學的見性之境界，相隔有如天地。欲使無欲之心之自然覺性顯現於前，就切莫在心中存有對於人世的隔離與對立的概念；須知此種概念的本身，卻是由有條件律令而行，屬於「功利之志」，亦是佛老出世思想的缺點與一般眾生的心病。

　　當無法認識本心自然無欲的宗旨，即使刻意去進行絕利去欲的出世修行，也只是徒然。以龍溪而言，此心的光明如同太陽本身一般，雖然無形無相卻能遍照萬物；本身「虛」「實」相生又「寂」「感」相乘。只因凡夫抱持取捨之心，所以不能使「無欲之心」的本來面目如實呈現。欲與此心相應的要訣無他，只要不沉醉於「出離心」與「追求出世」的利益假相；只需使無條件而為善的本心作主，進而時常「熟習」，便能使此心剎那間相應於清淨無染。此心便是儒家所言的現成「良知」，亦是有別於佛家的不共法。

　　由於龍溪能相應此儒學不二的真理，便以此立論批評佛老思想仍然執著於出離苦海的的思維與出世思想的建立。而不知此法容易導致流於「功利之志」的認識，而容易產生了對於人世的支離，反而此心無法現成受用。殊不

　　然何以能攝受中下根人士？依據良知之教的定義為熟習而非學習的宗旨下可以得知，良知是自然生起的無上覺性，人人本具，於一切處時常生起，在生起之時，便與聖人無異，而聖人與凡夫的差距在於迷與覺，聖人可以掌握本心的熟習歷程而不退轉，但是凡夫則是反其道而行，無法掌握當下覺悟的本心，進而時常處於退轉迷失的情形，關鍵在於是否能熟習本心？進而掌握此心的光明而不退轉，便是良知之教修行的重點，所以在此立場下，筆者以龍溪的言行為主，進行此九次第的分類，此為因應實修需要而設立的次第，但是當能夠進入不退轉的境界時，便能得知，此九次第的本來面貌，只是致良知工夫熟習的歷程而已，就致良知工夫的本身而立論，即只有一個次第，那就是本心熟習的過程而已，所以筆者在此所分的次第，在深層意義上即是一次第包含九個次第的修證，而在表層意義上，就是分為九個修證的步驟，因人而異，對於上根人士而言，則未必皆必須依照此九次第而行，對中下根人而言，則是有一套實修的步驟可以實踐，就此立場下，筆者便將此九次第，以自身的體會應運而生，進行整理與解析，由於良知是自然生起的無上覺性，所以每一次第都一定會有本心彰顯的蹤跡，就看各人的根器而決定是否能當下熟習不退？所以就在此立場下，筆者定名四無說為次第成就、出入隨心、超越自在相，以上便為筆者根據龍溪於理要頓悟，以及事要漸修的立場下，所建立之良知九次第。

知刻意去進行以「出離三界」為宗旨的見性觀念本身，將更使此類出世思想的弊端不斷湧現，反而失去與「道德法則」真實相應的契機。使一切的修行都淪於有條件律令而行，而與「無欲本心」的宗旨無法完全如實呈現出本來的面目，此為佛老思想的弊病。

正因為洞悉此點，所以在進行良知之教的修持之時，便是以隨緣當機指點為其教學方式的特色。強調解消一切因為有條件律令而行所產生的「次第相」修行，而以與「無欲本心」為真實相應的入手處。去進行良知之教「悟」與「修」的工夫修證，以龍溪而言，由於修行是以無條件的「道德法則」為宗；所以並不需要向佛老一樣，為了成就最後的「佛果」及成就「仙道」。而建立一套嚴格的次第修行，只需使本心的「無欲覺性」真實相應，進一步能夠時常無條件為善行為的落實日常生活中，便是儒學修證及見性的宗旨。

雖然龍溪的修行宗旨並不講求次第的建立，但是由於一般的信眾，仍然無法直入無欲覺性而得到此心的真實受用。所以龍溪便因應實修的需求而當機指點，故筆者也因此參閱其一生渡眾教化的言行；初步發現有九個次第的修證過程，以及實修的次第。同時亦參閱佛家的境界論的名相，借用佛教修定的名相，將龍溪當機指點的言行，進行分類整理，發現一共有九種根器之當機指點。

所以筆者以此建立出次第，雖然未必盡能合乎龍溪的本意。但是為了因應良知之教實修需要，基於龍溪認為「理」要頓悟，以及「事」要漸修的立場下，認為嘗試建構此「良知九次第」的修證系統是必要的。唯有如此，方能使後世實修者與研究者，可以因此進行後續的研究與境界論之分析，筆者在此命名為「良知九次第」，之所以分為九個次第，主要是因為將根器，分為上中下各三品的根器而立論，以及參閱當時曾經與龍溪辯論的明代高僧蓮池法師，對於淨土宗所言的九品蓮台的看法，同時亦參閱道教鐘離權與呂洞賓一派所言的九層煉心之說，因而發現道佛二教皆有針對根器的不同，而分九層次第修行之說，也因此基於龍溪的提到的在「事」上要漸修的說法，認為儒學也可以依據根器的不同而整理與建立出此九個次第觀的修行。既然龍溪欲會通三教，那則應該隨順佛老二教信眾常用的次第觀之名相，做為攝受三教信眾的權法，如此方能開權顯實而根機普被之效，故名「良知九次第」。

如何決定根機的利鈍及次第的高低呢？便是取決於「氣質之性」等感性欲望的高低而立論，此為影響是否能成聖的一項變數，此變數能影響成聖境

界與不退轉程度的高低，故筆者從此點去進行建立次第的高低，而非是一般就「聞見之知」的程度來分高低。因爲龍溪強調良知的定義是「德性之知」，而不是一般由學習而來的知識。

所以良知只能以「熟習」而非「學習」的方式得到，所以就次第觀的建立，也只是「熟習」程度的深淺的區分，所謂的「學習」也只是教人如何以聖賢爲典範去進行對於本心的「熟習」，故本心是「因」，而學習世間的聖賢經書只是引動本心顯露的「外緣」，並非是成聖的主因，「本心」才是成聖的主因與常數，可以借聖賢的熟習本心經驗，去進行對於本心的掌握，只有使本心常現而不退轉，才能成就最究竟的聖人，如此方與龍溪的見性精神相應，所謂的九次第，只是現象界上的修證而設的權法，當眞正進入開權顯實的境界時，就能得知眞相只是對於本心的熟習經驗的一個次第的練習而已。

此九次第在表層意義上，可以看成是對於各種根器人士的指點；也可以視做是龍溪對於上下根器之人所提供的入手處。就深層意義而言，眞相便是只有一個次第，就是與「道德法則」的眞實契合與相應。雖然現象的修證，有九個步驟可行；但是當進入與「自然無欲」的本心眞實相應之後，便能攝九歸一，即是致良知工夫一個次第而已。

故就此立論，可以是九次第，也可以稱爲一次第。此爲參閱龍溪對於各根器人士的當機指點而得到的結論。同時在參閱《占察善惡業報經》中所提到的禪定名相之後，借用佛教的術語，賦以儒學的意義而建立，以求達成良知之教的實修步驟之建立，之所以選用此經，則是因爲明代高僧蕅益智旭受此經影響而棄儒從佛，從陽明心學的擁護者，變成一代高僧，足可證明此經有一定的思想義理價值，故在本文撰寫中引用，以便與心學的經論學說進行比較。

所以筆者亦因此目標而著作此文，來進行龍溪對於佛老思想的反思，以及三教會通次第之建立，期望於本文中進行清楚的思路分析。筆者以龍溪一生的言行進行整理，發現龍溪會通三教之間的「共法」與「不共法」的修行次第，可以分爲九大類。筆者亦定名爲「無欲覺性直觀本心成就之道」如下所示：

1. 攝念方便相

此時先觀察起心動念，使其時時不離本心，焦點在於「人欲」的認識與管制，提出儒者三戒。此時龍溪云：

戒之在色，何謂也，夫色，非徒牀幃情欲之謂，凡境之所遇、物之
所觸、有形可見者，皆色也。〔註77〕

對於「鬥」的看法如下：

戒之在鬥，何謂也？夫鬥，非徒攘臂壯之謂，凡才能藝術，與物為
競、常懷欲上人之心，皆鬥也〔註78〕。

對於「得」的看法亦云：

戒之在得，何謂也？非徒殖懷貨之謂，凡一生幹當，可便其身圖者，
皆得也〔註79〕。

以上為良知心學表現於外的下手方向，但是在根本的動機上，則是以使本體
彰顯為主，此時應建立對於本心的真實信心，龍溪亦云：

若信得良知及時，時時從良知上照察，有如太陽一出，螭魅魍魎自
無所遁其形，尚何諸欲之為患乎？此便是端本澄源之學〔註80〕。

由於對於本心的相信，所以接下來便是往本心的光明之途邁進，便能進入「欲
住境界相」。但是此時也必須注意立志的方向，才能不流入佛老，在此論「義」
和「利」的區別，亦表示出儒家無條件為善的特色，龍溪云：

良知者，性之靈也，至虛而神，至無而化，不學不慮，天則自然。
揆其端，夫婦之愚可以與知；要其至，聖人有所不能盡。譬之日月
麗天，貞明之體終古不息，要之在致之而已。致之之功，篤志時習，
不忘其初心而已。苟不失其初心，蘊之而為神明之德，發之而為光
輝之業，可以配天地、橫四海而垂萬世。真修實悟，使自得之，非
有假于外也！而使其機存乎一念之微。義利之辨，辨諸此而已矣！
是故怵惕於入井之孺子，而惻隱形焉，所謂義也。從而納交要譽，
惡其聲而然，則失其初心而為利矣。不屑不受於呼蹴嘑之食，而羞
惡形焉，所謂義也。從而妻妾宮室窮乏者，德我而為之，則失其初
心而為利矣。義也者，天下之公也；利也者，人心之私也。公私之
間，君子小人之所由分也。志有所向而習隨之，習有所專而喻因之，
機之不可以不辨也如此〔註81〕。

〔註77〕【明】王畿：〈三戒述〉，《王龍溪先生全集》，卷8，頁559。
〔註78〕【明】王畿：〈三戒述〉，《王龍溪先生全集》，卷8，頁559。
〔註79〕【明】王畿：〈三戒述〉，《王龍溪先生全集》，卷8，頁560。
〔註80〕【明】王畿：〈金波晤言〉，《王龍溪先生全集》，卷3，頁244。
〔註81〕【明】王畿：〈白鹿洞續講義〉，《王龍溪先生全集》，卷2，頁202。

龍溪再度重申立志的重要性，只有如此才能進行對於本心的體會而不流入佛老的有條件爲善，此爲毫釐之差，也是儒者的共識，對此看法如下：

> 諸生請問立志一體之説，先生曰：「此亦無二義。良知時時做得主宰便是志。所謂太陽一出，而魍魎潛消，舍此更無立志之法〔註82〕。

有此不共法的區分下，決定了三教見性意義的差異，於是在此便能生起對於良知本心的響往，便能進入「欲住境界相」。此時所要建立的是對於本心的自信與對於儒家見性義的體會，對此正見的建立，龍溪云：

> 此是孟子發明性命合一之學。性是心之生機，命是心之天則。口之欲味，目之欲色，耳之欲聲，鼻之欲臭，四肢之欲安佚，五者，性之不容已者也。然有命存焉，立命所以盡性。苟縱其性而不知節，則天則毀矣。是認欲爲性，不知天命之性，故曰「不謂性也」。仁屬於父子，義屬於君臣，禮屬於賓主，智屬於賢者，聖人屬於天道，五者，命之不容已者也。然有性存焉，盡性所以立命。苟委於命而不知反，則生機息，是認數爲命，而不知天性之命，故曰「不謂命也」。由前言之，以命爲重，而性歸於命，不可得而縱也；由後言之，以性爲重，而命歸於性，不可得而委也。抑揚反覆，見性之本善，力救告子、楊、墨詖淫蔽陷之失。夫食色之性，同於犬羊，是不知命也；仁義之害，至於無父無君，是不知性也。正人心、息邪説，孟子救世之功，至比於過洪水、驅猛獸，功不在禹下，非空言也。若云「養則付命於天，道則責成於己」，分屬氣質、義理之性，非合一之旨也〔註83〕。

以上爲儒家見性義的剖析。雖然以文字爲外緣，但是也提醒了後學，應該如何建立起修持的見地，方能不落於佛老的看法。以立論於孟子等前賢的看法做爲支持己見的立論根據，由此做爲儒家正見修持的根基。不論是以「心眞悟門」等頓修系統的先天正心之學，或是以權法而開設「氣調息門」等攝受中下根機等人士的漸修系統之儒者，皆必須在此見地上，建立正確的思路，才能保持儒學本質的純淨。同時也提出良知之教的特色，看法如下：

> 良知本虛，格物乃實，虛實相生，天則常見，是眞立本也〔註84〕。

〔註82〕 【明】王畿：〈開講書院會語〉，《王龍溪先生全集》，卷1，頁103。
〔註83〕 【明】王畿：〈書累檢端錄〉，《王龍溪先生全集》，卷3，頁273～274。
〔註84〕 【明】王畿：〈與聶雙江〉，《王龍溪先生全集》，卷9，頁578。

在此也可以表現出儒家與佛老的不同，亦云：

> 吾人一生學道切要處，亦只有「在格物」三字。此儒釋毫釐之辨，
> 未嘗以易而忽之〔註85〕。

以上根人言，此九次第的修證，只是對於本心體會與熟習的深淺程序而已，對於中下根人而言，此九次第爲檢證的標準，所以筆者認爲此九次第是以權法而立論，就以開權顯實的立場而言，其實是一種，那就是對於本心的熟習程度的深淺而已，龍溪看法如下：

> 予謂良知二字，是千聖從之入門，自初學至於成德，只此一路，惟
> 有生熟不同，更無別路可走〔註86〕。

此時，也提到了立志的兩個方向，看法如下：

> 夫志有二，有道誼之志，有功利之志。道誼者，純乎天則，無所爲
> 而爲；功利則雜以世情，有所爲而爲〔註87〕。

於此時必須從收攝心念來進行對於人欲問題的處理，就此前提下，首先可從呼吸的控制下手，故可以從靜坐入門，龍溪云：

> 先生曰：「人之有息，剛柔相摩，乾坤闔辟之象也。子欲靜坐，且從
> 調息起手。調息與數息不同：數息有意，調息無意。綿綿密密，若
> 存若亡，息之出入，心亦隨之。息調則神自返，神返則息自定，心
> 息相依，水火自交，謂之息息歸根，入道之初機也。然非致知之外
> 另有此一段功夫，只於靜中指出機竅，令可行持。此機竅非臟腑身
> 心見成所有之物，亦非外此別有他求。棲心無寄，自然玄會，慌惚
> 之中，可以默識。要之，無中生有一言盡之。愚昧得之，可以立躋
> 聖地，非止衛生之經，聖道亦不外此。〔註88〕」

但是也強調呼吸控制的法門，只是一種權便的方法，不可過份執著，亦云如下：

> 調息之術，亦是古人立教權法。教化衰，吾人自幼失其所養，精神
> 外馳，所謂欲反其性情而無從入。故以調息之法，漸次導之，從靜
> 中收攝精神，心息相依，以漸而入，亦以補小學一段工夫也〔註89〕。

〔註85〕　【明】王畿：〈答吳悟齋〉，《王龍溪先生全集》，卷10，頁691。
〔註86〕　【明】王畿：〈桐川會約〉，《王龍溪先生全集》，卷2，頁216。
〔註87〕　【明】王畿：〈水西同志會籍〉，《王龍溪先生全集》，卷2，頁176。
〔註88〕　【明】王畿：〈天柱山房會語〉，《王龍溪先生全集》，卷5，頁375。
〔註89〕　【明】王畿：〈答楚侗耿子問〉，《王龍溪先生全集》，卷4，頁334。

由以上的看法得知，三教皆重視見性義的區分與定力的修行，但是在不共法上的修持見地是保持「不共法」的根本，以龍溪而言，就是「立志」的差異，若在此時生起「出離心」與有條件爲善的見地，即使定力高深，終究非儒學本質，而是走入了佛老的見地而修行，所以是否要成就儒家或是佛老的聖人？就決定於此時的發心爲動力因，生起出離心或追求肉體長生者，其果便是成爲佛老的聖人，所以筆者在此於此階段做分析，同時也揭曉此次第的修行宗旨。

對於龍溪的看法以及此次第的修行，道教也在此提到，成仙也必須從修心入手，此爲成仙的根本，道經云：

> 老君曰：「夫煉大丹者，精勤功行，清淨身心。僻靜深山幽玄石洞，絕於雞犬，斷卻是非，不睹外物，不聽外聲，一心內守，無勞外求。
>
> 大凡修道，必先修心，修心者，令心不動，心不動者，內心不出，外景不入，內外安靜，神定氣和，元氣自降，此乃眞仙之道也」〔註90〕。

由道教的看法可以得知，在修學定功之前，必須收攝自己的心念；同時提供相關適合的安靜場所爲輔助修道的外緣，才能使內心安靜。在無欲的初步狀態下，進行修仙的工作。而三教在此點上皆是相似的，都是針對一般人無法馬上進入無欲的情況下，提供一個收攝心念回歸靜態的場所。方能進行定功的修習，以及品德的修養。只是道教在此點上，非常講究外緣的輔助，而容易導致與人世隔離的情況產生。此點儒家並不認同，故在此可以看出儒家與道教在修證宗旨上的差異；雖然儒家不認爲在進行「攝念方便相」時，必須完全斷絕外物的干擾，但是也不反對在適度的情況下，可以尋找一個能將外在干擾降低的地方，來進行此次第的修證。此爲儒道之間的些許差距，但是就此次第的修證成果而言，三教是一致的。對於道教而言，此次第的成就，依道教鐘離權眞人的看法如下：

> 鐘曰：「修持之人，始也不悟大道，而欲於速成。形如搞木，心若死灰，神識內守，一志不散。定中以出陰神，乃清靈之鬼，非純陽之仙。以其一志陰靈不散，故曰鬼仙」〔註91〕。

雖然對於佛老二教而言，此境界的成就，尚未體會大道。以道教而言，只能成就「鬼仙」的程度；但是佛教認爲此此境界在收攝心念方面的成就，已經

〔註90〕　【明】作者不詳：《中華道藏第 19 冊：太上老君內丹經》，頁 4。
〔註91〕　【宋】施肩吾：〈修眞十書鐘呂傳道集卷之十四〉《中華道藏第 19 冊》，頁 815。

符合了在下一世往生「欲界天」的層次。依佛典《楞嚴經》的看法分析如下：

> 阿難！諸世間人不求常住，未能捨諸妻妾恩愛，於邪婬中，心不流
> 逸，澄瑩生明，命終之後隣於日月，如是一類名四天王天。於己妻
> 房婬愛微薄，於淨居時不得全味，命終之後超日月明居人間頂，如
> 是一類名忉利天〔註92〕。

筆者在此分析，根據佛教的規定，「婬欲」的管制與淡薄程度，可以決定下一
世往生相應的「欲界天」境界的高低。由於良知之教在此次第，可以達到人
天十善戒的標準，關鍵在於能「不邪婬」！所以已經具有天界眾生的德性。
但是由於此程度尚未完全擺脫人欲的影響，但是已經能夠收攝身心，所以在
此情況下，可以進入欲界的「四天王天」與「忉利天」的境界。此兩天的差
距在於福報的大小，而以「忉利天」稍勝一籌，為此境界的特色，也是良知
之教此次第成就者，可以達到的程度〔註93〕。

　　2. 欲住境界相

　　此階段是觀察良知本心的外在面貌，以文字為外緣，做為回復本心的參
考。仍然以觀察自身起心動念的表現是否合乎「自然無欲」的本心的標準為
主，此時是從靜坐入門修習定力的基礎。以此精神狀態而言，便能會通佛老
的禪定之學，此時以定力的基礎做為回復先天智慧的溫床，為此階段的注意
事項；但是在不共法方面，則必須要先從立志入手，看法如下：

> 只今立起必為聖人之志，從一念靈明日著日察，養成中和之體，種
> 種客氣日就消減，不為所動，種種身家之事隨緣譴釋，不為所累，
> 時時親近有道，誦詩讀書，尚友千古，此便是大覺根基〔註94〕。

同時亦介紹儒家的靜坐方式如下：

> 靜者心之本體。濂溪主靜，以無慾為要。一者無慾也，無慾則靜虛
> 動直。主靜之靜，實兼動靜之義。動靜，所欲之時也。人心未免逐

〔註92〕【唐】般剌密帝譯：《乾隆大藏經第 33 冊：大佛頂如來密因修證了義諸菩薩
　　　　萬行首楞嚴經》（台北，世華國際股份有限公司印行，2003 年 12 月），初版，
　　　　卷8，頁 1149 後不贅述。

〔註93〕依據佛教的教義規定，要道達欲界天的境界，必須遵守不殺生、不偷盜、不
　　　　邪淫，不妄語、不飲酒、同時也必須淡化貪、嗔、癡等三種精神上的惡念，
　　　　才能往生天界，隨著淡化的程度，往生到更高級的天界，而欲界主要分為六
　　　　天，之間的差異在於對於情感欲求的淡化程度，欲界天最高程度者為他化自
　　　　在天，若要到色界則必須斷淫與加上定力的成就才能進入。

〔註94〕【明】王畿：〈白雲山房問答〉，《王龍溪先生全集》，卷7，頁 509。

物，以其有欲也。無慾，則雖萬感紛擾而未嘗動也；從欲，則一念枯寂而未嘗靜也。「大公順應」，非是見成享用聖人地位，正是初學下手處。以其自私，須學個大公，用智，須學個順應。濂溪傳諸明道，則爲定性。性無內外、無將迎，所謂「動亦定、靜亦定」，此千聖學脈也〔註95〕。

此時的方向，便是培養定力的基礎，但是龍溪亦指出靜坐時應該注意的事項，分析如下：

勵齋謂：「靜中覺有怡然和適之意，及至動應，便覺有礙，不能通適。」可平謂：「時常應感，行雲流水，若無礙相，及至靜時，便覺茫蕩無主，不見有寂然氣象。」先生曰：「二子用功動靜二境，受病煞不同，正好相資爲益。靜中怡然順適，只是氣機偶定，非是寂然之體，須見得寂體是未發之中，方能立大本，方能感而遂通天下之故。學須有主，方能順應。可平原從見上承領過來，未曾理會得寂體真機，行雲流水亦只是見上打發過去，不曾立得大本，所以不免茫蕩，應用處終是浮淺。古人溥博淵泉、篤恭氣象，原是吾人本領功夫。此處得個悟入，方爲有本之學。不然，只成弄精魂〔註96〕。」

在此狀態下，指出可能會面對的情況，便是在注意力過份集中的狀況下，產生心理作用的幻想，反而使神經緊張，便成「撥弄精魂」的狀態。此點便爲道教所講的「走火入魔」的情況，所以強調在進行靜坐時，必須要在「自然無欲」的心境下修行，才能真正入定〔註97〕。

由上述可知，龍溪認爲不可以在氣機發動時，認爲是「煉精化氣」的工夫境界的成就，此時仍然只是感覺的反應。以道教的標準而言，仍然在「煉己築基〔註98〕」的工夫境界而已。此時以南懷瑾先生的分析而言，可能會產生一個問題，那就是當氣機到達後腦時，耳根可能會產生聽到內在奇異的聲

〔註95〕 【明】王畿：〈答中淮吳子問〉，《王龍溪先生全集》，卷3，頁258。
〔註96〕 【明】王畿：〈過豐城答問〉，《王龍溪先生全集》，卷4，頁277～278。
〔註97〕 參閱自南懷瑾著《靜坐修道與長生不老》（台北，老古文化事業股份有限公司印行，1973年4月），初版，頁27後不贅述。
〔註98〕 筆者在此處說明道教的修行次第，主要是將精、氣、神三寶三分來修證，分爲性功與命功，性功屬於德性的修養功夫，而命功就是針對身體的養生來入手，道教主張從身體的修行來下手，使肉體能達成長生，才能往成仙之路邁進，所以在此便從命功入手，強調由修命復性的方式才能保證有使肉身長生的本錢，才能進一步修行性功。

音與現象；此種現象是因為腦波受到氣機〔註99〕的震盪而產生的作用，如果不能明白此點，則會引起幻覺。有可能會走火入魔，此時應該時常放鬆頭腦的感覺，引氣下降，在輔以醫藥的調理，便能安然度過此關〔註100〕。同時在此提醒後學，應該使心念的注意力，不要被感覺的境界所牽制，這一點也是提醒後學如何進行「靜坐」的修持要點。

以學者南懷瑾的修證經驗來分析，所謂的氣機反應，便是道教所言的打通任脈的過程，此為陽氣轉到「還陽穴」的狀態。此時假如心念不能放鬆，將使腦神經緊張，而使身體的心臟收縮，引起眩痛的感受，引起生理反應。此時若是進入沉思的境界，便只能成就心靈意識的寧靜。若是進行定力的加強，則使生理氣機的反應，經過腎臟及腰和背，進入後腦，便會感覺到神志昏沉或是進入似夢非夢的光景，這是因為後腦神經影響到眼神經的原因，此時若是執迷，則將走火入魔，若能做適當的調整與調理，同時反省內心的貪欲，則將安全度過此關〔註101〕。

龍溪亦在此重申靜坐的重點如下：

> 先生曰：「今人都說靜坐，其實靜坐行持甚難，非昏沉則散亂，念有所著即落方所，若無所著即成頑空。此中須有機竅，不執不蕩，從無中生有，有而不滯，無而不空，如玄珠罔象，方是天然消息〔註102〕。」

道教張伯端真人形容此境界云：

> 真土擒真鉛，真鉛制真汞。鉛汞歸真土，身心寂不動〔註103〕。

> 藥物生玄竅，火候發陽爐。龍虎交會時，寶鼎產玄珠〔註104〕。

亦指點「靜」功修行的重要性如下：

> 靜之一字，能靜則金丹可致也，但難耳〔註105〕。

〔註99〕 此處指的是氣脈的變化情況，無論從那一種靜坐方式入手，都離不開身體與心靈的變化，但是都有一定的法則去運行，當此氣機發動時，便會產生種種的境界，此為儒家與道教都必須面臨的修行過程。

〔註100〕 參閱自南懷瑾著《靜坐修道與長生不老》，頁104～105。

〔註101〕 參閱自南懷瑾著《靜坐修道與長生不老》，頁98～110。

〔註102〕 【明】王龍溪：〈天柱山房會語〉，《王龍溪先生全集》，卷5，頁374。

〔註103〕 【宋】張伯端：〈金丹四百字〉《中華道藏第19冊》（北京：華夏出版社發行，2004年1月），初版，頁488。

〔註104〕 【宋】張伯端：〈金丹四百字〉《中華道藏第19冊》，頁489。

〔註105〕 【宋】張伯端：〈玉清金司青華秘文金寶內鍊丹訣〉《中華道藏第19冊》（北

如何靜呢？亦云：

> 心不留事，一靜可期，此是覓靜底路。

由上述可知，在此狀態下，儒家與佛老的區分，在於儒家是強調以無條件律令修行靜坐；而佛老則是爲了出世與長生而進行有條件律令的修行，容易落入貪求「靜」而產生心魔。所以強調最初的發心動機必須無欲，才能正確的入定。由定功的修習成就後，就可以產生道教所謂「存想」與「守竅」的原理，而達成精神統一與心理意志集中的境界。「守竅」的重點在於使意志集中在身體的某一部位，進入打通氣脈的境界〔註106〕。

此時也提醒昏沉的原因，在於體力不足與身心疲累時，強行入靜而產生的必然現象，此時容易產生走火入魔的危險。以南懷瑾先生的分析來看，這是因爲後腦神經與視神經的反應，在配合下意識的想像下產生，容易使人產生思想上的變化，此時需要明師的指點與放棄對於此類現象的貪求，才能破除。這是此次第必須注意的事項，重點在於修正自身心念的必備工夫〔註107〕。

此兩項原理即是龍溪教法系統中「心眞悟門」與「氣調息門」的修行，所以在此以入定的方式有兩個進路，即利用心的作用與呼吸的控制，此爲入定的兩種路線，目標皆在於定功的修行。於此時若已經修行成就基本定功時，便可正式進入「初住境界相」。

此境界類似於道教所言「氣沉丹田」的境界。依南懷瑾先生的分析，認爲道教在此時的境界原理，是利用呼吸的作用，進而引發生理機能中的「眞氣〔註108〕」，此爲「氣功」修煉的效果〔註109〕。若沉醉於此，則將流入長生的結果，但是若能不在此階段停留，則將進入「養德」功法的修習。但是已經達成道教所要求的「煉精化氣」的工夫境界；此時的功效，就可以達到使肉身產生光采，而使身心常保年輕的狀態。此時的成就，以道教的標準而言，屬於「人仙」境界的成就，可以達成安樂延年的效果。以道教的看法如下所示：

> 鐘曰：「人仙者，五仙之下二也。修眞之士，不悟大道，道中得一法，

京：華夏出版社發行，2004年1月），初版，頁493。

〔註106〕參閱自南懷瑾著《靜坐修道與長生不老》，頁63。

〔註107〕參閱自南懷瑾著《靜坐修道與長生不老》，頁100～101。

〔註108〕此處的定義爲生命的本能，也可稱爲元精，爲生命本有的自然功能。

〔註109〕參閱自南懷瑾著《靜坐修道與長生不老》，頁72。

法中得一術，信心苦志，終世不移。五行之氣，誤交誤合，形質且
固，八邪之疫不能爲害，多安少病，乃曰人仙〔註110〕。」

若以佛教而言，此時的境界如下所示：

逢欲暫交去無思憶，於人間世動少靜多，命終之後於虛空中朗然安
住，日月光明上照不及，是諸人等自有光明，如是一類名須焰摩天
〔註111〕。

此境界的特色，在於已經具有禪定力的基礎工夫，加上「戒律」的身心收攝，
所以對於欲望的態度，是採取隨緣無執的態度。過後能夠不去留戀，此時心
地雖然未能完全無欲，但是已經能夠淡薄，爲此次第成就的特色。此時有靜
坐的工夫做爲基礎，所以才能夠使對於肉體的欲求降低到最低程度，已經有
使本心光明的定力發露的基本條件。

　　良知之教於此次第的成就，可以會通道教所說的「煉精化氣」的階段。
但是以道教在實踐上的落實方式，可分爲「煉己」、「調藥」、「產藥」，就道教
張伯端眞人的看法如下：

偃月爐中玉蕊生，朱砂鼎內水銀平。只因火力調和後，種得黃芽漸
長成〔註112〕。

以上三步驟的重點在於收攝心念，使精氣飽滿，不受外境所引誘，此步驟在良
知之教則是屬於「攝念方便相」的次第，至於道教的下手工夫，則是指點如下：

持心而論於前，然後參下手工夫於後，蓋心始靜而欲念未息。欲念者，
氣質之性所爲也。此性役眞性，常切於目耳次之。修丹之士，心既無
事，則彼固無由而役之耳，其所以役之神者，以外物誘之耳。靜坐之
際，先行閉息之道，閉息者，夫人之一息，一息未際而一息續之，今
則一息既生，而抑後息，後息受抑，故續之緩緩焉！久而息定。抑息
千萬，不可動心，動心則逐於息，息未止而心已動矣〔註113〕！

由上述所言，可以得知，是從控制呼吸入手而成就使身心安寧的境界，解決
「氣質之性」帶來的干擾。接下來便是開始進行「採藥」與「封爐」的功法，

〔註110〕　【宋】施肩吾：〈修眞十書鐘呂傳道集卷之十四〉《中華道藏第19冊》，頁815。
〔註111〕　【唐】般剌密帝譯：《乾隆大藏經第33冊：大佛頂如來密因修證了義諸菩薩
　　　　　萬行首楞嚴經》，卷8，頁1150。
〔註112〕　【宋】張伯端：〈悟眞篇註釋〉《中華道藏第19冊》，卷中，頁388。
〔註113〕　【宋】張伯端：〈玉清金司青華秘文金寶內鍊丹訣〉《中華道藏第19冊》，初
　　　　　版，頁495。

張伯端亦云：

　　首先是「採藥」方式的開示：

　　　　八月十五玩蟾輝，正是金精壯盛時。若到一陽來起復，便堪進火莫

　　　　延遲〔註114〕。

接下來便是對於「封爐」的指點如下：

　　　　不識玄中顛倒顛，爭知火裏好栽蓮。牽將白虎歸家養，產個明珠是

　　　　月圓〔註115〕。謾守藥爐看火候，但安神息任天然。群陰剝盡丹成熟，

　　　　跳出樊籠壽萬年〔註116〕。

由以上所述得知，道教與儒家的相同點在於收攝心念，為長生的基本要求，但是在實踐上採取不同的方式，道教認為，排除雜念，進入不被外界引誘的狀態，才能使元神彰顯，此步驟叫做「煉己」。此次第與良知之教第一次第相應，接下來便是進入以「元神」來調節精氣，使精氣旺盛的修行，此法門為「凝神聚氣」，在道教的術語叫做「調藥」，目的在於以將下腹丹田的陽氣屯積，此為「產藥」。即是丹母的產生。

　　此時在精氣旺盛之際，以意念進行運轉，使其上升到督脈，在活子時，下降至丹田，此時丹田溫暖，任督二脈自開，進行「採藥」。之後將此藥物，封於下丹田，而不外洩，此步驟叫做「封爐」。最後進行呼吸控制，使藥物得到溫養，再使用武火，使藥物經督脈到頭頂運轉，在沿任脈回歸下丹田，此時境界便可以使精氣充足，心息相依，氣息微綿，全身酥軟柔和，此效果便是金丹的作用。修行的重點在於人體內部的「小周天」運轉，若修證成就，則有內丹的氣團產生，也就是近似於王龍溪於調息法所開示的「玄珠」產生之境。以道教而言，此次第的成就，必須要一年的時間，才能成就，以良知之教而言，則可以在此次第得到成就。

　　以道教而言，就修持上的證量與經驗而言，在靜坐之時，只有真正打通任〔註117〕督〔註118〕二脈與中脈，才能進入「凝神聚氣」的境界。以良知之教

〔註114〕【宋】張伯端：〈悟真篇註釋〉《中華道藏第19冊》，卷中，頁384。
〔註115〕【宋】張伯端：〈悟真篇註釋〉《中華道藏第19冊》，卷上，頁375。
〔註116〕【宋】張伯端：〈悟真篇註釋〉《中華道藏第19冊》，卷上，頁374。
〔註117〕少腹沿著腹部到胸部正中線直達咽喉，再到臉頰進入眼部，這一整串的脈路聯結總稱任脈。
〔註118〕督脈為從少腹直上通過肚臍，向上通過心臟，上達臉部，通過唇部直到雙目下中央的部位。

而言,便是取決於此時在「氣調息門」的修行上是否能順利通過道教此點要求!若是能突破此點要求,也能夠打通大小周天的運轉,則已經具有煉精化氣〔註119〕的境界。就可以在符合道教的要求下,進入下一次第的修行,若無法突破此關,則只能流入培養此心常在安寧平靜的狀態下,或是流於走火入魔的風險中,以上爲此次第的特色〔註120〕。

3. 初住境界相

於此階段時,便需要去觀察人欲的起源,在人欲一生起時,隨即轉化,回復無欲本心;在此時已經初步往「自然無欲」的境界前進,此時境界的體會如下:

> 愚則謂良知在人,本無污壞,雖昏蔽之極,苟能一念自反,即得本心。譬之日月之明,偶爲雲霧之翳謂之晦耳,雲霧一開,明體即見,原未嘗有所傷也〔註121〕。

此時因爲已經有初步的定力成就,所以本心彰顯的程度較爲明顯。但是仍然不穩定,時迷時悟,此時雖然有定功,但是仍然有退轉的危險。所以在此指出「不動心」的重要性,分析如下:

> 然不動心之道有二:有自得而不動心者,有強制而不動者。差若毫釐,其謬乃至千里,此古今學術大界頭處,不可以不察也〔註122〕。

此時重點在於必須檢視此時的定力的眞假,經此檢驗後,便能進入下一次第所提到的「不動心」修行,正式進入「善住境界得堅固相」。但是此時會產生一種情況,那就是對於「心眞悟門」的入手工夫,無法得到下手方向的人士,應該如何下手呢?此時龍溪便以「調息法」來做爲下手培養定力的方式,龍溪認爲:

> 至人有息而無睡,睡是後天濁氣,息是先天清氣,莊生所謂「六月息」,孔子所謂「向晦入燕息」,息者,隨時休息之謂。〔註123〕

由於三教皆有養生的法門,只是所使用的方式有些許的差異。但是皆強調重點在於收攝自身的心念,使妄念得到平息。就調整呼吸方式而言,其看法如下:

> 息有四種相:一風、二喘、三氣、四息。前三爲不調相,後一爲調

〔註119〕 小周天功法的目標是打通任督二脈,此爲煉精化氣的境界,需要一百天的修行時間成就。

〔註120〕 參閱自南懷瑾著《靜坐修道與長生不老》,頁145。

〔註121〕 【明】王畿:〈致知議辯〉,《王龍溪先生全集》,卷6,頁416。

〔註122〕 【明】王畿:〈孟子告子之學〉,《王龍溪先生全集》,卷8,頁548。

〔註123〕 【明】王畿:〈與李原野〉,《王龍溪先生全集》,卷9,頁585。

相。，前三爲不調相，後一爲調相，坐時鼻息出入覺有聲，是風相
也。息雖無聲，而出入結滯不通，是喘相也。息雖無聲，亦無結滯，
而出入不細，是氣相也。坐時無聲，不結不麤，出入綿綿，若存若
亡，神資沖融，情抱悅豫，是息相也。守風則散，守喘則戾，守氣
則勞，守息則密。前爲假息，後爲眞息。欲習靜坐，以調息爲入門，
使心有所寄，神氣相守，亦權法也。調息與數息不同，數爲有意，
調爲無意。委心虛無，不沉不亂，息調則心定，心定則息愈調。眞
息往來，而呼吸之機自能奪天地之造化！〔註124〕

亦此法以會通道教的養生之道，亦云：

一念微明，常惺常寂，範圍三教之宗，吾儒謂之燕息，佛氏謂之反
息，老氏謂之踵息，造化闔闢之玄樞也，以此微學，亦以此衛生，
了此便是徹上徹下之道！〔註125〕

同時也指出良知之教對於養生的看法，如下云：

千古聖學，存乎眞息，良知便是眞息靈機，知得致良知，則眞息自
調，性命自復，原非兩事。〔註126〕

由以上引文得知，良知之教的兩大系統爲「心眞悟」門與「氣調息門〔註127〕」
兩個下手途徑，兩者的關係是不分的。對於「身」與「心」的概念及定義，
龍溪看法如下：

自今言之，乾屬心，坤屬身；心是神，身是氣。身心兩事，即火即
藥。元神元氣，謂之藥物，神氣往來，謂之火候。神專一則能直遂，
性宗也；氣翕聚則自能發散，命宗也。眞息者，動靜之機，性命合
一之宗也。一切藥物老嫩、浮沉火候、文武進退皆於眞息中求之。『大
生』云者，神之馭氣也；『廣生』云者，氣之攝神也。天地四時日月
有所不能違焉。不求養生而所養在其中，是知謂至德，盡萬卷丹經，
有能出乎此者乎？〔註128〕

所以由上述得知，此階段的目標在於定力的培養與加深，目的在於奠定「不

〔註124〕【明】王畿：〈調息法〉，《王龍溪先生全集》，卷15，頁1061。
〔註125〕【明】王畿：〈調息法〉，《王龍溪先生全集》，卷15，頁1061～1062。
〔註126〕【明】王畿：〈留都會紀〉，《王龍溪先生全集》，卷4，頁326。
〔註127〕息指的是經過靜坐的修行後，使呼吸之氣輕微到止息的境界，此時的丹田會
產生內呼吸的境界。
〔註128〕【明】王畿：〈東游會語〉，《王龍溪先生全集》，卷4，頁293。

動心」的基礎定力，上根人士可以從心悟之法門入手，而中下根人則可在經驗界中以調息法等控制呼吸的具體方式，來達成定力的修習。由於身心相互影響，所以不論是以何種系統入手，皆可在此階段達成一樣的效果。因為此時目標在於，保持適度而安靜的身心狀態為主。

由於心理的自然無欲，加上調息法的成就。使人體的身心在靜止狀態中，因為內無思慮煩惱的困擾，加上外無動作的勞力耗費，便能順著呼吸的自然，使精氣神回復到充盈的狀態。此時境界近似於「煉精化氣」完全成就的境界，但是必須注意此狀態必須能持盈保泰才能算是修證成功〔註129〕。此次第的成就，近似於道教所言之「地仙」。雖然未能體會究竟的大道，但是已經具有能夠肉體長生之高度境界，此為道教成仙過程的「中成法」次第成就。

由上述可知，人的生命必須建立在精神充沛的基礎上進行，而培養精神的方式，必須要心中常沒有妄念干擾，才能使生理機能生生不絕。由此前提下修行，才能夠減少身體機能的損耗，在無欲狀態下，達成精神的培養。此為儒道共通的養生之學。不論是控制呼吸或是以常保本心的寡欲工夫，目標都是培養定力的基礎，做為開悟的根基，此為入道的實踐根據。龍溪以自身的修持經驗來指點，如何具體落實在日常生活中〔註130〕。

佛教對此時境界的分析如下：

> 一切時靜，有應觸來未能違戾，命終之後上昇精微，不接下界諸人天境，乃至劫壞三災不及，如是一類名兜率陀天。我無欲心應汝行事，於橫陳時味如嚼蠟，命終之後生越化地，如是一類名樂變化天。無世間心同世行事，於行事交了然超越，命終之後遍能出超化無化境。如是一類名他化自在天。阿難如是六天，形雖出動心跡尚交，自此已還名為欲界〔註131〕。

筆者在此分析，此次第的成就，仍然在於人欲的淡薄程度的加深；在不斷「淫欲」之行下修習定功的程度高低。依據佛教規定，在不斷淫行的條件下，無法進入「色界天」的標準！所以以此規定，看待良知之教的修習，如果不斷淫行，即使定功再高，終將只能進入欲界最高天，即「他化自在天」的境界。

〔註129〕 參閱自南懷瑾著《靜坐修道與長生不老》，頁203。
〔註130〕 參閱自南懷瑾著《靜坐修道與長生不老》，頁230。
〔註131〕 【唐】般剌密帝譯：《乾隆大藏經第33冊：大佛頂如來密因修證了義諸菩薩萬行首楞嚴經》，卷8，頁1150。

但是若能在符合世間倫常的要求下，在有後代之後，便能斷除正淫與邪淫行者，則不在此限，而將進入「色界天」定力境界的修行〔註132〕。

4. 善住境界得堅固相

此時心念了了分明，不爲外界所動，時時進行熟習本心，使此無欲工夫堅固不變，但是此境界成就的基礎在於定力的加深程度，由於定力的加深，已經能暫時降伏人欲，龍溪提到此時的心境如下：

> 良知時時做得主宰，不被境界所引奪，此方是眞悟入〔註133〕。

但是此時除了定力的培養外，也必須注意到「不動心」所需要的定力基礎是源自於何方？龍溪強調此時必須以儒家所提到的性體本心作主而發，此爲儒家修定的特色，分析如下：

> 須從一念之微取證。一念靈明，常感而寂，即是成己。以此覺人，教學相長，即是成物。此是直心以動，性體自然作用，所謂既以與人己愈有〔註134〕。

此刻的境界，以「氣調息門〔註135〕」而言，則是進入了呼吸法門中能不刻意

〔註132〕依照佛教的標準，要進入色界必須要有定功的修持，以及淫欲完全斷除的功力，才能夠與色界相應，但是儒家認爲不可以斷除正淫，才能夠維持倫常的運行，就此點而言，即使良知之教可以使定力的境界達到自然無欲，但是由於不斷正淫，只斷除邪淫，因此仍然非完全的梵行，以佛教的看法來分析，只能到達欲界最高天，即他化自在天的程度，但是此點對於已經斷除正淫的儒生則不適用，所以在此點上爲儒佛不共法的第一點分界線，若儒者能進行梵行則將進入色界天的境界，而能不違背儒家與佛教的成聖規定，而此點成就的關鍵就在於是否要斷除正淫。

〔註133〕【明】王畿：〈答章介庵〉，《王龍溪先生全集》，卷9，頁598。

〔註134〕【明】王畿：〈與殷秋溟〉，《王龍溪先生全集》，卷12，頁585。

〔註135〕筆者在此以龍溪所規定的定義來分析，龍溪認爲良知就是儒家的成丹目標，以道教的術語來賦予良知之教修行的意義，認爲只要能夠將後天情欲問題消除，便能合乎道教的要求而成就養生與養德的效果，未必要皆依道教的修行方式才能成就，所以龍溪在此定義良知的凝聚爲精，流行爲氣，屬於命功的層次，同時也是代表情的意義，同時也代表感，屬於本體中動態的一面，而良知的妙用爲神，屬於性功的層次，也代表良知的本體，爲寂然不動之體，認爲此爲三教共法，而佛教的缺點便是過份注重於此，而導致過份偏靜的弊端出現，才會走入寂滅的方向，而道教過份注重養生，容易追逐外境，而道導致過份偏於動態的一面，所以容易變成執著於肉體長生的守屍鬼，惟有儒家良知之教的修行能夠兼顧性命又寂感兼備，可以在在心靈進入無的境界時，達到道教所言的虛靜自然而順應萬物的修養境界，又能夠在寂然不動的一面，以自然無欲的本心來感通萬物，不離開人倫事物而成就儒聖之境，完全沒有佛教講求出離心的思想弊端，具有貫通三教精華的特性，認爲良知就

控制呼吸而成就的「隨息法」的境界，能達到長生的功效，也已經能將散亂的心念，從呼吸的控制入手，同時也收攝於一念中，具有進入不動心所需要的定力境界，此時的程度龍溪認爲可成就的境界如下：

> 夫性命本一，下士了命之說，因其貪著，而漸次導之云爾。若上士，則性盡而命實在其中，非有二也。戒慎恐懼乃孔門眞火候，不賭不聞，乃是先天眞藥物。先師所謂「神住則氣住、精住」，而仙家所謂長生久視在其中矣。此是性命合一之機，直超精氣，當下還虛之訣〔註136〕。

亦云：

> 欲習靜坐，以調息爲入門，使心有所寄，神氣相守，亦權法也。調息與數息不同，數爲有意，調爲無意。委心虛無，不沉不亂，息調則心定，心定則息愈調。眞息往來，而呼吸之機自能奪天地之造化，含煦停育，心息相依，是謂息息歸根，命之蒂也〔註137〕。

由龍溪的分析可以得知，儒家與道教的修行與發心動機的差異，便是在於最初的發心動機不同，儒家以養德爲主，重視養德而間接達到養生，而道教則是以養生爲主，所以龍溪在此爲了攝受道教信眾，以「氣調息門」的開設爲手段，同時也是接引下根人士進入良知之教「心眞悟門」的權便方法。

　　由於身體與心靈都是相互影響而不離。所以不論是從心靈影響身體而長生的「心眞悟門」；或是從身體的呼吸控制來影響心靈的「氣調息門」，都可以用來會通三教在定力修持，此爲共法。所以在實踐上是可行的，只要能不失去儒家的宗旨即可在定功的修持上滿足養生與養德的效果。此點可由龍溪的高壽得知是可行的。

是主宰即性的本身，而其本體的流行之用爲命的層次，以致良知的功夫來取代道教的性功與命功，以致良知的功夫完全去取代，此爲龍溪思想的特點，但是以道教而言，龍溪此法由於不遵守道教所規定的節氣與時間進行呼吸的控制，所以可能無法成丹，但是以龍溪而言，成就肉體的長生之內丹，並不是修證的重點，龍溪所欲成就者，乃是性體的不壞金丹，此處定義與道教不同，龍溪只是借用術語來進行心學的修行意義的融攝而已，而在調息法上進行對於中下根人與追求長生的道教徒的收攝，提供一條可能滿足此輩的修行之法，但是也只是短暫的權便方法，最終仍然是要回歸良知心悟法門，才是良知之教修行的重點。

〔註136〕【明】王畿：〈示宜中夏生說〉，《王龍溪先生全集》，卷17，頁1257～1258。
〔註137〕【明】王畿：〈調息法〉，《王龍溪先生全集》，卷15，頁1061。

亦云：

> 對山林翁出訪，見余容色未衰，叩余有術乎。予曰：「無之所守者，師承之學耳。養德、養身原無二學。未發之中，千古學脈，醫家以喜怒過縱爲外傷，憂思過鬱爲内傷。縱之神馳，鬱之神滯，皆以足損神而致疾。眼視色不知節，神便著在色上，耳聽聲不之節，神便著聲上。久久皆足以傷生致疾，人但不自覺耳。時時戒懼，不縱不鬱，聰明内守，不著於外，始爲未發之中。有未發之中，始有發而中節之和。神凝氣沖，絪緼訢合，天地萬物且不能違，此是先天心法，保命安身第一義〔註138〕。

王龍溪認爲收攝外在的心念，使精神能夠不散亂，便是儒學的養生重點，由此基礎下，便能夠有培養肉體長生的本錢，同時也可以進行對於本心熟習的訓練，才能夠養德兼養生，筆者認爲此基礎必須要在「攝念方便相」的次第成就之後，才能夠有這種效果。但是當定功達到一定的程度時，進入輕安的境界，此時應該盡量避免對於外在境界的攀緣，才能常住輕安的境界中，此境界就是進入禪定的前兆。

而此時會因爲此種現象的感覺漸漸淡薄而不明顯，進而產生對於此境界的不滿足，便會想要向前進取的心念，此時若繼續修持而不間斷，則將進入定力清明的境界，而掃蕩欲根，這時候會產生氣機的發動而進入生機活潑的境界，此爲道教所言「内觸妙樂」的境界，但是必須將心念收攝，不然將會進入放逸，而使體内陽氣走入後天情欲，使性欲旺盛，此爲南懷瑾先生於此境界的提點〔註139〕，若能收攝身心得當，便可進入「方便勇猛進取相」。

佛教對於此境界的分析如下：

> 阿難！世間一切所修心人，不假禪那無有智慧，但能執身不行婬慾，若行若坐想念俱無，愛染不生，無留欲界是人應念身爲梵侶。如是一類名梵眾天，欲習既除離欲心現，於諸律儀愛樂隨順，是人應時能行梵德，如是一類名梵輔天，身心妙圓威儀不缺，清淨禁戒加以明悟，是人應時能統梵眾爲大梵王。如是一類名大梵天。阿難此三勝流，一切苦惱所不能逼，雖非正修眞三摩地。清淨心中諸漏不動

〔註138〕【明】王畿：〈南游會紀〉，《王畿集》（南京：鳳凰出版社印行，2007年3月），初版，卷5，頁768。

〔註139〕參閱自南懷瑾著《靜坐修道與長生不老》，頁258。

名爲初禪〔註140〕。

筆者在此分析，由於此境界已經能不行淫，所以已經有「色界天」初禪天所要求的標準，而色界天的程度差距，在於定功的深淺，而色界的程度一共分爲四禪九天的差距，所以就此次第而言，已經可以進入初禪三天中的第三天，即「大梵天」的境界，依據佛典而言，此天衆生仍然對於人間有所關懷，尚未拋棄人間，此精神亦與儒家的宗旨相應。

但是以佛家而言，尚未發「出離心」，所以仍然不夠究竟，以儒家而言，此境界已經具備「不動心」的基礎定力，但是仍然不夠深入，所以對於此境界不滿足之意願產生的前提下，將進入下一次第的修習〔註141〕。

5. 方便勇猛進取相

此階段是重覆1～4的步驟，進入更深層的本心體會與受用，由「悟」與「修」並進的工夫，進入與本心更深層的相應，使本心彰顯的程度加深。此時的狀態如下：

> 若曉得講學做工夫，時時愛養精神，時時廓清心地，不爲諸般外誘所清奪，天機時時活潑，時時明定〔註142〕。

亦云：

> 一友問致良知工夫如何用？先生曰：「良知是天然靈竅，變動周流，不爲典要。覿面相呈，語默難該，聲色不到。雖曰事事上明、物物上顯，爭奈取捨些子不得。然此不是玄思極想推測得來，須辦個必爲聖人之志，從一點靈竅實落致將去，隨事隨物，不要蔽昧此一點靈竅，久久純熟，自有覿面相呈時在，不求其悟而自悟也〔註143〕。」

以上所提到的情況是此階段修證的境界，但是落於實踐上，則必須「發憤」，對於以此入手的情況，龍溪的解說如下：

> 發憤只是去其隔礙，使邪穢盡滌，渣滓盡融，不爲一毫私欲所攪，以復其和暢之體〔註144〕。

龍溪以「發憤」的解說來提示後學對於回復本心的努力，筆者亦以此點來建

〔註140〕 【唐】般刺密帝譯：《乾隆大藏經第33冊：大佛頂如來密因修證了義諸菩薩萬行首楞嚴經》，卷9，頁1151。
〔註141〕 修持初禪成就者，可以離開五欲、除五蓋，有覺有觀，入大喜初禪。
〔註142〕 【明】王畿：〈天心題壁〉，《王龍溪先生全集》，卷8，頁569。
〔註143〕 【明】王畿：〈留都會紀〉，《王龍溪先生全集》，卷4，頁326～327。
〔註144〕 【明】王畿：〈憤樂說〉，《王龍溪先生全集》，卷8，頁562。

立「方便勇猛進取相」，但是由於對本心的渴望與定力的修習，使本心的彰顯
與熟習的程度越來越清楚，開始得到本心的光明受用，對於此經驗的形容，
龍溪認爲可以有兩種方式可以下手，亦云：

> 夫子赴兩廣，予與君送至嚴灘。夫子復申前說，二人正好互相爲用，
> 弗失吾宗。因舉「有心是實相，無心是幻相，有心是幻相，無心是實
> 相」，爲問君擬議未及答，予曰：「前所舉是即本體即工夫，後所舉是
> 用工夫合本體，不可以致詰。」夫子莞爾笑曰：「可哉，此是究極之
> 說，汝輩既已見得，正好更相切劘，默默保任，弗輕淺露也〔註145〕。」

有上述可知，以本心的朗現爲主要修行入手的方式而言，爲良知之教中「心
眞悟門」的路線，所謂的精進修行，必須確信本心爲具體的實在，去進行對
於本心掌握的熟習程序，此爲適合利根人士的修行，對於中下根人而言，必
須先從次第的修習入手，便是以去除「妄心」爲入手的方式，此時的「妄心」
便是幻相，阻礙了「眞心」的湧現，必須以心靈無執的態度來破除，方能達
到使無欲本心現前的受用，所以在此境界而言，有兩套攝受利根與鈍根人士
的修學次第，但是皆能達到相同的受用，只是方式不同而已，在此必須體會
到一點，那就是龍溪是以「道德法則」爲心的眞實體性，從法則實有層上的
眞實性，強調與佛老的不同，但是在此法則的「作用層」上，則能夠以此法
則「虛」「寂」的形式，融攝佛老的「如幻觀」，從此進行三教的會通，此爲
良知心體的特色，所以在此境界成就之後，便能知道本心些許的面貌，正式
往下一次第前進，即是「少分相應，覺知利益相」。

此時的境界，就佛教的看法如下：

> 阿難，其次梵天。統攝梵人圓滿梵行。澄心不動寂湛生光。如是一
> 類名少光天。光光相然照耀無盡。映十方界遍成瑠璃。如是一類名
> 無量光天。吸持圓光成就教體。發化清淨應用無盡。如是一類名光
> 音天。阿難此三勝流。一切憂愁所不能逼。雖非正修眞三摩地。清
> 淨心中粗漏已伏名爲二禪〔註146〕。

此境界的成就者，已經可以將內心的人欲以高深的定力降伏，壓制到不起現

〔註145〕 【明】王畿：〈刑部陝西員外郎特詔進階朝列大夫致仕緒山錢君行狀〉，《王龍
溪先生全集》，卷20，頁1379。

〔註146〕 【唐】般剌密帝譯：《乾隆大藏經第33冊：大佛頂如來密因修證了義諸菩薩
萬行首楞嚴經》，卷9，頁1151。

行的境界，就道教而言，已經進入性功完成，而使肉身產生光芒的境界，為「陰盡陽純」的修習成果，此次第的成就已經接近「煉氣化神〔註147〕」的程度，以佛教而言，則是以定功的專注與意念的集中，而使自身的本心光明湧現的境界，進入二禪色界天〔註148〕中「無量光天」與「光音天」的境界，雖然能降伏到一定程度，但是仍然對於禪定所產生的喜樂境界有所執著，所以仍然不夠究竟，仍然有細微的煩惱。

　　以道教而言，定功的修習與德性的修養，則是影響「性功」成就的高低大小的關鍵，筆者認為「性功」就在此時的修證，與「定力」與「不動心」的修行已經密不可分了，此為三教共法，而定功的深淺，決定自身光明的大小與果位的高低，便能決定此次第的差距，但是佛教認為此時的修行，由於不具「出離心」，所以仍然不夠究竟，並非佛家的真正禪定所追求的目標。

　　至於道教在此次第的修證方式，便是進行「煉氣化神」的修行，若修證成功，則進入全身肉身湧現光芒的境界，張伯端云：

　　　　四象會時玄體就，五行全處紫金明。脫胎入口功通聖，無限龍神盡失驚〔註149〕。

以上所言之次第分析，可以看出道教煉精化氣的工夫，可以包括良知九次第中，第一次第到第四次第的修行，但是這是就肉體長生的修養工夫而言來立論，但是由於儒家重點放在修養品德入手，所以就德性修養層次則可以不局限在道教的修證次第，但是筆者以道教的立場來分析龍溪此次第的境界，則可以用道教「煉氣化神」的工夫達成，同時於此世，即身成就為「地仙」的境界，亦如下所示：

　　　　鐘曰：「始也法天地升降之理，取日月生成之數。身中用年月，日中用時刻。先要識龍虎，次要配坎離。辨水源清濁，分氣候早晚。收真一，察二儀，列三才，分四象，別五運，定六氣，聚七寶，序八卦，行九洲。五行顛倒，氣傳於母而液行夫婦也。三田反復，燒成丹藥，永鎮壓下田，煉形住世而得長生不死，以作陸地神仙，故曰

〔註147〕又稱為中關，即打通大周天，必須要打通奇經八脈，使全身酥軟柔和，六根震動，氣息微綿的狀態，才算大功告成，修證成就時間約四年，而煉神還虛的時間約九年。
〔註148〕第二禪那所成就的善意識包括伺、快感、愉快、制心一處，享受著寂靜歡喜的禪定之樂。
〔註149〕【宋】張伯端：〈悟真篇〉《中華道藏第19冊》，卷中，頁389。

地仙」〔註150〕。

以道教功法而言，於實際的修行方式，就是將大藥〔註151〕以意念送入奇經八脈，以及十二經脈，使金丹在全身運轉，以意念專注於中丹田入手，以靜為主，返觀自照本身的內心，使自身進入氣定神凝的境界，在任督二脈已經完全暢通的前提下，進行此功法約十個月的修行，便可以將大藥化為元嬰，進行神通的展現，使全身發出光芒，便是成就的境界現前，此為道教與良知之教於此次第的境界相似之處，以及在修行方式上的差異，關鍵在於是否能打通大小周天？若可以打通大小周天，則可以不受限於道教的修行次第，直接使用龍溪的調息法，來統攝道教的養生之道而無礙。

6. 少分相應，覺知利益相

在此階段時，由於致良知工夫的實踐下，可以自覺與本心相應，而得到「自然無欲」本心的受用之利與心靈之樂，此時便能心生歡喜，信心堅固。此時的境界如下：

> 先生曰：「學者覺也，覺與夢對。時習便是常覺不昧，學而時習則是欲罷不能，而悅之深矣，悅乃入樂之機，樂是萬物同體之公心。」
>
> 〔註152〕

佛教在此亦有相近的境界分析如下：

> 阿難！此三勝流具大隨順。身心安隱得無量樂。雖非正得真三摩地。
>
> 安隱心中歡喜畢具名為三禪〔註153〕。

此為對於本心的熟習而開始產生相應的歷程，由於勇猛進取的進行修證，加上定功的成就，於是在心不散亂的情況下，人欲的影響力已經完全降低的最低程度，此時便能去體會本心，雖然未完全掌握本心的全部面貌，但是已經達到少許的相應與受用，所以龍溪才認為是「入樂之機」。

對於佛教而言，此時的境界，超越了不被煩惱所逼，但是尚未能夠隨心自在的初禪境界，同時也超過雖然能夠不被一切憂慮所逼迫，但是只能初步隨順自在的二禪境界，此次第的成就，已經可以得到身心安樂平穩的境界，

〔註150〕 【宋】施肩吾：〈修真十書鐘呂傳道集卷之十四〉《中華道藏第 19 冊》，頁815。

〔註151〕 打通人體大周天而成就的金丹。

〔註152〕 【明】王畿：〈憤樂說〉，《王龍溪先生全集》，卷8，頁564。

〔註153〕 【唐】般刺密帝譯：《乾隆大藏經第 33 冊：大佛頂如來密因修證了義諸菩薩萬行首楞嚴經》，卷9，頁1151。

由於此定力境界的成就，而產生了精神上的三禪〔註154〕定境妙樂，對於此樂的體會，龍溪云：

> 若是見性之人，真性流行，隨處平滿，天機常活，無有剩欠，自無
> 安排，方爲自信也〔註155〕。

良知之教的修證，到此次第皆是定功的修行與人欲的降伏和本心初步相應受用的的歷程，雖然看似煩瑣，但是以龍溪而言，其實皆只是對於本心體會的熟悉程度的深淺而已，在實踐的過程中，也只是儒者入定程序的進路而已，分析如下：

> 知止而不遷，則志有定向，故能不亂而定。定故能不動而靜，靜故
> 能不危而安。蓋知止所以入定，常定曰靜，安則靜之極也。人心原
> 能通達萬變，經綸綢酢，與國家天下相爲應感，所謂慮也。有欲始
> 窒而不通，知止以至於安，則有以復其無欲之體，故無所不通而能
> 慮〔註156〕。

縱觀以上所言，此階段修行的成就，在「心眞悟門」系統，則是進入了，見到本體光明的境界，內心生起種種歡喜心，在此刻由於得到受用，對於良知本心的疑慮便全部消除，而在「氣調息門」方面，則是能夠在肉身呼吸的控制下，使心意識逐漸與本心產生相應，進而在此時與「心眞悟門」相會，此時不分根器，皆全部回歸於「心眞悟門」中，因爲進入此境界的人士的定力皆是在平等狀態，所以便能開權顯實，直入良知之教的心悟法門之中，此時會生起歡喜心，將一切煩惱不安的對象進行對治，此階段便是定心不退轉的真正境界。

在此階段中，定功的修持是爲了使人意識到道德法則而無條件爲善，此法則的本身就是無欲的真心展現，具有動力，可以使人尊敬法則而行，此爲「善」，而定力的修持是可以有助於使此動力時常彰顯而不退轉，以龍溪而言，就是「修」的工夫，此工夫另外還有一個功能，就是阻斷惡根的增長。

由於龍溪欲會通三教，所以在此亦對於佛教中對於一切痛苦的根源的分析如下：

〔註154〕第三禪那善意識爲更上層的快感、愉快、制心一處的精神喜樂之境界，此時
　　　　已經沒有二禪的大喜湧動境界，只有綿綿無己的大樂，爲此禪定的特色。
〔註155〕【明】王畿：〈龍南山居會語〉，《王龍溪先生全集》，卷7，頁502。
〔註156〕【明】王畿：〈大學首章解義〉，《王龍溪先生全集》，卷8，頁519。

《金剛》《楞嚴》有四相、有四病：妄認四大爲我相，離我視他爲人相，所憎爲眾生相，所愛爲壽者相；有作有止，有任有滅爲四病。四相不出人我愛憎，四病不出有爲能所。凡動氣，時皆是我相未忘，未離四病，學道人未了公案。古云『打破盧空爲了當』，不可以不深省也。先師良知兩字，是從萬死一生中提掇出來，誠千聖秘密藏，善學者自得之可也〔註157〕。

以儒家而言立論「惡」的根源，是來自意識到道德法則，但是卻不遵守而產生，此爲人欲的根源，亦是「惡」的格準，具有反對法則的動力〔註158〕，以佛教而言便是我相、人相、眾生相、壽者相的表現，這些都是來自於我執的表現，而不能了知事實上的無我，所以才會對於外在的一切現象，產生貪愛與執著，此爲顛倒夢想，必須除離，龍溪在此亦同意此點。

以儒家的角度而言，當人類採納不純粹的格準，而走向有條件律令時，就是由私欲做主，而此私欲的產生是在通過選擇時，才會產生，而儒家的去欲工夫便是從此下手，以定功爲輔助的外緣，使無欲眞心時常湧現，便是儒家正心之學的重點，當能達到不動心的境界現前時，便能進入以道德法則的作用爲最高動力者，也就是在進行選擇時，能以道德法則爲唯一的選項，達此境界者，便是正式進入「對治人欲成就相」。

7. 對治人欲成就相

由於致良知工夫的熟習，使智慧與定力不斷增長，可以將人欲所帶來的煩惱現象，由本心作主，同時對治與轉化，此時可以達到道教所追求的「陰盡陽純」的效果，養德兼養生。龍溪看法如下：

先生曰：「此已一句道盡。吾人從生至死，只有此一點靈明本心，爲之主宰。人生在世，有閒有忙，有順有逆，毀譽得失諸境，若一點靈明時時做得主宰，閒時不至落空，忙時不至逐物，閒忙境上，此心一得來，即是生死境上一得來樣子。順逆、毀譽、得喪諸境亦然。知生即知死，一點靈明與太虛同體，萬劫常存，本未嘗有生，未嘗有死也〔註159〕。」

〔註157〕【明】王畿：〈答五台陸子問〉，《王龍溪先生全集》，卷6，頁452。
〔註158〕參閱自牟宗三著《圓善論》（台北，臺灣學生書局，1985年7月），初版，頁72～78後不贅述。
〔註159〕【明】王畿：〈華陽明倫堂會語〉，《王龍溪先生全集》，卷7，頁480。

由於人欲的問題已經無法障礙本心的呈現，同時也捨棄了對於苦樂的執著，所以針對於此境界，佛教認爲已經有進入四禪的資格，所以佛典亦云如下：

> 阿難！此四勝流一切世間。諸苦樂境所不能動。雖非無爲眞不動地。
>
> 有所得心功用純熟名爲四禪〔註160〕。

以佛教的觀察，此時的境界〔註161〕，是一切世間的煩惱所無法動搖的境界，但是也是以有所求之心而成就的境界，此時的心境沒有苦樂之念，所以能進入安靜平等而自覺清淨無欲〔註162〕的境界，爲此次第的特色，由於此時，對於熟習本心已經有一定的程度，此時的境界已經進入道教所言的還丹境界，龍溪在此以儒家的還丹意義如下解說：

> 在人時時能握其機，不爲情境所奪，不爲渣滓所染，謂之還丹〔註163〕。

在此可以看出龍溪認爲道教所謂的陰盡陽純而長生的宗旨，便是在於不受外境所染，便可以使先天的精氣神在自然無欲的狀態下，不受後天的影響而回復本來的面貌，此爲儒家與道教之間的共識，龍溪認爲只要能自然無欲，便能以德性的修養而帶來肉體的長生之效果，未必皆必須遵守道教的養生之道，只要能掌握住道教養生的宗旨精神，即可以用儒家的養生之道而成就，所以於此次第下的成就，便能達到長生的宗旨，同時在德性的修養上，也能進入對於本心的深層相應，此爲龍溪會通道教養生之學的方式，以道教而言，此功法所成就的境界已經進入近似神仙大成法的初階境界。

龍溪認爲不能長生的原因如下：

> 世人不能久生，只是多欲。兄以盡性爲學，以寡欲以至於無，已能不落動靜二境，終日收斂順適，耳目聰明，一念明定，將與天地無疆〔註164〕！

〔註160〕 【唐】般剌密帝譯：《乾隆大藏經第33冊：大佛頂如來密因修證了義諸菩薩萬行首楞嚴經》，卷9，頁1152。

〔註161〕 此境界捨棄了三禪的妙樂，體會了無苦無樂的微妙感受，進入不動心的境界，亦名爲不動定。

〔註162〕 初禪到四禪分九個天，每一禪有分三層天界，第一天爲此禪定境界的初入者，第二天爲較高層次者，第三天爲此禪那境界中的完全成就者，在禪定境界中，可以使意識和思惟被短暫終止，以強大的定力將意識與物質完全分開，享受禪悅之樂，此點與欲界諸天所追求的感官快樂完全不同，而儒家行者與佛教的差距就在於是否要生起出離心？若是則走入羅漢道，發菩提心者則進入大乘菩薩道，若以道德法則爲宗者，則將進入儒聖之道。

〔註163〕 【明】王畿：〈與潘笠江〉，《王龍溪先生全集》，卷9，頁612。

〔註164〕 【明】王畿：〈松原晤語壽念庵羅丈〉，《王龍溪先生全集》，卷14，頁994。

張伯端表示：

> 元神者，乃先天以來一點靈光也，慾神者，氣稟之性也。元神乃先
> 天之性也，形而後有氣質之性，善反之，則天地之性存焉〔註165〕！

亦云：

> 元神見而元氣生，元氣生則元精產〔註166〕。

由以上所言可以得知，儒家與道教都認爲欲求太多是使肉體長生修行的最大
阻礙，因爲會使先天的精氣神，被後天的情欲影響，所以儒道之間認爲只要
能達成將「人欲」的問題解決的方式，皆可使精氣神達到不會散失而達到肉
體長生的境界，所以筆者認爲在此次第的成就，已經可以完成長生的要求而
無礙，已經將人欲的問題完全解決了，所以接下來便是進行對於本心的深層
相應之次第修行。

由於對於本心體會已經能得知此心爲自然生起的無上覺性，故能進入下
一次第，即「本心如意相應相」的修行。龍溪對於此階段指點如下：

> 自然之覺，良知也。覺是性體，良知即是天命之性。良知二字，性命
> 之宗。格物是致知日可見之行，隨事致此良知，使不至於昏蔽也。吾
> 人今日之學，謂知識非良知則可，謂良知外於知覺則不可；謂格物正
> 所以致知則可，謂在物上求正，而遂以格物爲義襲則不可。後儒謂纔
> 知即是已發，而別求未發之時，所以未免於動靜之分，入於支離而不
> 自覺也。良知無奇特相、委曲相，心本平安，以直而動。愚夫愚婦未
> 動於意欲之時與聖人同，纔起於意、萌於欲，不能致其良知，始與聖
> 人異耳。若謂愚夫愚婦不足以語聖，幾於自誣且自棄矣〔註167〕。

亦云：

> 從心者，縱心也，雖至於從心所欲不逾矩，亦只是志到熟處，非能
> 有加也。是所謂經歷之次第也〔註168〕。

由以上所述可以得知，良知本心的定義爲自然生起的覺性，此心並非是由學
習得知，而是在人倫事物的實踐中去進行熟習，當熟習本心到達一定的深度

〔註165〕 【宋】張伯端：〈玉清金司青華秘文金寶內鍊丹訣〉《中華道藏第 19 冊》，初
版，頁 494。
〔註166〕 【宋】張伯端：〈玉清金司青華秘文金寶內鍊丹訣〉《中華道藏第 19 冊》，初
版，頁 495。
〔註167〕 【明】王畿：〈致知議略〉，《王龍溪先生全集》，卷 6，頁 409～410。
〔註168〕 【明】王畿：〈書累語簡瑞錄〉，《王龍溪先生全集》，卷 3，頁 262～263。

時，由於已經有具備定功的基礎，所以此時的人欲已經無法障礙本心的呈現，對於此心的體會，也已經能逐漸進入完全相應的境界，而能成就一種能力，那就是當進行選擇何種格準行動時，能夠選擇道德法則為主而不退轉〔註169〕，進而產生時常向善而不間斷的行為，而成就此種向善不退的能力，便是此次第的目標，所以在此基礎下的成就下，便可以進入下一次第的修行，即「本心如意相應相」。

龍溪在此認為，佛教與儒家在進入此境界時，必須進入降魔的境界，經此考驗，才能入聖，亦云：

> 公已無逆於心，魔有二，有正道試法之魔，有陰邪害法之魔。若於此中識得破、打得徹，弗令試脫，弗為惱害，方是超出三界，大佛作用。我公深契師門良知宗旨，良知二字是照妖大圓鏡，所謂赤日當空，魍魉潛消者也〔註170〕。

同時提點降魔與去除妄心的關鍵如下：

首先是「人欲」：

> 世情上淡得下，則不從軀殼上起念，欲障漸除，真機自然透露〔註171〕。

其次是「妄心」：

> 一切世情念頭上有牽扯放不下，皆謂之妄，皆是不善之動〔註172〕。

若能通過此魔考，則將進入心悟法門，龍溪亦提出自己的心得如下：

> 吾人所學，貴在得悟，若悟門不開，無以微學。一切修行只益虛妄耳〔註173〕。

王龍溪認為經過此考驗，便能正確無誤的體會本心，而進入與本心相應〔註174〕

〔註169〕 參閱自牟宗三著《圓善論》，頁84～85。

〔註170〕 【明】王畿：〈與陸平泉〉，《王龍溪先生全集》，卷9，頁626。

〔註171〕 【明】王畿：〈與魯畫堂〉，《王龍溪先生全集》，卷12，頁817。

〔註172〕 【明】王畿：〈九龍紀誨〉，《王龍溪先生全集》，卷3，頁226。

〔註173〕 【明】王畿：〈刑部陝西員外郎特詔進階朝列大夫致仕緒山錢君行狀〉，《王龍溪先生全集》，卷20，頁1388。

〔註174〕 王龍溪認為良知的凝聚為精，代表本體又稱為誠，以此會通道教先天元精的特色，而良知的流行為氣，代表氣質之性，也是元神的流行，由此開攝調息法來進行儒家命功的修習，此法可培養元氣，達成長生的效果，與道教不同的地方在於儒家強調以神馭氣，以氣攝神，而道教則重點放在元氣來入手，至於良知的妙用，龍溪則歸屬於元神，代表天地之性，也是氣質的精華，具有主宰的力量，也是心之生理，屬於性功的層次，代表萬劫不壞之真體，由此下手修行，則可以成就心悟的境界，開啟智慧，若配合調息法而並進修行，則可以達到神

的境界，只要能與本心相應，便能夠知道儒家本心的特色，關鍵在於無條件
為善的自律之行，方能不受諸魔之惱害，也由於此法的成就，方能達成龍溪
所言之陰盡陽純的境界，此時已經開始進入聖人的境界。而筆者在此以龍溪
的看法做一番整理與分析，以供後世研究者參考。

8. 與本心如意相應相

此時便進入與本心〔註175〕完全相應，可以初步達到究竟成聖的的境界，
為致良知工夫的上乘境界。龍溪云：

> 最初無欲一念，所謂元也。轉念則為納交要譽、惡其聲而然，流於
> 欲矣。元者始也，亨通、利遂、貞正，皆本於最初一念，統天也。
> 最初一念，即《易》之所謂復，『復其見天地之心』，意、必、固、
> 我有一焉，便與天地不相似〔註176〕。

學者彭國翔對於此狀態的分析認為，此一念工夫為先天正心之學與後天誠意
之學的統一，當每一念皆與本心相應時，則能夠以心體立根的工夫當下展開，
此時為本心自然覺性的生起，而筆者認為從前面的七個次第而言，則是在進
行以對治經驗意識的過程，此為龍溪所言於「事」上的漸修，當進入此次第
時，人欲已經無法障礙本心的湧現，故稱「本心如意相應相」〔註177〕。

對於此心的本來面貌，龍溪云：

> 良知即是性體自然之覺〔註178〕。

亦云：

> 見性以入悟，真知也。心之本體原是至善而無欲〔註179〕。

氣渾融，性命合一的境界，完成肉身與精神同時入聖的境界，此法為龍溪吸收
道教術語並加上儒學修證的內容加上轉化的修習次第，以此會通融攝道教信眾
而開設的法門，近似於佛教度化外道所採取的四攝法，即同事攝。

〔註175〕此處所指的是良知，以構成此心的要素而言，可分為虛、實、寂、感、以及
自然之覺，以修證的方法論而言，可分為悟與修，以教學法而言，則是以聖
人為模範，去學習如何去熟習掌握本心的自然覺性，以修行的方式而言，則
是在人倫事用中，去進行對於此自然覺性的熟習與熟練，當熟習本心自然覺
性到純熟熟之境，就能與道德法則相應契合，進入儒聖的境界，此法筆者定
名為無欲覺性直觀本心成就之道。

〔註176〕【明】王畿：〈南雍諸友雞鳴憑虛閣會語〉，《王龍溪先生全集》，卷5，頁360。

〔註177〕參閱自楊儒賓、祝平次編《儒學的氣論與工夫論》（台北，國立台灣大學出版
中心印行，2005年9月），初版，頁374～377後不贅述。

〔註178〕【明】王龍溪：〈致知議辨〉，《王龍溪先生全集》，卷6，頁4330。

〔註179〕【明】王龍溪：〈大學首章解義〉，《王龍溪先生全集》，卷8，頁518。

由以上所言可以得知，良知本心即是自然生起的無上覺性，此為心體的本來
面目，在此次第的修證下，已經能熟習無礙，對於本心也能毫無疑惑的證得，
此為「本心如意相應相」的悟境，龍溪針對此時的悟境的解釋，以不落次第
的立場而言，則是在此時對於本心的熟習程度到達極至，但是對於漸修者而
言，也已經在此時體會此心完整的光明面，所以在此時「頓」與「漸」的立
場對立的差別已經解消了，但是龍溪亦不輕視漸修，看法如下：

> 天泉證道大意，原是先師立教本旨，隨人根器上下，有悟有修。良
> 知是徹上徹下真種子，智雖頓悟，行則漸修〔註180〕。

由以上可知，上根人的優勢在於對於本心的相應程度能掌握較深，但是也必
須在後續的保持中，去進行對於本心的穩定，所以龍溪強調不動心的重要性，
此為定功，雖然下根人對於本心掌握的程度較緩慢，但是由於先以定力的修
習而保持住不動心，所以反而可以在穩固不退的程度上及持久力，勝過上根
人，當然，此並非定論，由於上根人曾經體會本心，所以即使一時退墮，但
是只要覺醒的因緣具足，回歸本心的速度仍然可以勝過中下根器人士，關鍵
就在於一念之間，對此龍溪看法如下：

> 凡與聖，只在一念轉移之間，似手反覆，如人醉醒，迷之則成凡，
> 悟之則成聖。迷亦是心，悟亦是心，但時節因緣有異耳〔註181〕。

所以龍溪所言的不落次第，是就上根人而言，只是本心光明的力量的時常展現，
以及不退轉的定力的成就。就此而言，即不落次第相。聖凡的差距只是光明的本
心是否能常在而不退轉，但是在實踐的過程中，則有究竟熟習與不究竟熟習
的差異，所以筆者方整理出此九種心理修證狀態。以權法而言是漸修過程，以實
法而言，則是良知本心的初覺到究竟覺的熟習深度的過程而已。而頓漸的差異，
於此次第的修證下，皆已經全部解消。由於有不動心的定力成就，所以在此時可
以超越生死相的對立，以儒家的方式解決了佛老所關切的生死問題。龍溪認為：

> 若夫超生死一關，生知來處，死知去處，宇宙在手，延促自由，出
> 三界、外五行、非緣術數所能拘限，與太虛同體，亦與太虛同壽，
> 非思想語言所能湊泊，惟在默契而已。成己成物，原非兩事，養德
> 養生，原無二學，乃是千聖相傳密藏〔註182〕。

〔註180〕　【明】王龍溪：〈答程方峰〉，《王龍溪先生全集》，卷12，頁811。
〔註181〕　【明】王畿：〈答殷秋溟〉，《王龍溪先生全集》，卷12，頁807～808。
〔註182〕　【明】王畿：〈與殷秋溟〉，《王龍溪先生全集》，卷12，頁806。

此時明白儒者本心的本來面貌，所以更能體會與佛老的不同，龍溪亦提到此境界的看法如下：

> 先師曰：「心之良知是謂聖」，「同此謂之同德，異此謂之異端」。，
> 虛而適變，寂以通感，千聖之祕藏也〔註183〕。

亦云：

> 先師之學，凡三變，而始入於悟，再變而所得始化而純〔註184〕。

由於本心的相應，所以更能將本體的特色，以自身的修持經驗，講述如下：

> 吾人之學，原是與物同體，成己所以成物。成己謂之仁，成物謂之
> 智，合內外之道，性之德也〔註185〕。

亦云儒佛之別如下：

> 吾儒之學，原是與物同體，非只為自了漢也〔註186〕。

此時因為與儒家的本心已經能如意相應，也已經得到此本心的受用，所以能成就具備佛教出離心所須要的不動心的定力。此時之所以能會通佛教的不二法門的精神，其特性在於能達成「如來藏心」所要求的清淨功能現前。因此發揮了不被煩惱所染著的功能，與文殊師利法門的要求的定力水準相應〔註187〕。但是卻能保持儒者的本色而解決生死問題，能夠不走入佛教的「出離心」與「如幻觀」的見〔註188〕，仍然保持儒家本色，而龍溪認為在此時，可以徹底了知儒學與佛老的關鍵差異，在此亦云：

> 因此堪得吾儒之學，與禪學、俗學，只在過與不及間。彼視世界為
> 虛妄，等生死為電泡，自成自住，自壞自空，天自信天，地自信地，
> 萬變輪迴，歸之太虛，漠然不以動心，佛氏之超脫也〔註189〕。

所以從以上所言得知，在此本心相應到極限的狀態下，便能知到儒家是以倫

〔註183〕【明】王畿：〈孟子告子之學〉，《王龍溪先生全集》，卷8，頁563。

〔註184〕【明】王畿：〈涂陽會語〉，《王龍溪先生全集》，卷2，頁169。

〔註185〕【明】王畿：〈與殷秋溟〉，《王龍溪先生全集》，卷12，頁804。

〔註186〕【明】王畿：〈與陶念齋〉，《王龍溪先生全集》，卷9，頁630。

〔註187〕參閱自談錫永著《閒話密宗》（台北，全佛文化事業有限公司印行，1997年8月），初版，頁185後不贅述。

〔註188〕文殊師利法門談空性，是從煩惱中見煩惱本身的空性，由此下手體會般若智，不被煩惱所染，此為大乘不二法門的特色，對於煩惱採取的手段，叫做方便法，只需對於煩惱的對象不起執著，便能證空，與一般法門以空性來對治煩惱的修行不同，但是皆是以如幻觀為共法，此法不被儒家認同，此為儒釋的毫釐之差與不共法。

〔註189〕【明】王畿：〈自松長語示兒輩〉，《王龍溪先生全集》，卷15，頁1067～1068。

常爲成聖要素，進行如實的觀察，以此爲動機而成聖。而佛家則是以「如幻觀」爲主，雖然都可以進入不二法門的圓教境界；但是以儒學立場而言，由於佛教不能正視人生，連倫常也視之如幻，故儒家在此仍然不能認同，此點爲「不共法」的所在，就在於「道德法則」不能視爲一種顛倒夢想，而企圖以「如幻觀」將其解消，此爲儒學自我證成的基本理由與基本信念，並以此爲究竟的立論根據與基礎。

但是三教對於人欲的淨化立場上，卻是有一定程度上的共識；但是由於時節因緣的不同，而有不同的本心相應的表現與修證方式。以道教張伯端眞人而言，此時，所成就的境界如下：

> 竊以人之生也，皆緣妄情而有其身，有其身則有患。若無其身，患從何有？夫欲免夫患者，莫若體夫至道。欲體夫至道，莫若明乎本心。故心者，道之體也。道者，心之用也。人能察心觀性，則圓明之體自現，無爲之用自成，不假施功，頓超彼岸。此非心鏡朗然，神珠廓明，則何以使諸相頓離，纖塵不染，心源自在，決定無生者哉？然其明心體道之士，身不能累其性，境不能亂其眞，則刀兵烏能傷？虎兕烏能害？巨焚大浸烏能爲虞？達人心若明鏡，鑒而不納，隨機應物，故能勝物而無傷也，此所謂至上至眞之妙道也〔註190〕。

張眞人亦云：

> 談見性之法，即上所謂無爲妙覺之道也。然無爲之道，齊物爲心，雖顯秘要，終無過咎。奈何凡夫緣業有厚薄，性根有利鈍，縱聞一音，紛成異見〔註191〕。

以上爲道教張伯端眞人在體會本心〔註192〕時，以自身修持經驗所指出之境

〔註190〕【宋】張伯端：〈悟眞篇後序〉《中華道藏第19冊》，頁351。
〔註191〕【宋】張伯端：〈悟眞篇後序〉《中華道藏第19冊》，頁454。
〔註192〕依據張伯端的看法認爲，心爲君，神爲主，意爲媒，氣爲用的觀點來看，先天無欲狀態之神爲元神，受後天情欲影響者爲識神，而修仙的方式就是回復先天自然無欲的狀態，修行的要點在於心靜神全，神全性現，張伯端在此概念上，與儒家是高度相近，曾於其著作〈金華秘文〉一文中提到所謂的元神就是先天之性，又稱爲元性，而欲神就是氣質之性，所以由此得知此類術語的使用是儒道共通的，但是道教認爲性功的修習是養心神，必須視人世間的一切爲如幻才能成就性功，即使是以道德法則爲宗修行三千陰功，也只是爲了成就神仙之身的權便措施，當進入煉神還虛之境時，則必須將道德法則的本身也視之如幻，以緣起法則宗，才能成就天仙的境界，此爲道教本心相應相的特色，與佛家極爲相似，但是王龍溪反對此點，所以由此可知，良知之

界，當體會本心時，也就能夠體會大道本體的眞實存在，遠離一切外在攀緣的假相，此時的外境已經不能憾動修行者，此心的光明就像是明鏡一般，能夠順應萬物的變化，但是卻能隨緣而無礙，無爲卻不著相，便是道教性功所就的境界，此境界的成就，便是道教的本心如意相應相，由此功法的成就，可以進入成就意生身，又能長生不死於人間的道教神仙境界，以道教仙人鐘離權的看法如下所示：

> 鐘曰：「玉液還丹，煉形成氣而五氣朝元，三陽聚頂。功滿忘形，胎仙自化。陰盡陽純，身外有身。脫質升仙，超凡入聖。謝絕塵俗以返三山，乃曰神仙〔註193〕。」

由以上引文得知道教神仙境界的成就步驟，便是在於遠離一切妄想，與進行肉身的轉化與鍛鍊，方能大功告成而成仙。但是由於道教此次第的果位，以及成就歷程與禪家修證過程極爲相近；皆強調遠離感官經驗世界所帶來的妄想，以「如幻觀」的修持入手處。同時也視世間的一切爲如幻的顯現，才能夠證悟大道！以佛家而言，也有近似於此次第的說法，如中土禪宗大德，馬祖道一禪師亦有云：

> 夫求法者，應無所求，心外無別佛，佛外無別心，不取善，不捨惡，淨穢兩邊俱不依怙。達罪性空，念念不可得，無自性故，故三界唯心。森羅萬象，一法之所印，凡所見色，皆是見心，心不自心，因色故有。汝但隨時言說，即事即理，都無所礙，菩提道果，亦復如是，於心所生，即名爲色，知色空故，生即不生，若了此心，乃可隨時著衣吃飯，長養聖胎，任運過時，更有何事？
> 汝受吾教，聽吾偈曰：「心地隨時說，菩提亦只寧，事理俱無礙，當生即不生〔註194〕。

以上爲道一的看法及見性經驗，至於佛教原典對於「心」的眞妄概念的定義與詮釋如下：

教與佛老之教的不共法之處就在於道德法則的如實觀與緣起法則的如幻觀，雖然道教也強調道德法則的重要性，但是當進入性功的最後次第修習時，仍然是將道德法則視之如幻，進入出世的神仙境界，也因爲此點，所以龍溪認爲佛老的教法都仍然有些許的缺憾，而不及良知之教的圓滿。

〔註193〕 【宋】施肩吾：〈修眞十書鐘呂傳道集卷之十四〉《中華道藏第19冊》，頁815。
〔註194〕 【宋】道原：《佛光大藏經：禪藏史傳部：景德傳燈錄》（高雄縣大樹鄉，佛光山宗務委員會印行，1994年12月）初版，頁242。

如是所說心義者，有二種相。何等爲二？一者心內相，二者心外相。心內相者，復有二種，云何爲二？一者眞，二者妄。所言眞者，謂心體本相，如如不異，清淨圓滿，無障無礙，微密難見。以遍一切處常**恆**不壞，建立生長一切法故。所言妄者，謂起念分別覺知緣慮憶想等事，雖復相續，能生一切種種境界，而內虛僞，無有眞實，不可見故。」「所言心外相者，謂一切諸法種種境界等，隨有所念，境界現前故，知有內心及內心差別，如是當知。內妄相者，爲因爲體；外妄相者，爲果爲用。依如此等義，是故我說一切諸法悉名爲心。又復當知，心外相者，如夢所見種種境界，唯心想作，無實外事。一切境界，悉亦如是，以皆依無明識夢所見，妄想作故。」「復次，應知：內心念念不住故，所見所緣一切境界亦隨心念念不住，所謂心生故種種法生，心滅故種種法滅。是生滅相，但有名字，實不可得。以心不往至於境界，境界亦不來至於心，如鏡中像，無來無去。是故一切法，求生滅定相，了不可得。所謂一切法畢竟無體，本來常空，實不生滅故。如是一切法實不生滅者，則無一切境界差別之相，寂靜一味，名爲眞如第一義諦自性清淨心。彼自性清淨心，湛然圓滿，以無分別相故。無分別相者，於一切處，無所不在。無所不在者，以能依持建立一切法故〔註195〕」。

同時也在此澄清一般對於佛教所言的「心」之誤解，《占察善惡業報經》亦分析如下：

如是等說，眾生不能解者，謂無上道如來法身，但唯空法，一向畢竟而無所有，其心怯弱，畏無所得中，或生斷滅想，作增減見，轉起誹謗，自輕輕他，我即爲說如來法身自性不空，有眞實體。具足無量清淨功業，從無始世來自然圓滿，非修非作，乃至一切眾生中亦皆具足，不變不異，無增無減，如是等說，能除怯弱，是名安慰。又復愚癡堅執眾生，聞如是等說，亦生怯弱，以取如來法身，本來滿足，非修非作相故。起無所得相而生怯弱，或計自然，墮邪倒見，我即爲說修行一切善法，增長滿足，生如來色身，得無量功德清淨果報！如此等說，令離怯弱，是名安慰。而我所說甚深之義，眞實

〔註195〕 【隋】菩提登譯：《乾隆大藏經第34冊：占察善惡業報經》（台北，世華國際股份有限公司印行，2003年12月），初版，卷下，頁309～310。

相應，無有諸過〔註196〕。

由上述可知，外在的生滅現象是「緣起性空」，而了知生滅現象的背後智慧和所要修證的主體是法身，此爲「緣起法則」，具有呈現「眞心」與「妄心」的功能，「眞心」與「妄心」不相背離，是一體兩面。兩者可以相互薰習而不離，眞心便是禪宗所講的「眞如第一義諦自性清淨心」，又叫做「如來藏心」。認爲人人本具法身，有「空」與「不空」的兩面，就法則的眞實存在面而言是「不空」。具足無量功德，但是對於執著於「不空」的人，便可能出現一種認爲走向消極泏不去努力修證本體的缺點。

對於這種人的執著而言，大乘佛法給予的開示認爲，雖然法身有無量功德，人人都具足，但是必須要修證，才能使法則的本體呈現；才能得到法身眞實的受用，同時修行的力量，也可以成就如來的「色身」。對於執著頑空的人而言，佛教給予法身主體，是眞實修證的所在，不會走入斷滅。以此對執著「空」與「有」兩端的眾生給予安慰，同時也保存積極修行的意義，以此點說明來立論，以上爲佛教所定義的「心」。接下來便是當本心相應時，必須對於「出離心」的所可能產生的缺點，以大乘禪法的立場進行回應，依《占察善惡業報經》的看法分析如下：

> 復次，當知，若修學世間有相禪者，有三種，何等爲三，一者無方便信解力故，貪受諸禪三昧功德，而生憍慢，爲禪所縛，退求世間。二者，無方便信解力故，依禪發起偏厭離行，佈卻生死，退墮二乘，三者有方便信解力，所謂依止一實境界，習近所謂依止一實境界，習近奢摩他、毘婆舍那二種觀道故，能信解一切法唯心想生，如夢如幻等，雖獲世間諸禪功德而不堅著，不復退求三有之果，又信知生死即涅槃故，亦不怖怯，退求二乘〔註197〕。

由此可以看出，佛教認爲明儒王龍溪所指出佛家「出離心」的缺點。其實就是因爲在修習禪定時，由於過份偏向觀察世間的苦；而產生了害怕與逃離的念頭，故只看到二乘的空理；而並不是究竟的空理，所以才會有儒家指控的思想缺點。而此點，也是佛教所反對的，所以在此得到一個結論，那便是儒

〔註196〕 【隋】菩提登譯：《乾隆大藏經第 34 冊：占察善惡業報經》（台北，世華國際股份有限公司印行，2003 年 12 月），初版，卷下，頁 317。

〔註197〕 【隋】菩提登譯：《乾隆大藏經第 34 冊：占察善惡業報經》（台北，世華國際股份有限公司印行，2003 年 12 月），初版，卷下，頁 315。

者的指控只能適用於小乘道，對於大乘法門，並不適用。因為大乘菩薩在修行禪定時，雖然獲得諸禪的功德，但是本身並不貪著於此；知道生死即涅槃，對於世間沒有貪求，也沒有對於無常的恐懼與追求出離的思想，所以不會退墮二乘禪定。佛教認此種定功才是大乘禪定的境界；所以佛教以此點回應儒家的批評，此為佛教依性空正見修行而成就之「本心如意相應相」。

此境界雖然強調連「出離心」及「如幻觀」的本身都如幻不實，所以在實相上，並沒有出離。故能以境界能進入不捨離眾生而見性成佛的境界，也解決了生死問題。此為大乘了義之教，但是在本質上，龍溪認為勢必可能導致連「倫常」與「道德法則」皆是為如幻不實的知見；針對於此，故反對佛教思想的「出離心」及「如幻觀」。正是因為看到到此點弊端而批評，即使大乘法門能將「出離心」的弊端全部消除；但是最後仍然是必須視「出離心」的本身也是如幻才能成就。所以在此分析而得到一個結論，儒釋之間爭論的根源就在於「如幻觀」，只要此點不共法能堅守住，就絕對不會將儒釋之間的見性義混為一談。

但是在心靈上的自在無欲與遠離「妄心」與對於外界境界攀緣的立場上，卻是可以達到三教之間的會通與相應。此點為儒家與佛老在見性義上的差距，必須進入到由儒家良知見性義修持成就之「本心如意相應相」才能完全理解儒家見性的宗旨。那便是對於「道德法則」及「倫常」的「如實觀」與相應不離；此點正是當三教皆進入與自家本心宗旨相應時，才能夠徹底明瞭這一點毫釐之差〔註198〕。

故於此次第的修證相應下，便能徹底掌握住儒家的見性義；而將儒者獨具的不共法完全彰顯，亦因本心的修證成就，所以達到儒家式的養生與養德成就境界，此為儒家的還丹意義。雖然與道教的成丹定義不同，但是由於將後天的情欲狀態進行了對治，而達到「自然無欲」的定功成就。所以可以符合道教所規定的「陰盡陽純」的長生效果；但是又能不流入道教的修行，此為儒家與道教的不共法。龍溪針對此點，分析如下：

> 吾儒之學未嘗不養生，但主意不為生死起念。陽明先師良知兩字，

〔註198〕龍溪認為佛老的共通點在於以如幻觀來看待世間，而儒家與佛老的不同點在於對於世間的人倫與道德法則的如實觀，即使大乘佛法可以以究竟如幻的觀點將出離心的缺點完全化消，但是畢竟以如幻觀為究竟的教誨，此點仍然不被儒家認同，此為三教的毫釐之差。

乃是範圍三教之宗，是即所謂歷劫不壞先天之元神。養生家一切修
命之術，只是隨時收攝，保護此不壞之體，不令向情境漏泄耗散，
不令後天渣滓攪和混雜，所謂神丹也。凡鉛汞龍虎種種譬喻，不出
情性兩字。「情來歸性初，乃得稱還丹」，已一句道盡，外此皆旁門
小術。吾儒未發之中、發而中節之和，皆是此義，其要只是一念之
微識取，戒懼慎獨而中和出焉，即火侯藥物也。中和位育，即宇宙
在手、萬化歸身也。此千聖相傳性命之神機，在人時時能握其機，
不為情境所奪，不為渣滓所染，謂之還丹。隨緣聚散，一日亦可，
百年亦可，更無生死執吝，與太虛同體，與大化同流，此大丈夫超
脫受用，功成行滿之時也。微驅繫念，去道日遠，千聖過眼，良知
吾師。毋謂吾儒與養生家各有派頭，長生念重，未肯放舍。望只專
心定念，承接堯舜姬孔一派源流，亦不枉卻大丈夫出世一番。未修
仙道，先修人道，到此辨別神仙有無，未晚也。〔註199〕

所以在此心的相應下掌握了道教的修行重點，而不走入對於肉體長生的執
著；也在此時能達到完全純粹以道德法則為主，而成就為一位「無條件為善」
的君子，而將非道德為主的動力，或是雖然以道德法則為主，但是卻無法達
到完全純淨的弊端，全部都在此刻，一切消除！從滿足為善的心理轉變成無
條件為善的實踐，使法則成為行動的究竟條件，進行了心靈的革命。

亦云：

老師良知宗旨，虛靈寂照，乃是萬劫不壞真性，此性無體，易於緣
物，一切命術皆是鍊性之法，不過收攝堅固此件而已〔註200〕。

由於此本心的相應，所以能對於三教之間毫釐之差的區分，也能夠完全掌握
而不失去儒學無欲本心的宗旨，對於儒學本心的特色，也是儒家的成丹義，
此丹就是指「無欲本心」的朗現，亦提到儒家的性命雙修宗旨如下：

所謂性命二字，乃入聖賢血脈門路也。自性自修，自命自固，為性
命之心重一分，嗜欲自然輕一分，全是性命之心，種種嗜欲自然淡
得息下〔註201〕。

牟宗三分先生析如下：

〔註199〕【明】王畿：〈與潘笠江〉，《王龍溪先生全集》，卷9，頁611～612。
〔註200〕【明】王畿：〈與呂沃洲〉，《王龍溪先生全集》，卷9，頁616。
〔註201〕【明】王畿：〈與屠竹墟〉，《王龍溪先生全集》，卷9，頁647。

儒家的無限智心必扣緊「仁」而講,而體現此無限心之大人之「以天地萬物為一體」之圓境亦必須通過仁體之遍潤性與創生性而建立,此即所以不能直接由「詭譎的即」而被表明之故也。它不能只由般若智之橫的作用來表明,它須通過仁體創生性這一豎立的宗骨來表明〔註202〕。

由牟宗三的分析來看,儒家本心的特色與佛老的差別,就在於多了一層「創生義」與對於「道德法則」的如實觀。並以此為實踐的目標,所以從外表上的實踐道德,轉變成為內心的純粹;而此本心的相應,便能夠在單為法則而實踐。如此一來,方為「自然無欲本心」的全面彰顯〔註203〕,此時的「格物」,便是「致良知」之安理以正物,良知的天理就是自發自立的「道德法則」。一切的意念的流露,都只是順著良知的天理發動,所以能夠真實無妄;所成就者為儒者無限智心的展現,因此心的流暢,則能使原初四句教中所言的無善惡相的本心如實呈現。但是此刻仍然只是究竟圓教的事前預備規模,必須進入究竟圓教方能無相的呈現。於此狀態才能進入良知之教中最終的圓滿次第,即王龍溪所言四無說境界之「超越自在相」的境界〔註204〕。

在此時可以用儒家的定功,進行對於佛教的會通,王畿更提出以儒家的看法來超脫三界,分析如下:

> 陸子曰:「宋之儒者莫過於濂溪、明道,只在人天之間,亦未出得三界:欲界為初禪,色界為二禪,無色界為三禪。雖至非非想天,尚住無色界內。四禪始為無欲阿羅漢,始出三界,天人不足言也。」先生曰:「此事非難非易,三界亦是假名,總歸一念。心忘念慮,即超欲界;心忘境緣,即超色界;心不著空,即超無色界。出此則為佛乘,本覺妙明,無待於持而後得也。先師謂『吾儒與佛學不同只毫髮間,不可相混』,子亦謂儒佛之學不同,不可相混,其言雖似,其旨則別。蓋師門歸重在儒,子意歸重在佛。儒佛如太虛,太虛中豈容說輕說重、自生分別?子既為儒,還須祖述虞周,效法孔顏,共究良知宗旨,以篤父子,以嚴君臣,以親萬民,普濟天下,紹隆千聖之正傳。儒學明,佛學益有所證,將此身心報佛恩,道固並行,

〔註202〕牟宗三著《圓善論》,頁306。
〔註203〕參閱自牟宗三著《圓善論》,頁120。
〔註204〕參閱自牟宗三著《圓善論》,頁313~316。

不相悖也。〔註205〕」

佛教針對此次第的修證，亦分析如下：

> 復次！阿難，從是有頂色邊際中，其間復有二種岐路，若於捨心，發明智慧，慧光圓通便出塵界，成阿羅漢，入菩薩乘。如是一類，名爲迴心大阿羅漢〔註206〕。

龍溪在此亦分析儒家本心特色如下：

> 良知之宗，寂而常照，舜之明物察倫，照之用也，由任義行，寂之體也。是謂明覺之自然，是謂無爲而治，千古經綸之學，盡於此矣！〔註207〕

在此分析此次第的修證與儒佛之間的差異，以佛教的看法認爲，若在此本心相應之時，生起「出離心」與「大悲心」，則將在以「如幻觀」的修證而成就般若智慧的前提下，走入小乘羅漢道與大乘菩薩道的修行。反之，若是將「出離心」與「如幻觀」捨棄，強調以「道德法則」爲「如實觀」的修證；則將在此第的成就下，捨棄對於本體作用上的執著，進入與道德法則相契合而無相之儒家聖人的境界。

　　以上所言爲此次第修行必須注意的一點，也是儒家與佛老，在修證上的毫釐之差。關鍵就在於進入「色界」的最高定功時，是以何爲宗旨修行？若只是進行定力的加強，則將走入道教仙人的路線的最高果位，即進入無色界之「非想非非想天」的境界。筆者認爲此點差距，是必須要在此次第的修行中，以實際的修行證量才能得知。

　　此點毫釐之差的關鍵，在於最初的動機是抱持何種動機修行？以儒家而言，則認爲是爲無條件律令而修行；由本心意志而發，只有形式而沒有內容的目的。完全擺脫性好而生，由無條件爲善的善意志來決定一切的價值，不受行動的結果決定，便是儒家所講的「義」。其宗旨在於「道德法則」，此爲儒學見性的目標，此性體便是「道德法則」的本體，儒家視此法則爲眞實的存在，與佛老的差異也在於此點。以佛老而言，其修證的目的在於想成佛與成仙，屬於有條件爲善！特色在於以行動的結果，對於自身有利益者爲主。

〔註205〕 【明】王畿：〈答五台陸子問〉，《王龍溪先生全集》，卷6，頁452～453。

〔註206〕 【唐】般刺密帝譯：《乾隆大藏經第33冊：大佛頂如來密因修證了義諸菩薩萬行首楞嚴經》，卷9，頁1152。

〔註207〕 【明】王畿：〈與諸南明〉，《王龍溪先生全集》，卷9，頁645。

就良知之教的標準而言，屬於「利」的層次。而此點差距，卻只能在此次第的成就中，才能明白而得到受用。

　　縱觀以上所述，筆者在此分析，所謂的次第的建立，是就對治的關係而立論，就此而言，則是因爲「氣質之性」與「人欲」和「習氣」的障礙深淺而立論，也因此產生了工夫次第觀，這是就現實的經驗理解下，所必須面對和處理的問題。也可以說是一種對治人欲等感性經驗的治療過程。由此入手，則必須有次第的成立，此法是就實修的過程來說，此爲良知之教的「漸」修面，可用良知之教「氣調息門」來入手修行而成就，此法適合受人欲障礙較深者修習。

　　但是就良知之教的本心熟習過程而言，則只有一個次第，那便是本心的湧現和熟習的工夫，也就是「致良知」法門一個步驟，也就是從良知之教的「心眞悟門」入手。此法適合於受感性欲求障礙較淺者修行，但是不論根器的利鈍，則必須對於「意」進行處理。「意」就牟宗三先生的理解而言，是因爲受私欲的影響追逐而脫離心體而產生，而「心」與「意」的關係就像是波浪與海水的關係一樣，「意」就是憑依海水而生的波浪，所以王陽明於四句教所說的「意」是就感性影響的意志而說的，「意」與「物」皆屬於感性層與經驗層上的「有」，所以必須對治，方能將此類的干擾降到最低，此時才能見到本心，而基於對治的立場下而建立的次第觀，將在此本心相應的修證功成下告一段落〔註208〕。以王財貴教授的看法而言，此法是屬於「證悟」，雖然於本體的超越性可得，但是未能當下與工夫完全相應，以筆者的理解層面而言，應該是指仍然有對於本體的「執著相」存在，而與純淨的自然無欲之本心仍然有些許的毫釐之差，必須再進一步進入「四無」的境界，才能圓滿功成〔註209〕。

　　接下來便是進入「四無說」的境界，此境界是就實體的無相心而立論，是以本體作用上的「無」爲主，若無此作用，則本心的作用則不完全，所以良知之教必須在當進入無相的超越工夫，才能夠見到屬於本心的完全面貌，也就是四句教所說的心之體，此體的特色是至善，屬於超越層的「睿智有」，以不落次的相的展現，爲四無的「自在相」，此法成就的境界，將於下一次第解說。

〔註208〕牟宗三著《從陸象山到劉蕺山》（台北，學生書局印行，1979年8月），初版，頁286～273。

〔註209〕王財貴：《從天台圓教論儒家心學建立圓教之可能性》（台北：中國文化大學哲學研究所博士論文，1996年11月），頁161。

9. 出入隨心、超越自在相

即王龍溪四無說的化境，爲良知之教的究竟圓滿境界。龍溪云：

> 心是無善無惡之心，意即是無善無惡之意，知即是無善無惡之知，
> 物即是無善無惡之物。蓋無心之心則藏密，無意之意則應圓，無知
> 之知則體寂，無物之物則用神。天命之性，粹然至善，神感神應，
> 其機自不容已，無善可名。惡固本無，善亦不可得而有也。是謂無
> 善無惡〔註210〕。

以上爲筆者對於龍溪一生言行的整理，不論根器的利鈍，皆必須經過者九種次第的考驗，方能達到良知學中的聖人境界。由此可知，龍溪並非如後世學者所批評一般，沒有一個下手的工夫方向；而是必須在人世中爲修習的道場，時常觀察本心的流露，與人欲的當下轉化爲主要方向，所謂的「聖」與「凡」的差異，也只是在於「迷」與「悟」的深淺而已。

由於人人本具良知本心，所以只需熟習良知本心的流露而不散失。當良知心體的熟習度與流露的程度達到極限，便是成就究竟聖人的境界。此點便是良知之教的特色。反之，雖然未達到究竟入聖的境界，但是由於在本心流露時的少許境界之受用，便能夠使人人在當下直入，與聖人果地一般的境界，此時爲廣義的聖人，雖然非究竟成聖；但是可以在龍溪的頓教之學下，而得到初步的受用。不需以人欲爲敵，只需轉化人欲，便能當下由本心作主，一入聖人之境。這便是龍溪所說的「悟」！而使每次入聖的程度更爲深入而不散失，就是「悟」、「修」並進的工夫。此爲龍溪教法的特色，也在此能會通佛老教理，而達到養生與養德並進之效。

由以上所言來看，無疑是對道教思想的一種反省！但是此類批評是否能夠使道教中人服氣呢？以張伯端的立場而言，認爲龍溪的批評，其實道教中人本身也有考慮到，但是認爲心學的方式，是從性功法門下手，有可能導致過於追求快速，而對於命功的修養無法全面顧及，最終導向成就「陰神」一途。反觀，道教中人雖然是以「命」功入門，但是亦講求「性命雙修」，最終可以聚氣而成形、散形而成氣的境界，由於不輕視命功，所以可在長生的情況下，進一步以自身純正的意念，成就「陽神」的仙人果位，故道教認爲仍然是以「命功」入門較爲妥當〔註211〕。

〔註210〕 【明】王畿：〈天泉證道紀〉，《王龍溪先生全集》，卷1，頁89～90。
〔註211〕 參閱自詹石窗著《易學與道教符號揭秘》（台北，大展出版有限公司印行，2003

　　對於此類人士而言，龍溪認為可以先用儒家的調息法使其心服，先滿足其長生的基本渴望。同時也可以取代道教的「命功」，再以良知心學的心悟次第；來達成道教「性功」的要求，達到養德與養生並進的效果。但是由於儒家對於真生命的嚮往並非是「成仙」！所以龍溪認為調息法也只是暫時的權便方法，最後仍然是要進入心悟之門，才能儒家生命的化境呈現。筆者認為，若真能遵守龍溪的要求，則勢必不會走入道教所批評的「陰神」之境界；反而可以達成儒家與道教所期望的「陰盡陽純」之境界，在此可以看出龍溪是站在不失去儒家自己的風采下，去融會道教哲學，追求自然而然的化境生命，此為良知之教的智慧光采。

　　對於此心自然無欲的風采，龍溪的形容如下：

　　　良知者，本心之靈，至虛而寂，周乎倫物之感應，虛以適變，寂以

　　通感故，其動以天，人力不得而與，千聖相傳之密藏也〔註212〕。

縱觀以上所述，當進入四無說的境界時，可以直承良知本體的發用流行，在此次第中做工夫，卻能夠不顯工夫相，為究竟工夫，此工夫成就的關鍵，在於是否能夠對於本心良知的體用一貫性，能夠建立自信的基礎？〔註213〕才能夠藉由本體的「自然覺性」的呈現，使一切人欲當體消融而無法障礙。此法適用於上根器之人，對此等人士而言，此九次第只是一個次第！就是使本心彰顯的工夫深淺與熟習程度的差異而已。

　　對於中根器人士而言，則此九次第為漸修工夫的依據，也可以當成是對治人欲的過程；也符合龍溪所言，「理」方面可以「頓悟」！但是在「事」方面則須漸修的教誨，雖然是上根人士，但是當進行道德實踐時，很少有人能在體會本心時，即能進入不退轉的境界；所以必須有一套方式，從身體與心靈方面同時下手對治人欲的步驟，即「心真悟門」與「氣調息門」的配套措施。方能達到攝受一切根器的人士之效，同時使一切根器的人士，都能依「道德法則」而完成無條件為善，而在此時，也能達到道教所要求「陰盡陽純」而長生的境界〔註214〕。

年11月），初版，頁243～246後不贅述。

〔註212〕【明】王畿：〈自訟問答〉，《王龍溪先生全集》，卷15，頁1083～1084。

〔註213〕參閱自高瑋謙：《王門天泉證道的研究：從實踐的觀點衡定四有、四無與四句教》（中壢：中央大學哲學研究所碩士論文，1993年5月），頁93～97。

〔註214〕陰是指後天的情欲，而陽則是指在無欲狀態下，將先天的精、氣、神三寶，完全如實的呈現，此法的成就必須要將後天的情欲掃蕩，才能回歸先天的面

　　以道教學理而言，由於王龍溪在此境界已經能達到在心理上能不受欲念的影響，能使身體的器官在發揮本來的作用，依照生理的循環而歸於平淡，便能進入不還之還、不補之補的境界，進入引發生命快樂感覺境界。雖然心念寂然，但是卻又能不流入死寂，將精、氣、神回歸到先天狀態。此時由元精提供快感，由元氣提供了意志的堅定與毅力的光明，由元神提供了智慧的敏捷與超穎，此法已經融會了道教上品丹法所要求的境界，所以在肉體上的長生是沒有問題的，此爲良知之教會通道教養生學理的表現〔註215〕。

　　以學者牟宗三的看法而言，四無說的境界所言的「無」，是指心之表現作用上的無，非存有上的無，「意」指的是心的作用方式是以不執著的方式展現，所謂的四無就是指心、意、知、物一齊在渾化的神聖之境中爲無相之相的呈現，此爲本心的本來面貌，此時的本心，能不隨感性而照造作起念，而良知本體卻是自然無意的表現出自在的風采，一切只是無知相之如如流行，心意知物都在無相之相之自然流行下，如如呈現出儒家圓教的至善化境〔註216〕，故筆者在此將龍溪的四無說，列爲此九次第最爲殊勝第一了義之教。

　　由於此次第爲儒家的了義之教，所以在此龍溪認爲可以以此貫通三教的精華，看法如下所示：

　　　　聖人微言，見於《大易》。學者多從陰陽造化上抹過，未之深究。『夫乾，其靜也專，其動也直，是以大生焉。夫坤，其靜也翕，其動也闢，是以廣生焉』，便是吾儒說虛的精髓。『無思也，無爲也，寂然不動，感而遂通天下之故』，便是吾儒說無的精髓。，自今言之，乾屬心、坤屬身：心是神，身是氣。身心兩事，即火即藥。元神元氣，謂之藥物；神氣往來，謂之火侯。神專一則自能直遂，性宗也；眞息者，動靜之機，性命合一之宗也。一切藥物老嫩、浮沉火侯、文武進退皆於眞息中求之。『大生』云者，神之馭氣也；『廣生』云者，氣之攝神也。天地四時日月有所不能違焉。不求養生而所養在其中，是知謂至德，盡萬卷丹經，有能出乎此者乎？

　　　　無思無爲，非是不思不爲，念慮酬酢，變化雲爲，如鑒之照物，我

──────────────────────

　　　　貌，而龍溪的修證工夫，正好能達到道教對於此點的要求，所以能不刻意而
　　　　達到長生的效果。
〔註215〕參閱自南懷瑾著《靜坐修道與長生不老》，頁 180～186。
〔註216〕參閱自牟宗三著《圓善論》，頁 313～318。

無容心焉。是故終日思而未嘗有所思也，終日爲而未嘗有所爲也。無思無爲，故其心常寂，常寂故常感。無動無靜、無前無後而常自然，不求脫離而自無生死可出。是之謂《大易》，盡三藏釋典，有能外此者乎？先師提出良知兩字，範圍三教之宗，即性即命，即寂即感，至虛而實，至無而有。〔註217〕

龍溪之所以會認爲此次第的成就，可以會通三教精華的原因在於滿足了對於道教信眾對於養德與養生的渴望，也提供佛教徒一條心靈上的解脫之道；又能兼顧大乘佛法普渡眾生的要求，也能夠不流入佛教視倫常爲「如幻」的思想弊端。以無條件律令進行「道德法則」的實踐，達到肉體上的長生與道德上的自在，滿足了佛老信眾的要求，同時杜絕了佛教「出離心」的思想缺點，同時會通了大乘禪法之精神。

以佛教禪宗思想而言，必須進入連視出三界本身的修行的法門本身，也是如幻，所以在本質上並沒有出離三界，才能見性無礙，進入「一眞法界」之境界，由於緣起法則的本身是「依它性」，所以必定不離開一切眾生而成就，此爲大乘法門的觀點。其宗旨本身是「緣起法則」，龍溪吸收了這一點精神，以良知之教的「道德法則」爲宗旨，強調儒家雖然隨緣度化群生，但是必須承認「道德法則」爲眞實的存在，才能夠去除妄心，才是儒學本質的胸懷，此點爲儒釋之間的不共法。

由此點可知，龍溪在此將佛家去除顛倒夢想的修證所使用的「如幻觀」，給予良知之教去妄存眞的精神來解釋，並以道德法則的「如實觀」來進行會通佛老教理及轉化，所以便能夠以此攝受佛老信眾進入良知之教的修行，同時也能夠不失去儒家本心的宗旨，也認爲這便是儒家良知知教所獨具之「虛」和「無」的精髓展現。

縱觀以上會通三教的九次第而言，筆者認爲可分爲理上的頓悟，與事上的漸修，以龍溪的「心眞悟門」而言，則是進行恢復法則的純淨性，爲格言的究極原則，適用用上根人士，而「氣調息門」則是以遵守法則的長期工夫，從行爲的改進入手，及其格言的加強爲下手的方向，此爲德性上的經驗意義，可攝受接引中下根人，進入良知之教的修行，以此爲權便之法門，最終導入以回復法則的純淨性爲主的修行。

直到進入「本心如意相應相」時，便可意識到道德法則，進入無條件爲

<hr />

〔註217〕【明】王畿：〈東游會語〉，《王龍溪全集》，卷4，頁292～294。

善的境界，此為儒學內在的逆覺體證成就之境界。此時與龍溪四無的境界，只有毫釐之差，就是對於本體與法則產生了作用上的執著，筆者認為此為執著體邊，所以必須進入四無的境界，才能達成作用上的不執著，超越了體邊與相邊的執著。

由於道德的根據是在「心」，所以當與本心相應時，即可在自發的道德實踐中彰顯，而此道德本心的活動，則是自律自由又能自我立法，通過意志而顯露，落實於道德的實踐中，同時也是天道生化本身具體的實踐。由於本心的相應無執的基礎，能夠自覺本心的道德實踐，與天地合一，了知一切都是真心的展現。由此體會天理的實在，即是「逆覺」本心而不退轉的境界，在此呈現出高度的自由，此工夫為無工夫的工夫，特色在於做工夫而不落工夫相，直接順應本體的自然發用流行而展現，此工夫特色在於超越「體邊」與「相邊」的執著〔註218〕。

此時由於已經進入「自由」的境界，與天道相應，此刻雖然亦是無條件為善，但是已經體會到道德與法則是一體的兩面，由心靈無執的狀態完成。此時按法則而行時，已經沒有任何力量可以阻礙，同時也得知此心是真實無礙的存在，具備永久為善的能力，具足絕對的自發性，可以使自身常在道德實踐下，進入「法則」與「自由」不離的境界，唯有如此的境界，方能稱為「次第成就、出入隨心、超越自在相」。

佛教針對此境界的相關形容如下：

是四空天，身心滅盡，定性現前，無業果色，從此逮終，名無色界〔註219〕。

此時便能融攝了九次第的工夫而回歸一次第中，即「事」即「理」，都無所礙，於一切根器的人士設教，都能隨心自在，當機指點。同時依此無限智心之遍潤一切，進而調適一切，通過道德實踐而體會，使一切的存在為真實又兼具價值意義的存在〔註220〕。都能夠在本心的流露中全部包含，如大海容納百川一般，故「四無」之化境能夠總含諸次第的正心之學，但諸次第亦不能離開「四無」的境界，此為儒家先天正心之學的圓教義展現。

〔註218〕高瑋謙：《王門天泉證道研究：從實踐觀點衡定四無、四有、與四句教》（中壢：國立中央大學哲學研究所碩士論文，1993年5月），頁91～95。

〔註219〕【唐】般剌密帝譯：《乾隆大藏經第33冊：大佛頂如來密因修證了義諸菩薩萬行首楞嚴經》，卷9，頁1153。

〔註220〕牟宗三著《圓善論》，頁307。

　　此時的成就，可以顯現出常在禪定自在的境界中，而沒有物質與欲求所引發的一切障礙，常在自然無欲的境界下而無所障礙。此時的境界已經突破時間與空間的的執著，只有純粹的心靈意識的存在，估計已經具備「無色界」〔註221〕所需的定力，此時如果發起「出離心」，進行「如幻觀」的修行，則進入佛家聖人的境界；若是以「如幻觀」的定力修行為主，則將進入道教聖人的最高果位。成就在天界享受逍遙自在的天仙果位。若是以道德法則的「如實觀」為主，則是成就不離倫物感應的儒聖果位，此為三教修行者，當進行無色界定功的修習時，便可以由最初的發心的動力因，自行依所依據的法則，而成就三教之間最高的聖者果位。

　　所以縱觀此九次第而言，不外乎是「心眞悟門」與「氣調息門」的修證與鍛鍊。從心悟法門入手，可以與「道德法則」相應，進而達到良知之教的「法身」成就；從調息法的修行，可以達成良知之教「報身」的成就。在肉體上產生變化，進而能影響心靈，使心靈進入自然無欲的境界，進而完成道教所要求的養生效果。但是又可以培養與「道德法則」相呼應時，所必須成就的定功，此為儒家方式的「性命雙修」。

　　此法可以用來攝受道教中人，滿足道教人士對於養生與長生的渴望，也可以此法門來指點中下根器人士，從身體的修行與調息，控制身體的內分泌，使人欲的影響力降到最低程度，之後便能進入心悟之門而無礙。使良知之教中無上覺性生起，再進一步直入「四無」之境中，與本心光明與覺性的光輝遍照，進入本心相應的境界。

　　龍溪云：

　　　初學與聖人之學，只有生熟、安勉不同，原無二致〔註222〕。

此時方能得知當下此刻的自覺是如此的空靈與實在，所悟的本心在事實上只是被悟而已，只要據此修習，一切覺性便能無限的生起，同時也能不受人欲的干擾，當下體認一切，直入儒聖之境而無所障礙，就像是將汙染之的水，

〔註221〕指沒有形體，而只有單純心靈意識的存在的境界，此境界已經突破欲望與物質和空間的限制與執著，此處所成就的定力最高境界為非想非非想天，此為三界之內的最高禪定境界，若生起出離心以及如幻觀的修行，則將進入佛教所言之滅盡定的境界，若停留於此，則是成就仙家所追求的天仙果位，若是以道德法則為宗者，則可利用此定力成就儒聖果位，此為三教聖人果位的分界線。

〔註222〕【明】王畿：〈慈湖精舍會語〉，《王龍溪先生全集》，卷5，頁364。

經由淨化的成純水的過程一般，此心不經過人欲的淨化過程，那裡能得到純淨呢？一切根器的人士雖然皆具有良知本心，但是不經修持，如何證入儒聖之果？若肯修持，即使是下下根器之人，也能悟道，此等根器之人，雖然不能了解其中的學理，但是仍然能從對於無欲本心的熟習經驗中，逐漸的訓練自己，往成聖之路邁進。

當進入見性之境時，就像食糖一般，由於親身體驗過糖的滋味，所以不需要他人的解說，此心已經清楚明白。此境無法以言語得知全貌，所以龍溪認爲此心只能熟習得知此心的全貌是「德性之知」，而非學習而來的「聞見之知」。所以依據此言，筆者認爲，即使是上根人士，當錯解本心的面貌，而認爲良知之教必須靠「學習」而成就時，終將走入岐路。

不論此等人士的學問如何淵博！對於文字的解析是如何清楚明白，但是由於缺乏如龍溪一般的證量經驗，所以對於良知本心的體會與解讀，難免離儒聖之境有所差距，也可能產生對於無欲本心的背離的風險。正是因爲對於「悟」與「修」無法進行並進修習所產生的弊病，此點是必須注意的事項。

反之只要能得知，此心無欲的宗旨是在「熟習」之下而成就，便能與本心相應，由此自然生起的無上覺性觀照與透視一切，便能在熟習的證量與修持的經驗下，直入「四無」所言之化境，成聖而無礙。如此方能稱爲「無欲覺性直觀本心成就之道」！故筆者以爲如此方爲、出入隨心、超越自在相」的宗旨，此論雖然精簡，但是良知之教的證量與口訣心法，盡在此矣！以上論述便是筆者順著龍溪一生所言而得到的結論，故亦對此法定名爲「無欲覺性直觀本心成就之道」，願此本心的熟習之道永不失落其本來宗旨，直到一切根器人士，皆能依龍溪此論而畢竟修證成就。

由以上所言可以得知，所謂的「工夫」即是眞實的實踐行動。而所謂的實踐，依照學者王財貴先生的看法表示如下：

> 所謂實踐，是一個生命的主體，即著「理念」的嚮往與追求，而表現其理念於其實存生活中之活動。儒家的道德實踐，就是依心性之自覺，而步步展現天理天德於自我人倫日用之過程，其中所謂心性，是以天理爲內涵的心性，是實踐之根據，是實踐之體。而步步展現之功能，則稱爲「用」。無「本體」無以開「工夫」，無「工夫」無以證「本體」，儒者成德之教，最重本體之自覺〔註223〕。

〔註223〕王財貴：《從天台圓教論儒家心學建立圓教之可能性》（台北：中國文化大學

由王財貴先生的看法中得知，良知之教的修證首重「覺性」的彰顯。使本心在熟習的狀況下使「熟習」的程度加深，而步步展現其功能，其基本理由與信念在於確信「本心」的實在性。再從本體的無欲覺性的彰顯程度，以開出次第觀的修習，除了本心的彰顯與熟習外，也同時針對「人欲」與「氣質之性」的障礙，進行對治與處理。就本心的湧現一面而言，是心學的頓教面，筆者名爲「心眞悟門」，此法從頓修本體的純淨面下手，適合上根器及人欲障礙力較少者修習。特色在於以見性爲宗，而不落次第相，超越「體邊」與「相邊」的執著，直見眞心。

至於中下根器的心學修行者，則因受「人欲」的障礙較深，所以即使能完成見性的境界，但是由於無法時常保持於當初見性的境界，仍然有退轉的可能性。所以針對此類人士，則必須以「工夫」而證「本體」，而「工夫」的下手方向便是針對「氣質之性」與「人欲」的對治面入手，而因此針對障礙的深淺，而在現實的經驗世界中，則必須建構「次第相」。原因就在於要將可能造成退轉的一切障礙因素及變數進行處理，也因此必須產生一套心學修行次第的建構，方能使一切根機的行者，得到經驗界上眞實的受用，同時在進入「本心如意相應相」的境界時，將一切「次第相」取消與解構，直入開權顯實的境界，此時便能得知一切的次第的修學，皆只是本心的「熟習」的外緣而已。得知一切境界相皆只是本心的流露，而「熟習」本心的過程也只是自覺的過程而已。此時的工夫與本體不離，直入圓教的境界，王財貴先生對此境界則表示：

> 所謂的圓教的表現，是全天理在生命中的完全朗現，全生命是天理
> 的流行。即體是用，全用是體，一無掛礙之圓滿的表現〔註224〕。

由此可知，其實當進入心學的圓教境界時，可普及於各根器的行者，不論在次第相上的修持的程度是有多大的分岐，都必須瞭解一件事，那就是本心是自然生起的覺性，本身具有知是知非的能力，應知其實「本體」與「工夫」本來不二，不論進入何等次第，皆不可忘失本心。

當本心彰顯之際，一切的修持所產生的「次第相」，便頓現其窮而自然化解，此時便是重生的一刻，不落「體邊」也不落「相邊」，當下的無欲覺性自

哲學研究所博士論文，1996 年 11 月），頁 151～152。

〔註224〕王財貴：《從天台圓教論儒家心學建立圓教之可能性》（台北：中國文化大學哲學研究所博士論文，1996 年 11 月），頁 153。

現光明清淨而隨順萬物，唯此境界方合乎「自然無欲」之宗旨。不論各次第的境界相有多少深奧而美妙的名相，最終所指，也不過是這當下無欲本心覺性的湧現而已。

當下此刻的自覺是如此的空靈實在，所證悟的本心其實就是「道德法則」如實的顯現者。只要據此去修行，便能超越一切次第相，不受人欲的干擾而自在成就，此法由「無欲的本心覺性」自發之力而成就，特色在於以一個次第，也就是在於本心的「熟習」，來總攝心學修證過程的所有次第。同時將所有次第收攝而消融於「致良知」的工夫之中，如大海能容納百川一般，本心的相應能總含各工夫的「次第相」。但是本心的相應與熟習則能不落次第相，「四無」的境界亦復如是，就在於此法能不離次第的修習，但是本身的境界卻是能盡離各種次第相所產生的局限，既能超越又能自在無礙，筆者便是基於此點，將此境界的成就，定名為「出入隨心、超越自在相」。

第五節　結　論

縱觀本章所述，龍溪強調以「致良知」的工夫，可以取代道教所說的火侯工夫。而融通道教的養生方式，原因在於精氣神三寶相生原理的控制。道教的「火侯」所指的就是呼吸的控制。目標在於配合意念「真土」的控制下，將後天的情欲去除，而進一步提煉「元精」，將元精提升到「元神」狀態而進入還虛的境界，以達成長生不死的金仙。所以有逐步的修行次第，以從事長生不死的修行。

但是龍溪認為，既然三者相生，就儒家的立場而言，可從「元神」入手，便可不落次第，而當下還虛。從「致中和」工夫上，便能將後天情欲昇華，而回歸先天三寶原貌的地位。儒家從「存神」入手，重點在於由心靈的領悟良知，由本體彰顯儒家的道德修養，可以同時帶動長生的效果。同時也可以融通儒家與道教所追求的「陰盡陽純」的目標；所以在這一點共識上，良知教法可融通道教學理而更進一步在身體與心靈上一次解脫，不落次第而成就。而能說明和滿足道教中人對於「養德」與「養生」兼備的需求，在此初步將道教融會於良知教法中，由龍溪本人的道德修養與長生的事實，來做為最佳的典範。

傳統上佛教的成佛原理，必須法報化三身成就，關鍵在於以厭離世間；

為主要動機而發心度脫一切眾生，進行出離生死苦海的修行。在菩薩道最初的發心時，以「直心」、「深心」、「大悲心」為心體為主要成分，所謂的「直心」，便是禪宗所說的見性，具備轉識成智的力量，可以見到緣起法則之「法身」，但是尚無法成就如來「色身」。所以必須由六度萬行等善行，來成就佛陀色身所需的福報資糧，在此由「大悲心」與「深心」來成就，而以「直心」來進行轉識成智的力量，將福報與智慧交互運作，而成就大乘佛果。

對於佛教的融會與分析方面，龍溪認為雖然佛教講求心靈的解脫，但是過份偏向追求寂然不動的本體，以及視世間如幻的態度，無法顧及倫物感應；在修行的工夫上，過份偏靜，容易走向入滅的極端。再加上過份追求彼岸來世的寂滅安樂，以斷絕淫慾為修行重點，容易使人走向消極的弊端，龍溪以良知心體能兼顧「寂然不動」的本體，以及「感而遂通」的一面來融通佛教。

雖然佛教的大乘法門，也有不二法門，可以不離開人世而成就的大乘圓教，但是終究在視世間如幻的的態度，以及以斷淫慾為出三界的根本教理上，無法顧及人倫事物的感應，龍溪認為終究不及儒家完備，在此分析出儒佛心體本質差異在於「出離心」，為佛教大小乘共法。即使是發菩提心而行六度萬行，但是終究以出離世間為依歸，差別在於小乘行者，強調自己出離生死苦海，大乘行者要帶領一切眾生出離生死苦海，都是由「出離心」為最初成聖的動力因，所以在此點上不被龍溪認同，同時這也是儒者的共識。

在此分析佛教的發心程序，首先是厭離世間而進行修習羅漢道的有條件利己之心，此時心的本質是「厭離心」，為主，進一步進入有條件自利利他的菩薩行，而成就「菩提心」。在菩薩度生利他之時，同時由六度萬行利己，進而轉變自身的生命境界，將有條件而貪求佛果的心與「厭離心」逐步轉化，最後進入佛果時，完全轉化成完全利他的佛心，所以才能進一步，不執著佛果彼岸而回到世間度眾生，以佛果地來立論，似乎與康德的無條件律令相距不遠，也能在佛果地中，可以具有無條件實踐的必然性。

就人人本具佛性而言，由倒駕慈航的一面來看，也可以在一切人類的意志上成立，所以由此而立論，龍溪的批評只能適用菩薩道與羅漢道。因為此兩者尚有成佛與出離三界的追求心態在心中，對於佛果地而言並不能完全適用。但是即使就境界也包含無條件的善意志而言，仍然不如儒家一開始就直接從「無條件為善的純粹意志下」手，故以儒家的標準而言，佛教仍然是繞著遠路走。即使最終可以從「有條件自利利他之心」而回歸「無條件的利他

之心」，終究是多了一層意志他律之心。

即使大乘法意識到此心而轉化，但是也仍然要到佛陀果位才能完全實現無條件利它的行為與意志。不如直接以良知心學的特性入手，從自主自律而絕對善的意志，也就是從「自然無欲的良知眞心」來下手成聖，就分析儒佛之間成聖的快慢而言，儒家成聖的道路較簡單快速而迅速，同時能與自主自律的善意志相應，關鍵在於「倫常」的不捨，所以勝過佛教一籌。

龍溪在此分析，良知勝過佛教的原因，在於致良知等於格物而不分離，不流入佛教絕物的缺點，同時在良知心體的本質定義上，由於不具「出離心」，所以能以正視人間的一切事物；但是以良知本體無欲無過的特色，便能將心體於人世間發用流行。在學者的程度時，進行「修命復性」；在進入賢人的程度時，進入傾向「寡欲」，到最後，與本體相應時，便能成就聖人自然無欲而又不失去對於人倫事物的感應。在此時，便是當下進入儒家圓教的生命化境，既能滿足佛老徒眾想要出離三界以及追求長生所需要的定力境界，以致良知工夫成就，但是又兼顧創生義能顧及倫物感應，對於佛老所嚮往的生命境界。

龍溪認為在此可以用良知教理，在不刻意追求下而自然達成。但是又不以此為終點，而強調在人世中，進行使生命無限的純潔化而依「道德法則」而行。對於人欲則要求轉化為自然無欲之心，不流入佛教講求出離世間而斷淫的思想，在此兼顧人倫事物的感應，杜絕了佛教思想的缺點，又能保持佛老二教所追求斷除煩惱的生命智慧；原因就在於，良知心體本身杜絕「出離心」，但是又兼備無限「創生義」，以倫常為成聖要素，又能顧及陰陽二氣的交感。

所以致良知工夫，也同時能養生兼養德，又能斷除煩惱而自在，以「自然無欲」之心為三教共法，以無欲之心中的創生義為有別於佛老的不共法，既能高度融會三教，又能不失去儒家心體的本色，在此自然無欲心體的雙重意義的運作下，使良知統三教的次第能逐步建立。

第五章 對龍溪的質疑與回應

第一節 前 言

　　王龍溪在晚明時期，對於佛老的思想，以良知學來做融會，目的在於建立一套三教歸儒的思想體系。在建立的過程中，勢必面對佛老與諸儒的挑戰。龍溪以「寂感」兼具又「虛實」相生的良知心體來回應佛老。並以此爲焦點來強調儒家勝過佛老之處，在本文所要解決的是龍溪在以良知進行三教歸儒中最後的挑戰，也就是儒家中人對於龍溪與佛老同流的質疑。造成懷疑的關鍵在於良知心體「自然無欲」的特性。針對於此，部份儒者便反對龍溪以「自然」爲宗的說法，認爲會引起流弊。

　　所以本文首先針勞思光先生的質疑的部份來初步分析。就龍溪而言，佛老的特色在於「任物而自然」，而無「創生義」。但是良知的自然無欲，卻是道德性直貫的創生活動，由良知的道德心的神感神應來下手，而不落感性層次，和道家以化去有爲造作，使心體沖虛無爲的方式是不一樣的，在此先將儒家和佛老之別做一個簡單的分析。

　　其次，本文將解析龍溪致良知工夫中，去欲和寡欲方式與禪宗的差異，並分析龍溪工夫的優缺點。同將相關學者的意見整理與解析，除了簡單介紹禪宗成佛原理外，也以龍溪的看法整理解析出成就儒聖的原理。以此來回應諸儒對於良知等同佛老的誤解，也是本文處理的關鍵。

第二節　勞思光的批評與龍溪的解析

　　龍溪以「自然無欲」為良知的真實體性，以此為修行的重心。雖然能融通佛老兩教的精神，但是也必須面對儒家門人的質疑，也因此產生關的論述。在此面對三教歸儒的最後挑戰，也就是儒家門人與相關學者的懷疑，而陽明後學的質疑之處，在於龍溪的致良知工夫本身，是否真能適用於每一個人？還是已經流入佛老而不自知？這也是龍溪所必須解答的重點。

　　首先針對流於佛老的質疑，以勞思光的看法為例，介紹如下：

　　　　龍溪亦雖批評佛教之捨離世界，但是龍溪所悟的主體境界，實與禪宗最為接近，上節論其工夫理論時，已可見端倪，蓋龍溪以悟言工夫，而所說了不著實，正由於其所悟見之境界，近於禪宗之主體自由，而非儒學之主體自由也〔註1〕。

針對勞思光的的質疑，筆者以下就開始分析這句話的合理性，首先就龍溪而言，為了實現三教會通的理想，勢必將儒學中與佛老精神相應的共法，從良知心體的特色來做為立論根據。但是又必須不可與佛老同流，所以儒家與佛老之別，也是龍溪與當時諸儒論戰的焦點。所以勞思光所批評的地方，龍溪並非沒有顧及，因為當時諸儒已經提出，已經有相關回應。

　　看法如下：

　　　　或曰：「人議陽明之學亦從蔥嶺借路過來，是否？」先生曰：「非也！非惟吾儒不借禪家之路，禪家亦不借禪家之路。昔香嚴童子問溈山『西來意』，溈山曰：『我說是我的，不干汝事』，終不加答。後因擊竹證悟，始禮謝禪師。當時若與說破，豈有今日？故曰：『丈夫自有沖天志，不向如來行處行。』豈惟吾儒不借禪家之路？今日良知之說，人孰不聞，卻須自悟，始為自得。自得者，得自本心，非得之言也。聖人先得我心之同然，印證而已。若從言句承領，門外之寶，終非自己家珍。人心本虛寂，原是入聖真路頭。虛寂之旨，羲黃姬孔，相傳之學脈，儒得之以為儒，禪得之以為禪，固非有所借而慕，亦非有所托而逃也。若夫儒釋公私之辨，悟者當自得之，非意識所能分疏也。」〔註2〕

〔註1〕　勞思光著《新編中國哲學史》（台北，三民書局股份有限公司印行，1981 年11 月），初版，頁 436 後不贅述。

〔註2〕　【明】王畿：〈南遊會紀〉，《王龍溪先生全集》，卷 7，頁 462～463。

龍溪指出，良知心體的工夫，要從本心去體悟，並非是從文字中去找到一條
入聖的道路。即使是佛教的禪宗，要領悟空性而變化不斷的「緣起性空」之
佛理，也必須因應當時的人事條件給予頓悟的機緣，所以在人事中去體悟心
體，是三教的共法，雖然入手的方式相近，但是由於對於本體的體會不同，
所以在修行的動力因上便不同。

　　儒家視良知心體為有「自性」而常在的創生性實體，而佛教則是視「世
間如幻」，所修證的是無自性的「般若智心之體」，但是此心體不具備儒家的
創生意義，所以看似相近，但是本質上有極大的不同，所以所成就的結果亦
不同、面對勞思光的批評，便可初步以此回應，若依照龍溪的看法，只要儒
家的本質精神能掌握住，則，則在形式上的爭論是沒有意義的。關鍵應該在
於討論以龍溪所提出的成聖工夫，所能成就的聖人是否真是儒家所說的聖
人？才是真正討論的重點。對此龍溪認為只有體證良知心體，才能避免流於
言語上的爭論，方能體察儒家與禪家的差異，而良知心體的特性如下：

　　　　虛實相生，而非無也，寂感相乘，而非滅也。〔註3〕

縱觀以上所述，筆者分析勞思光的說法，應該在將對於龍溪所修證的良知心
體認為並非是儒學的主體自由這一點給予修正。因為良知心體本身能兼顧
「寂」與「感」而不流入佛教的「寂」與「滅」，所以本質上仍然是儒家的精
神所成就的心體，而非視世間如幻的空理之心，雖然工夫的形式相近，但是
本質卻是相異，而龍溪所成就的自然無欲心體，也必然是儒家的主體自由的
展現。

　　佛教對於心的定義如下：

　　　　如是所說心義者，有二種相。何等為二？一者心內相，二者心外相。
　　　　心內相者，復有二種，云何為二？一者真，二者妄。所言真者，謂
　　　　心體本相，如如不異，清淨圓滿，無障無礙，微密難見。以遍一切
　　　　處常恒不壞，建立生長一切法故。所言妄者，謂起念分別覺知緣慮
　　　　憶想等事，雖復相續，能生一切種種境界，而內虛偽，無有真實，
　　　　不可見故。」「所言心外相者，謂一切諸法種種境界等，隨有所念，
　　　　境界現前故，知有內心及內心差別，如是當知。內妄相者，為因為
　　　　體；外妄相者，為果為用。依如此等義，是故我說一切諸法悉名為
　　　　心。又復當知，心外相者，如夢所見種種境界，唯心想作，無實外

───────────────────

〔註3〕【明】王畿：〈三教堂記〉，《王龍溪先生全集》，卷17，頁1206～1207。

事。一切境界，悉亦如是，以皆依無明識夢所見，妄想作故。」「復次，應知：內心念念不住故，所見所緣一切境界亦隨心念念不住，所謂心生故種種法生，心滅故種種法滅。是生滅相，但有名字，實不可得。以心不往至於境界，境界亦不來至於心，如鏡中像，無來無去。是故一切法，求生滅定相，了不可得。所謂一切法畢竟無體，本來常空，實不生滅故。如是一切法實不生滅者，則無一切境界差別之相，寂靜一味，名為真如第一義諦自性清淨心。彼自性清淨心，湛然圓滿，以無分別相故。無分別相者，於一切處，無所不在。無所不在者，以能依持建立一切法故〔註4〕。」

筆者在此分析以上所言禪家心體主體精神自由有以下的特性：

1. 雖然性空體寂無所有，但法身的存在是真實的信念，所以從此真實面來立論有一個常在的清淨心，但是也是從法則進行如幻的變現，此法的本來面目為「緣起法」之法理，由於此法則是真實的道理，就此一面而言來立論為「不空」，此心的本相，是如如不動而清淨圓滿遍一切處而常恆不壞，是不受諸因緣的無為法。就此法永恆的不變面，可以用言說的方便而立論是有自性，此法所代表的境界是「性空」的境界，為般若波羅蜜多的自性。

2. 所謂的心的外相，就是指一切有為諸法的境界，順應著內心的境界而現前，具有差別相。所謂的「無自性」是指「妄心」與「外在境界」的攀緣，進而由「妄心」生一切法，但是皆是由分別心幻化，所以沒有「實體」。由於妄心，方能產生外在因緣和合而生的諸法，此法皆是具備「依他性」，進而產生相續不斷的萬象，但是這些相對法，皆是不相捨離，互相矛盾又互相統一，所以一切萬法都在緣起之中，但是都是由「境界」與「妄心」所變現，所以並非是真實的境界，皆由妄想而產生，一切有為法皆依止「妄心」為本，但是妄心本身是沒有自性的，也是依靠著對於外在境界的攀緣而生，兩者相依而不離，此為「妄心」的定義。屬於一種顛倒夢想，雖然是一切外在境界的根源，其最初的動力因為「無明薰習」之力，但是在本質上則非心的真實境界。

3. 禪宗所要見性的重點，便是將言語道斷的真實境界展現，使「妄心」與

〔註4〕 【隋】菩提登譯：《乾隆大藏經第34冊：占察善惡業報經》（台北，世華國際股份有限公司印行，2003年12月），初版，卷下，頁309～310。

外在境界的攀緣執著斬斷，見到本來常空而實不生滅的如來「法身」，此為沒有一切相的境界，由於它是真實的存在，故稱「一實境界」。如何見到此境界呢？可從盡觀法界一切法皆是由因緣所生來入手，了知一切諸法皆無自性，因為一切事物皆如此，故名「平等真空」，以離開一切相狀的方式是去觀察事物的本質，以華嚴宗的看法認為，禪宗此法名為「真空絕相觀」，以「如幻觀」的方式修成〔註5〕。

4. 在「見性」之後，便要進行六度萬行，修習一切善法，才能成就如來色身，究竟成佛，使用的修證方式為「如幻觀」，但是禪宗行者大多以見性的修證為主，強調先見到法身，將六度萬行的修行暫時擱置，也因此常產生龍溪所批評「寂」而「滅」的缺點，此為儒佛爭議的起源。而在佛教的立場而言，「見性」是成佛的必要條件，但是並非是充分條件，見性未必成佛，但是成佛一定見性。

5. 所以「性空」為真心的「一實境界」，是心的真實體性，而「緣起」則為妄心而生的「假有」，但此為「緣起有」，由「妄心」變現，所以是虛妄境界而生「假有」，禪宗便是要視破此「假有」，而生起「出離心」，進而回歸不受諸因緣的「真心」，得知一切有為法，皆是畢竟空、無所有、不可得，知道一切現象皆是有為的生滅。使內心不去攀緣外在的境界，而以中土禪宗初祖菩提達摩的二入四行來進行見性的修證，最後進入的境界是：「心無所住、如如不動、宇宙萬象、非有非空、勿住勿忘、持之以恆、慈悲為懷、渡生為念」的大乘禪法修行成就者的果位。

以上為禪宗成就的修行次第與「見性」的特色，很明顯與儒家的良知心學不同。就是在於龍溪所證的心體本質為「自性有」的良知本心，此心為道德意識的明覺，可以進行「無條件為善」的利他之行，其特色在於「自然無欲」。在實際的修行中，已經不刻意的達成佛教所說的六度萬行的精神，但是本質上不具「出離心」，與佛教為了成佛而進行的「有條件為善」不同，儒佛之間的差異，以學者牟宗三的看法表示如下：

> 如來藏心並非與內在道德性必不相容。只決於有無此道德意識而已。有此驪珠即是儒，無此驪珠即是佛〔註6〕。

〔註5〕談錫永《佛家宗派》（台北，全佛文化事業有限公司印行，1998年12月），初版，頁86。

〔註6〕牟宗三著《心體與性體第一冊：佛家體用義之衡定》（台北，正中書局印行，

所以由此可知儒佛的差異，在於最初的發心動機與本質上不具「出離心」，此為儒家的「見性之學」的特色，也是儒佛的毫釐之差。所以就此而言，雖然兩者之間有高度的共法；但是在「不共法」的部份的分際，卻是十分明白，而龍溪所批評禪宗的缺點，便是大多沉醉於「見性」。導致在六度萬行的部份卻是不足，即使有進行為善之行，也是帶著「有條件為善」的動機而行。而良知之教卻無此缺點，所以由此可知，龍溪所證得的主體自由，必然是儒家本色而無疑。就此點而言，可看出儒家的精神在於「無條件為善」的本心彰顯。而心學的精義與修行的重點，在於對於「道德法則」的真實相應，使用的方式，為對於倫常的「如實觀」，以「自然無欲」為落實的方式，同時也是其見性修行的宗旨。主體精神如下〔註7〕：

1. 理即是本心，也是主觀的要求，在此必須肯定意志才行，在道德中完成「無條件為善」，此時的法則就是意志自我的要求，此意志為「無條件意志」，在肯定自己中給出力量，即是良知的依據，此為先驗而普遍化的法則。

2. 自我立法的價值，不受行動的結果決定，由無條件為善的善意志，來決定一切價值，此意志為先驗而普遍的價值根源，即是「良知」。

3. 由意志決定目的，但是自身即是目的，擺脫性好而生，此時存在的自身即是目的。但是此目的只是形式而沒有內容，亦不取決於行動的結果，此為「自然無欲」的良知本心，亦是龍溪所謂的儒者的「見性」之學，此實兼具「虛」、「實」相生又「寂」、「感」相乘的特色，此心即存有即活動，不受行動結果決定，具有自我立法的價值。

由以上三點，可以做為儒家見性之學的特色，而筆者就龍溪所言來分析，可已得知，所謂的「虛」代表能容受事物運轉的空間，而「實」代表此本體是具體的存在，「寂」是良知本體的形容，「感」是對於良知本體的活動狀態的形容，而以「自然無欲」的良知來將此四種特性融會於一心之中，所以能會通佛老。但是又不會等同佛老的「無」與「滅」的極端，其關鍵在於能把持此無條件為善的道德本心，所以由此可知，其所證得的本心必然是儒家的主體自由而無疑。

1968 年 5 月），初版，頁 650 後不贅述。

〔註 7〕 牟宗三譯註《康德的道德哲學》（台北，學生書局印行，1982 年 9 月），初版，頁 64～66。

　　在初步解決對於「主體自由」的爭議後，接下來要面對的是勞思光第二點質疑，便是在對於龍溪的「悟」的工夫，看法如下：

> 龍溪之論工夫，雖標出「先天」、「心體」等語，以自別於在意念處
> 上處處下用功之傳統教法，但自身只能就「悟」及「日減」等語描
> 述工夫歷程，此外無明確講法。且屢屢將悟後境界與悟入工夫混而
> 言之，使人易生誤解，以爲「悟」入處即最高境界所在，由此而使
> 工夫過程無法安立。龍溪與後學墮入所謂「狂禪」一路，病根即在
> 此一「混」處〔註8〕。

針對勞思光這一點批評，是針對龍溪的工夫不落次第的缺點而言，有其合理之處，但是假如龍溪眞流於狂禪一路，那麼必然無法在天泉證道時得到陽明的肯定，既然晚明心學的致良知工夫是由陽明所創，而龍溪又得到陽明的肯定，以四無說爲接引上根人教法，所以可以就此初步肯定龍溪所體認的良知心體的正統性是毫無質疑之處。於至於勞思光所批評的「混」，就龍溪而言並非如此，而是就此一念之微處來體會與入手，在日常生活中去體會每一刻的發心動念，是否是自然無欲眞心的展現？一旦體會之後便是「悟」，便需要時刻保存住此心，而保任此心的工夫，便是「修」，所以在此爲本體與工夫相應不離的修持，並非是勞思光所言之「混」。

　　王陽明的看法如下：

> 汝中所見，是接上根人教法；德洪所見，是接中根人以下教法〔註9〕。

所以在此對於勞思光先生的批評應該給予修正，假如勞思光的批評是正確無誤的，那麼勢必連王陽明對於龍溪的肯定都要推翻。如此則會產生第二個問題，便是連王陽明的意見都無法做爲判定的標準，那麼王學諸子門生又該以誰爲判定標準呢？所以由此可知，勞思光的說法在此對於龍溪等同於禪的批評應給予修正，因爲這是從陽明肯定龍溪所傳承良知心體思想的正統性來做保證，可以保證龍溪所傳承的必然是良知心體的本質意義，這一點是可以是龍溪思想不流於禪宗的保障。

　　針對勞思光先生的批評，對於這一點，吾人以爲，龍溪可以有以下回應：

> 有謂「良知落空，必須聞見以助發之，良知必用天理則非空知」，此
> 沿襲之說也；有謂良知「不學而知，不須更用致知，良知當下圓成

〔註8〕 勞思光著《新編中國哲學史》，初版，頁435。
〔註9〕 【明】王畿：〈天泉證道紀〉，《王龍溪先生全集》，卷1，頁92。

無病，不須更用消欲工夫」。此凌躐之論也；有謂「良知主於虛寂，
而以明覺爲緣境」，是自窒其用也；有謂「良知主於明覺，而以虛寂
爲沈空」，是自汩其體也。蓋良知原是無中生有，無知而無不知；致
良知工夫原爲未悟者設，爲有欲者設；虛寂原是良知之體，明覺源
是良知之用，體用一原，原無先後之分。學者不循其本，不探其源，
而惟意見言說之騰，只益其紛紛耳。而其最近似者，不知良知本來
易簡，徒泥其所誨之跡，而未究其所悟之眞，哄然指以爲禪。同異
毫釐之間，自有眞血脈路，明者當自得之，非可以口舌爭也。〔註10〕

對於致良知工夫的誤解的幾種形態，第一類情況便是認爲需要以外在的「知
識」做幫助。第二類的看法則是認爲良知當下圓滿具足，對於爲善去惡的去
欲工夫產生輕易拋棄的看法，第三類人只看到良知「虛」與「寂」的一面，
而走入消極的一端，龍溪認爲，這都是因爲沒有完全悟到良知的本來圓滿的
特色所造成。良知的體本來包含「虛」與「寂」，良知的用已經含蓋「明」與
「覺」，原本是儒家本來的特色。

　　卻因爲後世的儒者只看到其中的一端，而將「良知」與「禪」歸屬於同
類，卻沒看到其中細緻的差異。而此點差異，只有實際的完全以心去體會和
悟入良知才能通達。「致良知」的工夫主要目的是爲了去除人欲，若眞能直入
「自然無欲」的境界，則時時與良知心體相應，此時一切工夫皆可當下轉化
而放下，進入聖人的境界。認爲重點應該放在其所體會的良知眞心，在本質
上是否眞能具足而不失儒家的意義？而不是將重點放在文字等口舌之爭，龍
溪認爲在此爭論則沒有意義。牟宗三先生的研究看法表示如下：

　　總觀《王龍溪語錄》之全，平心以會其異，覺其妙悟圓教，的是高
　　明不凡，惟不免洩漏耳。同時之人，互相譏議，固有所中處，亦有
　　誤解處、不盡處、乃至意氣處，或只特重其可能之流弊處〔註11〕。

在此思路分析下，很明顯發現龍溪強調只要能夠實踐去體會良知的工夫，便
能知道其所言不虛。只要儒家的良知心體能掌握住「有自性」以及「創生意
義」的本色，同時不視世間爲「苦」和「如幻」，就可以肯定龍溪的致良知工
夫決定不會走入佛老的境界。絕對是儒家的本色而無疑。因爲龍溪強調即本

〔註10〕【明】王畿：〈涂陽會語〉，《王龍溪先生全集》，卷2，頁175～174。
〔註11〕牟宗三著《宋明儒學的問題與發展》（台北，聯經出版事業股份有限公司印行，
　　　　2003年7月），初版，頁263後不贅述。

體即工夫，所以可以從所體會的良知本體的特色來檢視是否與禪同流，很明顯的是，只有形式上同流，但是這是爲了融會三教於儒家的一種權便方法。在本質的境界上，仍然是儒家的本色，在這一點上，龍溪以自身實修的工夫來做保證，而且具有相當大的信心，況且也通過陽明的認證，可以證明所體會的心體，必然是儒家的本色而無疑。

但是對於勞思光所批評的「混」處，的確是有爭議的地方。但是龍溪本人並非沒有解答，對於良知的特性，提供一套良知心學的修行次第分析如下：

> 頓與漸而已，本體有頓悟，有漸悟；工夫，有頓修，有漸修。萬握絲頭，一齊斬斷，此頓法也；芽苗增長，馴至秀實，此漸法也。或悟中有修，或修中有悟，或頓中有漸，或漸中有頓，存乎根器之有利鈍。及其成功一也〔註12〕。

亦云：

> 明覺是本體，精察是工夫，行之外更無知。故曰：「致知存乎心悟，致知焉盡矣」。〔註13〕

由上述得知，良知之教的修證，在於去學習如何掌握與熟習本心，以回復無欲覺性爲主要的入手處，也因此建立「悟」與「修」，就龍溪而言，定義如下：

> 良知是本體，於此能日著日察，即是悟；致知是工夫，於此能勿助勿忘，即是修〔註14〕。

對於實修上的落實，龍溪云：

> 實悟者，識自本心，如啞子得夢，意中了了，無舉似處。眞修者，體自本性，如病人求醫，念中切切，無等待處〔註15〕。

王龍溪在此根據每個人智慧的程度，來分析在修習良知心學會碰到的情況，可以分爲「頓悟頓修」、「頓悟漸修」、「漸悟頓修」、「漸悟漸修」，這四種情形，良知的體悟層面，屬於「心解脫」層次，關鍵在於對良知心體的掌握程度，也就是本體呈現的強度。在日常人倫事物中去體會與覺照此良知本心，當與不動於欲的眞心相應時，便能當掌握良知心體，這便是心悟方面的成就。

〔註12〕　【明】王畿：〈留都會紀〉，《王龍溪先生全集》，卷4，頁303。
〔註13〕　【明】王畿：〈涂陽會語〉，《王龍溪先生全集》，卷2，頁171。
〔註14〕　【明】王畿：〈留都會紀〉，《王龍溪先生全集》，卷4，頁303。
〔註15〕　【明】王畿：〈留都會紀〉，《王龍溪先生全集》，卷4，頁303。

下一步重點便是進行保持每一刻所掌握的「自然不動於欲真心」，不使其退轉而散失，並以此來帶動身心並進的同時解脫，當能時常保持良知作主時，便是良知的「修」的次第成就。對於入聖的第一步與成聖的捷徑，就龍溪本人的看法如下：

只此超脫不沾滯，便是入聖之基〔註16〕。

亦云：

一念自返，即得本心，可以超凡入聖〔註17〕。

筆者以為，不論是從哪一種次第來成就，都能證得同樣的成果。這也是龍溪以此來順應三教中各方面人士的智慧來進行圓滿地攝受於良知教法中，才能真正表現良知心體的高明之處，而不失去儒學本質而容納各種根性的人，而使其成就良知心體，致良知是本身一種強度的工夫，在極強的信念下，痛切改過，即慧劍斬情絲，而顯本體的真工夫。當不被人世的情欲所染時，而將情欲以昇華的方法轉換，就可以不走向佛教的入滅態度，便能進入聖人「寂」而「感」的生命境界。

由此可見龍溪所成就的境界，並非如勞思光先生所說的流於禪宗，所以龍溪本質仍是儒家而非禪家。因為在本質上龍溪仍然保持住有「自性」與「創生意義」的良知心體。與佛教所說的萬法皆是「無自性」的「空理」與一切萬法皆是「緣起性空」的道理是具有極大的差異的。只有在修行的境界上才能說明致良知工夫可以寂感兼備。從此點分析，可以將勞思光先生所說的龍溪等同於「禪」的誤解給予適度修正。

所謂的「致良知」工夫所需要的次第，是因應一般人而暫時所設下的權法，就良知心體而言是不分次第的，凡聖的關鍵差異在於最初的立志，決定了使本心呈現的強度，就是「悟」的工夫，這是心學工夫的精髓獨到之處。在此悟中，方能有不落次第的化境呈現，但是若要長期受用而入聖地，則需要良知的「修」。

使心體時常保持任運而自在常現，方能得到永遠的受用，同時於此刻，進行身心同時轉化而解脫的境界，但是又能不走入佛教寂滅的弊端。同時又能兼備道教「養生」與「養德」的所在，這裡便是良知能通達三教的所在。在此立論下，便將成就「道心」而成聖的重點，分別提示如下：

〔註16〕 【明】王畿：〈與焦仲明〉，《王龍溪先生全集》，卷12，頁837。
〔註17〕 【明】王畿：〈與莫廷韓〉，《王龍溪先生全集》，卷12，頁856。

> 夫聖賢之學，致知雖一，而所入不同，從頓入者，即本體以爲工夫，
> 天機常運，終日兢業保任，不離性體，雖有欲念，一覺便化，不致
> 爲累，所謂性之也；從漸入者，用功夫以復本體，終日掃蕩欲根，
> 去除欲念，以順天機，不使爲累，所謂性之也〔註18〕。

亦云：

> 聖人本體無欲，時時保任緝熙，即本體便是工夫。賢人以下，不能
> 無欲，須時時做寡欲工夫，以求復其本體〔註19〕。

從以上所說明的重點中，可以看出儒家的修心重點，在於對於人欲的對治。
有兩種對治方式，一是從「頓悟良知心體」來下手，與本體相應時，便能將
情欲當下轉化，順著良知而自在流暢，另一方面，便是從人欲下手，將情欲
視爲敵人來對治，兩者的最終目標都是將人欲消除，與本體相應。三教在此
都有共識，由此共識下，便可以融會三教。只是龍溪的方式是以致良知來對
治人欲，但是可以達到身體與心靈同時解脫而不失人倫事物感應的特色。

　　所以儒家從「元神」下手，與良知本體相應，將本體純陽的境界，使其
時常保持而不被後天情欲所奪左右，便是以儒家方式而達到道教所說的「陰
盡陽純」境界。也因爲良知是「德性之知」，包含倫物感應，將致知與格物合
一而不分離，又不走入仙佛絕物的極端。才能以無過的方式，將良知眞體發
用流行，兼顧「寂」與「感」又動靜合一，所以在這裡以良知爲總攝三教於
儒家的究竟不共法門。

　　因爲良知能包含佛老二教，而佛老無法完全包含良知，既然佛老無法包
含良知，又怎麼會等同於狂禪呢？所以在此可以看出勞思光的看法並不全
面。但是也因此使後世學者，對於龍溪的致良知工夫產生更進一步於原典中
的研究。所以應將勞思光的看法，修正爲龍溪雖然以「自然無欲」的一面近
於禪宗，但是因爲不視「世間如幻」，又承認常在的具創生實體意義自性天道
存在，再加上反對追求出離生死，所以在成聖境界上的本質上並非禪宗而是
儒家的境界，這一點是可以肯定的。

　　然而龍溪的教法雖然高妙，但是在後世儒者的質疑下，便產生一個新的
問題，那就是在實際修行上所產生的相關境界與分析，並沒有完全解釋清楚。
所以勞思光才會覺得有含混不清的疑慮，因此筆者從龍溪一生的言行中去分

〔註18〕【明】王畿：〈松原晤語壽念庵羅丈〉，《王龍溪先生全集》，卷14，頁992。
〔註19〕【明】王畿：〈與趙尚辛〉，《王龍溪先生全集》，卷9，頁637。

析，整理出「良知九次第〔註20〕」的修證系統，可以回應勞思光先對於良知之教實修立場的質疑。

以上為筆者對於龍溪一生言行的整理，不論根器的利鈍，皆必須經過者九種次第的考驗，方能達到良知學中的聖人境界。由此可知，龍溪並並非皆如後世學者所批評一般，沒有一個下手的工夫方向，而是必須在人世中為修習的道場，時常觀察本心的流露，與人欲的當下轉化為主要方向，所謂的「聖」與「凡」的差異，也只是在於「迷」與「悟」的深淺而已。

若以上述言行的分析，可以得到一個結論。龍溪其實有分析良知修證時的境界與入手方向，只是因為過於分散於其它章節之中，所以導致被學者勞思光認為其工夫含混，但是在事實上並非如此。若以此九種次第的分析而言，其實甚為詳盡，所以在此應將勞思光的說法給予適度修正。應該將龍溪的言行與教法為分「心真悟門」與「氣調息門」的修證來分析，才能得知龍溪思路與教法之全貌。

此外，龍溪也考慮到良知教法除了從本心的體會入手外，勢必對於下等根器的人有無法進入此法的情況，所以對於此等人士而言，則必須從「靜坐」入手，龍溪在此提供一套修定的方法如下：

> 息有四種相：一風、二喘、三氣、四息。前三為不調相，後一為調相。坐時鼻息出入覺有聲，前三為不調相，後一為調相，坐時鼻息出入覺有聲，是風相也。息雖無聲，而出入結滯不通，是喘相也。息雖無聲，亦無結滯，而出入不細，是氣相也。坐時無聲，不結不麤，出入綿綿，若存若亡，神資沖融，情抱悅豫，是息相也。守風則散，守喘則戾，守氣則勞，守息則密。前為假息，後為真息。欲習靜坐，以調息為入門，使心有所寄，神氣相守，亦權法也。調息與數息不同，數為有意，調為無意。委心虛無，不沉不亂，息調則心定，心定則息愈調。真息往來，而呼吸之機自能奪天地之造化！〔註21〕

所以在此從調整呼吸的方式來入手，首先從肚臍到鼻子進行吐氣，叫做「出息」，使氣自然的向外出，此時有一段空檔，不出亦不入，稱為「內出息」。接下來由鼻子到肚臍進行吸氣的「入息」。此時也有一段時間，不入也不出，此為「內入息」，修行者進行靜坐時，便是要使入出息自然深細而不急促，使

〔註20〕詳情請參閱本文第四章。
〔註21〕【明】王畿：〈調息法〉，《王龍溪先生全集》，卷15，頁1061。

意念先專注在呼吸上，由意念的集中，將散亂的念頭安住於一念，此為初步工夫。

進一步的步驟是不加勉強，隨順呼吸的長短，由一心數息到心無雜念的程度時，只需微觀呼吸的變化，進入「隨息法」的方式。經長久時間的練習，可以使心靈寧靜，使內心的妄想停止，便能進入「定力」成就的境界。此時由於定力成就，便可以於此時進入「心悟」之門，進行如筆者以上所說的九種次第的修行，進而成就聖人果地，筆者在此稱此法為「氣門」，而從本心入手成就者，稱為「心真悟門」。

筆者之所以如此立論，是源於龍溪原文所做的分類。根據龍溪的定義，良知的凝聚為「精」，流行為「氣」，妙用為「神」，「氣」的定義為「神」之流行，代表氣質之性，代號為「身」也是「元氣」；而「神」亦是「氣」的主宰，是氣質之精華，為萬劫不壞的無漏真體，也代表「心」。由於「身」與「心」皆是相互作用而不離，皆是良知本體的呈現，也可視做一體的兩面，所以便可以從此下手，開設「心真悟門」，從養德入手，達成吾儒主於「理」的特色。而進一步成就「神氣混融」、「性命合一」的境界，此為「心真悟門」的特色。

反之，則可由「氣調息門」下手，由調息法下手，來控制呼吸。同時收攝外在的雜念，從有意進入無意，達到入定的境界。在回歸到「心真悟門」上，進行如上九種次第的境界修行，此時的「氣調息」門，只是攝受一般根器的人士的權法，但是已經可以達到養生之效，亦可以攝受道教的養生之理，只是與道教的不同在於儒家講求「神氣渾融」及「性命合一」，強調主於「理」，而道教是以「氣」為主，以「煉精化氣」入門，在此以刻意控制呼吸而得到「元氣」，不像良知之學，可以達到以神為主，進而當下還虛的境界。此為良知之學的特色，也是儒道修行方式的差異。

縱觀以上所述，其實可以據此回應勞思光先生的批評，龍溪的理路其實並不含混，反而是非常清楚明白，只是必須以「心真悟門」與「氣調息門」來做為進路來理解，方能詳細的看出其中義理思路的關鍵所在。

第三節　諸儒對於龍溪致良知工夫的優缺點分析

龍溪傳承於陽明心學一脈，在其思想的體系中，本體就是「自然無欲」的道德心，具有創生意義，同時也具備知性的決斷力量。對於本體的「頓悟」

從復歸於「無欲」下手，和陽明工夫的入手處有些許差異。王陽明的致良知工夫從良知心體知是知非的一面為下手的重點，以端正意念與行動來去除人欲；而龍溪則認為若先有是非之心，則道德判斷一定會有些許偏頗，為了掃蕩這個缺點，所以從保持良知的虛無本性來下手，認為從此入門，才能發揮良知的大用，而盡萬物之變。因為本體的虛無本性，才能明辨萬物的是非，只要能將「無欲本體」展現，從根源拔出生命的習染，不過也因為過於強調「虛」、「無」、「自然」、「無欲」而被批評為佛老，但是只要良知的主宰與創生性意義不變，便能不流入佛老而融會三教歸於儒家之中〔註22〕。

但是王龍溪的致良知工夫，畢竟並非人人可以契合。連王陽明也認為，龍溪的四無教法只能適用於「上根人」，對於「中下根器」的人，由於無法與自然無欲的心體相應而去除人欲，勢必走入懷疑此類教法的真實性。所以必須要與陽明四句教配合才能融受所有根器的人，但是由於龍溪過份強調「自然無欲」等上等根器的教法。所以才會遭到無法與此教法相應的儒者質疑，關鍵就在於兩者對於去除人欲的方式不同。於是爭論由此而生，但是同時也將「致良知」工夫中的上根工夫，在龍溪的堅持下得到純淨的傳承。

龍溪致良知的工夫，優點在於由本體發動來將人欲昇華。並肯定人人皆可成聖，對於初入良知教法的人士，給予信心。因為對於一般人而言，雖然聽聞聖人的境界高妙，發心追求聖人果位，但是卻會在修行的過程中產生質疑，就是必須不斷而永遠的去除人欲，需要長期的時間來達成聖人無欲的至善心體，因此會對於聖道產生退卻的心，此時，該如何鼓勵此類人士呢？

唐君毅先生表示如下：

> 龍溪所重者，唯是在嗜欲障蔽中，總有此昭昭之良知在，更不問其廣大充滿與否。人唯直下於此一念靈明，加以自省自悟，即依本體，以用化除欲障之工夫。此工夫無盡，效驗亦無盡〔註23〕。

筆者在此分析唐先生的說法，認為龍溪的教法便可以為一般根器的人士，解說良知心體的真實義理，面對人欲不需要去強加對治，只要有能轉化的人欲的工夫，便可當下與自然無欲的心體相應。轉化的工夫本身就是另一種對治

〔註22〕 參閱自楊祖漢：〈王龍溪與季彭山的論辯〉，《宋明理學學術研討會》（2006 年 5 月），頁 11～13。

〔註23〕 唐君毅著《唐君毅全集：中國哲學原論原教篇》（台北，台灣學生書局印行，1990 年 9 月），初版，卷 19，頁 379 後不贅述。

人欲的方式，只是以良知心體本來圓滿又人人具足的一面，從頓修本體純淨
的一面來下手，便可使良知心體如同太陽的光芒一樣，破除人欲等黑暗的一
面，取消了成聖的時間相，強調本體的彰顯工夫，在此保證下，人人皆可當
下成聖，只是成聖的境界深與淺而已，這一點便是龍溪成聖工夫的特色。

　　雖然龍溪對治人欲的工夫極為高妙，但是不免有所缺點。就是人人雖然
本具良知心體可以對治欲望，但是無法保證時時刻刻所必然由良知心體發
動，對此困擾，對此，林月惠教授整理念庵的看法而表示：

> 當下承領良知本體，不若龍溪所言般之容易。因為，體悟良知本體
> 之艱難，乃源於吾心之發用，有一擾和問題，由此透顯道德生活現
> 實面的深層結構—欲根纏繞〔註24〕。

對於這種情況，龍溪應如何指點呢？：

> 君子之學以盡性為宗，無欲為要，以良知為訣。〔註25〕

良知之教的修學，必須使「自然無欲」的本心覺性現前，使此覺性現前的方
式，可以有「頓」與「漸」兩種方法，如下：

> 致知雖一，而所入不同，從頓入者，即本體以為工夫，天機常運，
> 終日兢業保任，不離性體，雖有欲念，一覺便化，不致為累，所謂
> 性之也；從漸入者，用功夫以復本體，終日掃蕩欲根，去除欲念，
> 以順天機，不使為累，所謂反之也。〔註26〕

就工夫的落實方式而言，龍溪表示：

> 良知是本體，於此能日著日察，即是悟；致知是工夫，於此能勿助
> 勿忘，即是修〔註27〕。

龍溪指出，「頓」與「漸」的差異在於對人欲的處理態度不同，頓悟所走的方
式是轉化人欲，強調重點在於良知心體的覺醒。利用良知中的「知性決斷力」，
便能使外在事物中的人欲轉化為良知自然無欲的流行發用，以此分析龍溪的
致良知工夫，重點在於言語道斷的「心悟」。將人欲於一念良知中轉化，以人
世為心悟的修習所在，雖然每個人的根器不同，所體悟的境界也不同，但是
這只是心悟境界的深淺差異而分出來的次第，隨著致良知工夫的強度的增強

〔註24〕 林月惠著《良知學的轉折：聶雙江與羅念庵思想之研究》（台北，國立台灣大
　　　　 學出版中心，2005 年 9 月），初版，頁 285。
〔註25〕 【明】王畿：〈松原晤語壽念庵羅丈〉，《王龍溪先生全集》，卷 14，頁 988。
〔註26〕 【明】王畿：〈松原晤語壽念庵羅丈〉，《王龍溪先生全集》，卷 14，頁 992。
〔註27〕 【明】王畿：〈留都會紀〉，《王龍溪先生全集》，卷 4，頁 303。

和保持住每一次掌握的境界，便可以更進一步，例如在浮雲中見到的太陽，不論見到多少陽光，太陽的本體不變，會變的只有浮雲的增減，浮雲即是「人欲」，良知就是太陽本身。

龍溪云：

> 良知在人，本無污壞，雖昏蔽之極，苟能一念自反，即得本心。譬之日月之明，偶為雲霧之翳，謂之晦耳，雲霧一開，明體即見，原未嘗有所傷也〔註28〕。

筆者便以此來比喻「良知」與「人欲」的關係，致良知便是見到太陽本體的工夫，所謂的「悟」就是見到本體的工夫。而「修」的工夫便是將見到陽光本體時，而得到陽光受用的境界當下保持住而不散失，以此來分析，龍溪的工夫重點在於「悟」與「修」並進。但是一般儒者卻以為龍溪只注重「悟」，若只偏重「悟」的工夫，則確實容易導致無法時常保持良知作主而有流於狂禪的缺點。

所以「修」的一面也是龍溪所強調的地方，必須在把持住每次所掌握的本體境界而不散失，才能做為下一次更進一步的基礎。所以龍溪的看法才認為有真修才能有實悟。以此分析龍溪的教法其實是非常完備的，並非如錢穆先生與念庵先生所說的一般不可靠，只能成就「偽良知」。在此工夫下，良知必然是真，只有覺悟的是否究竟的問題而已，筆者以為錢穆和念庵等儒者，只是看到浮雲等人欲的一面，而忽略了浮雲之間所透露出來的陽光的那一面，而龍溪便是從陽光的那一面下手，在每一次的受用陽光之際來進行「悟」與「修」並進的工夫。

唐君毅先生也有類似的看法表示如下：

> 龍溪言現成良知，乃悟本體，而即以此本體為工夫，非悟本體後，更無去蔽欲障嗜欲之工夫者也〔註29〕。

縱觀以上所述，可以發現，龍溪的教法雖然不落次第，但是在真實修行的過程中，卻是有一套完整的次第在於其中。以不落次第的良知心體，滿足對於一般人成聖的渴望，隨著當下體悟的本體而頓時受用成聖的果地境界，以此而言便是當下成聖。此時對於一般人而言，成聖便是一個快樂的歷程，只有成聖之樂的深淺差異而已。相對於強調以去除「人欲」為主，而因此而苦惱

〔註28〕 【明】王畿：〈致知議辯〉，《王龍溪先生全集》，卷6，頁416。
〔註29〕 唐君毅著《唐君毅全集：中國哲學原論原教篇》，卷19，頁378。

的一般儒生而言，這是另外一條成聖的捷徑。特色便是在於以「自然無欲」的心體相應而轉化人欲來成就，初步展現出龍溪的教法可以在最快樂的情況下成聖。而一般儒生的去欲工夫，則容易在走向在痛苦的情況下而苦修成聖的情形，兩者的差異便是在於對於人欲的處理態度不同，但是同樣都可以成聖，端看個人的根機而已，這點也是陽明肯定龍溪的關鍵處。也是陽明認為可以以此教法接引上等根器的人士。

但是由於「心悟」本身是言語道斷的修行工夫。無法以文字全盤透露出來，所以對於一般儒生而言，無法當下受用。這的確也是龍溪「致良知」工夫的缺點，容易使這一類人非議而質疑。而這一類人對於成聖的要求是將人欲完全掃除後的圓滿聖人境界。過份陷入於只有完美的聖人果位的成就才是聖人的思考，將聖凡的區別差異無限擴大，導致人人以成聖為苦修的思考而放棄成聖。這不也是一種阻礙人人成聖的思想弊端嗎？龍溪的致良知工夫就是對治這種思想而應運而生的學問，可以說是一種對於以去除人欲為苦的反向思考與修行工夫，融合次第與不落次第的工夫在其中。

從上述立論而言，就良知的果地受用而言，不落次第，不分凡聖而人人受用，就成聖的究竟受用於完美的自然無欲心體而言，便會有一套修行此第的心悟工夫來修證完美的聖人果位。但是都只是隨著「悟」與「修」的程度不同而體會的境界差異而已，對於龍溪而言，有此第亦可成聖，不落次第亦可得到聖果，教法極為高明，但是又不失去使人人受用的特色。可以不捨離一切根器的人士而使每人當下成就，但是又有具備與上等根器的人世特別相應的上乘教法，這便是龍溪致良知工夫最殊勝的地方，特色便在於不與人欲為敵，而與本體相應則可以自然無欲進而成就聖人的境界。

林月惠先生對於龍溪的學問精要表示如下：

> 要言之，龍溪表達其「見在良知」說是建立在一個全然的肯信，良知現在，當體可悟，以及一個類比的論證上〔註30〕。

唐君毅先生表示：

> 龍溪之學，其要點只在悟先天心體之為虛寂的靈明，而原自正，以為先天正心之學，依此悟，以致知誠意格物之事，即是後天之誠意之學。此種誠意之學，亦無異自運致此心體之虛寂，已至於其用之見於意物者，皆無不虛寂。此工夫之簡易省力，在於本體能頓見頓

〔註30〕林月惠著《良知學的轉折：聶雙江與羅念庵思想之研究》，頁 270。

悟，而更自信得及。故龍溪謂至良知三字，及門者誰不聞，唯我信
得及。只此信得及，即龍溪之工夫之根本。此乃明是天資高者，由
極高明以道中庸之工夫路數〔註31〕。

在這裡可以看出，龍溪對於致良知工夫的重點放在與本體相應上，與本體相
應的方式便是「心悟」。必須有強大的信心做爲後盾，才能不間斷的與良知心
體相應而不離，這便是當下成聖的契機，取消凡聖之間的距離，以全然的肯
信來入門，進一步在人事中進行與良知本體相應的「悟」與「修」，最終回歸
自然無欲的心體。便是良知現成派工夫的特色。

但是不可否認的是，現成良知派的修行方式，容易會造成一個誤會，即
羅念庵等儒者認爲，會忽略成聖在工夫歷程中的困難性，亦會造成放任知覺
與人欲的毛病，念庵認爲必須要毫無一絲人欲才能算是良知本體。在此可以
看出，龍溪與念庵對於人欲的態度處理方式不同而造成的差異，雖然都講求
自證自悟，但是入手處不同，現成派講求從工夫實踐的起點，在於對於本心
的肯信爲入聖的工夫，而念庵工夫實際修行上的不退轉入手來成聖〔註32〕。

在此林月惠的看法如下：

龍溪從工夫實踐的起點──一念自反，即得本心──來強調「肯信」良
知爲入聖眞路頭；念庵則從工夫實踐的不退轉──時時是此心，時時
無雜念──來說明肯信良知本體之不易〔註33〕。

筆者認爲雖然同樣都是成聖，但是差異在於龍溪強調與本體相應的「悟」與
「修」，念庵等諸儒強調重點在於去除人欲的「悟」與「修」，龍溪的成聖方
式自然無欲又快樂自在，取消了成聖的距離。但是困難處在於必須時常保持
任運每一刻所心悟的良知，而念庵雖然無法與龍溪的教法契合，但是就以對
治人欲而言的「悟」與「修」，卻可以從文字中找到次第的修行方向。但是缺
點在於以人欲爲敵，過份強調完全去除人欲後才能見到本體，容易造成凡聖
之間的極大差距，使人對於成聖之路的修行有所畏懼，反而無法使人人成聖。
在這一點上的確是不及於龍溪的致良知工夫，當然念庵所強調的不退轉工夫
也可以用龍溪致良知工夫中的「修」的方式來掌握。

〔註31〕唐君毅著《唐君毅全集：中國哲學原論原教篇》，卷19，頁382。
〔註32〕參閱自林月惠著《良知學的轉折：聶雙江與羅念庵思想之研究》，初版，頁272
〜273。
〔註33〕同前註，頁272。

不過念庵確實也提供了一套鑑識所體悟的是天理還是人欲的判決標準，以林月惠先生的研究看法表示如下：

> 良知本體爲主宰，便是天理，是乃率性之「道心」，爲良知虛明靈覺之動。一涉納交、要譽、惡聲等三念，便是人欲〔註34〕。

由此可以看出念庵的貢獻，在於提供一套判定人欲問題的標準後，可以做爲後世儒生在未能與良知心體相應時的一套應變措施與標準。這一點是由念庵本人以一生的修行經驗而訴諸文字中告知後人的心得，在這一點上的顧及層面能勝過龍溪，可以使深信龍溪工夫非禪的人士，在實修中做爲參考，解決天理與人欲的區分問題，而本文接下來要處理的是諸儒對於龍溪自然無欲心體特性而產生的疑問，蔡仁厚先生的研究分析如下：

> 依陽明，獨知是良知，知善知惡是良知，良知隨時有表現，即就其表現直下肯認而致之，故眼前呈現知良知（即所謂見在良知），在本質上與良知自體無二無別。故龍溪有以「見在爲具足」之說。而雙江則以「見在」者爲已發，必須致虛守寂方爲眞良知。如此良知乃分爲「已發」與「未發」兩截，亦與陽明之意不合〔註35〕。

在此可以發現不論諸儒對於龍溪的致良知工夫有多少反對的聲浪，最終都必須以陽明的意見爲最後判決的標準，很明顯的是，龍溪完全符合，反而是雙江不能完全符合，所以在與陽明立場相應下的龍溪，便能以此做爲回應諸儒的立論根據，除非諸儒連陽明的意見都否定，不然則必定不能批評龍溪的學問在本質上與佛老同流，因爲這等同批評陽明流於佛老，這是龍溪良知學理的第一重保障。

但是以此尚不能降伏其它反對者的意見，因爲龍溪的致良知工夫中，規定良知心體的本身具備「自然無欲」的特色與本質，諸儒便針對於此進行批評與質疑龍溪，筆者在此以楊祖漢先生的分析來做說明如下：

> 當然王龍溪從自然無欲體悟本體，於聖人化境之生命內容，也是有非常恰當的展示，此是一道德實踐之圓成之境，即必須由爲善去惡進至無善無惡，由自覺的分別進至超自覺的無分別，爲善去惡而無跡，方是最理想的實踐。此時雖爲善而不自以爲善，雖去惡而不陷

〔註34〕同前註，頁 289。
〔註35〕蔡仁厚著《儒家心性之學論要》（台北，文津出版社印行，1990 年 7 月），初版，頁 197。

入因善惡相待，惡惡太甚而生之衝突矛盾中。故必體會此境，方可
經綸天下。龍溪於此實極有發明。但此無欲而自然，並非儒學獨有
之義，而爲儒釋道三教之共法〔註36〕。

在此可以看出古今諸儒對於龍溪良知心學的誤解，在於將三教的共法與龍溪
所強調專屬於儒家的良知心體的「不共法」沒有完全清楚的認識與區別，便
將龍溪所強調的三教共法錯認爲良知心學的全部，而批評龍溪與佛老同流，
反而忽視了龍溪所強調專屬於儒家的「不共法」，事實上，在進行三教歸儒以
良知之學來融會的過程中，必須以「自然無欲」的心體來進行融攝三教的入
手處，依「良知虛寂」之義爲共法義，攝受道家玄理，又能保持儒學精義。
但是此法被季彭山質疑，認爲可能會喪失道德實踐之警覺義，此點必須注意。

但是筆者就三教的共法義來分析，雖然在心體上，皆包括「自然無欲」
的性質，但是在本質上卻是有差異，就是儒家的心體是以「道德法則」的眞
實相應爲主要修證對象，以對於「倫常」的「如實觀」爲修行的核心。而佛
老則是以對於倫常的「如幻觀」爲修證方式，強調除了「緣起法則」及「大
道」之外，別無實的法理。只要能知道此點，便能不失去良知心學的本質而
對佛老進行高度的融攝，這是龍溪有別於其它諸儒的地方。如果以諸儒的立
場堅持與佛老劃清界限，則三教歸儒的理想必定無法呈現，也並非是儒學全
面的風采。

儒學的本來面目便已經包括「自然無欲」，這是三教的共法，也是溝通的
橋樑，如果捨棄這一條成聖的共法之路，則必定無法融通三教，同時也將儒
學的本質產生了矮化和局限於一端的缺點。所以筆者在此認爲，龍溪雖然以
「自然無欲」近於佛老，但是只是將儒學的本來面目展開，而並非完全等同
佛老，唯有近於佛老才能進一步融通三教，站在三教歸儒的立場下，龍溪則
是有功而無過。

相反的，若是以諸儒的立場來強調儒學與佛老的不同，雖然可以保持住
儒學秕本質，但是也因爲過份區別三教之別，反而容易造成容易將三教的之
間的「共法」也捨棄，使儒學本體運作的範圍，也使三教永遠沒有會聚的思
想焦點。這正是因爲將龍溪所強調的自然無欲心體所捨棄的缺點，依照其它
反自然無欲教法的儒者而言，所成就的境界，也只能使儒學的範圍局限在隔

〔註36〕 楊祖漢：〈王龍溪與季彭山的論辯〉，《當代儒學研究第一期》（中壢，國立中
央大學文學院儒學研究中心印行，2007 年 1 月），頁 47。

離自然無欲以外的一端而已，平心而論，並不夠全面，也是龍溪所反對的思考模式。

　　但是即使致良知工夫的成聖動機與最後境界，所成就的仍然是儒家的聖人，但是也因為過份偏重「自然無欲」的一端，而使得諸儒有一個批評的下手處，便是在於龍溪過份強調「自然無欲」的三教共法。容易使人誤解為與佛老的思想同流而失去儒家的本色，筆者在此以楊祖漢先生的看法來分析如下：

　　　　儒家以道德法則為先，生命得以挺立振拔，故「提得起」；若以自然
　　　　無欲為先，則不一定提得起。又生命之振拔，必須至自然而然，方
　　　　是純一不已，故由「提得起」必須至「放得下」。合提得起及放得下，
　　　　方是儒學智慧的全部〔註37〕。

在楊祖漢先生的解析下，點出了即使龍溪能不失去陽明良知心體的宗旨。但是仍然有可能被批評的地方，便是「自然無欲」的教法與心體特性。由於龍溪在此過份偏重心體中自然無欲的一面，就算是本質上是儒家的本色而無誤。但是由於在化境上的過份強調，使得良知本體的主宰意義反而不明顯，無法被一般儒生接受，而被晚明的儒者季彭山認為有流於佛老思想的缺點，關於這一點，楊祖漢先生的看法如下：

　　　　彭山重警惕主宰，顯良知之應當及生命振拔挺立義，但未達化境。
　　　　雖如此，化境之合一說，仍須以道德心擔綱作主，若忘卻此義，便
　　　　三教無別，就此而言，彭山之強調實有其必要〔註38〕。

從此來入手分析龍溪致良知工夫的缺點，在於容易在一旦過份沉醉在自然無欲的化境中而失去了最初的道德本心，必便會有流於佛老的缺點。雖然龍溪本人在陽明的見證下可以沒有這一類缺點的產生，但是如同陽明所言，並非人人可以相應於此教法，由後世諸儒的批評來看，很明顯的展現出陽明的顧慮，在龍溪之後已經成真。所以彭山的說法，可以做為龍溪致良知工夫缺點的檢驗與補強。使一般人在使用龍溪的成聖理論時，可以不與佛老同流而保住儒家的特色。

　　筆者在此順著這條思路下，可以得到一個結論。便是當一般根器的人士在無法與龍溪的致良知工夫相應之時，以及當不知道自己以心去體會「悟」與「修」的工夫，是否在本質上已經有流入佛老的問題的時刻，彭山的看法

〔註37〕楊祖漢：〈王龍溪與季彭山的論辯〉，《當代儒學研究第一期》，頁 49。
〔註38〕同前註，頁 49。

便是一個在陽明之後的一套檢定標準。可以適時的檢查與修正，地位就類似於佛教的法印。但是在此是以彭山為主而產生的儒家法印。以陽明為主，以彭山為輔，便可以將龍溪致良知工夫的下手處，有一個嚴格的貞定方向來依循。只要能通過兩者的標準，便可以保證是儒家的本色而不用懷疑，又能保持住龍溪自然無欲思想的特色，而無礙於成就儒家聖人的境界。

當然從以上的分析來看，龍溪的教法對於其它諸儒而言，其根本的疑問在於本體的境界與工夫的實際修證方面，缺乏一套詳細的分析，所以認為含混，但是其實就全文而言，不離開此九種修證的境界。筆者在此重新介紹如下：

1. 攝念方便相

此時先觀察起心動念，使其時時不離本心，焦點在於「人欲」的認識與管制。

2. 欲住境界相

此階段是觀察良知本心的外在面貌，以文字為外緣，做為回復本心的參考，仍然以觀察自身起心動念的表現是否合乎「自然無欲」的本心的標準為主。

3. 初住境界相

於此階段時，便需要去觀察人欲的起源，在人欲一生起時，隨即轉化，回復無欲本心，在此時已經初步進入「自然無欲」的境界，也是「悟」的工夫成就。

4. 善住境界得堅固相

此時心念了了分明，不為外界所動，時時進行熟習本心，使此無欲工夫堅固不變，進入「悟」與「修」並進的成就境界。

5. 方便勇猛進取相

此階段是重覆1～4的步驟，進入更深層的本心體會與受用，由「悟」與「修」並進的工夫，進入與本心更深層的相應，使本心彰顯的程度加深。

6. 少分相應，覺知利益相

在此階段時，由於致良知工夫的實踐下，可以自覺與本心相應，而得到「自然無欲」本心的受用之利與心靈之樂，此時便能心生歡喜，信心堅固。

7. 對治人欲成就相

由於致良知工夫的熟習，使智慧與定力不斷增長，可以將人欲所帶來的煩惱現象，由本心作主，同時對治與轉化，此時可以達到道教所追求的「陰

盡陽純」的效果，養德兼養生。

8. 與本心如意相應相

此時便進入與本心完全相應，可以初步達到究竟成聖的的境界，爲致良知工夫的上乘境界。

9. 出入隨心、超越自在相

即王龍溪四無說的化境，爲良知之教的究竟圓滿境界。

此九種境界是修證時的所面對的情況，可以由良知學中的「心眞悟」門來入手，而無法從此門入手者，則可以由調息法入手，培養定力的基礎，也同時可以達成養生的效果，但是龍溪認爲在此必須注意一種情況，那就是不可以以此爲究竟法，不然會流入佛老，最終必須回到「心眞悟門」，由身體與心靈的交互運作，再輔以先賢的經典爲判斷自身起心動念的標準，便可以達到龍溪所言的致良知存乎心悟的境界〔註39〕。

筆者在此雖然借用佛教術語來形容龍溪的學問。但是在本質意義上，仍然是以龍溪的言行爲主，所以在此筆者便以此先簡稱龍溪的學問，可分爲兩個方向來入手，就是「心眞悟門」與「氣調息門」。以此兩門可以攝受及會通三教中人，同時提供一套完整的次第，使每一根器的人士皆能在此兩門之中進行修習，皆能收攝回歸於良知之教中。

若以此兩門來看待龍溪的教學，就能明白剖析龍溪的工夫次第。而明白決非是如勞思光所批評的一般流入含渾不清的情形，在本質上是一套完備的體系。首先以先賢經典爲外緣，了知良知心體的本來面目，再透過「調身」、「調息」、「調心」的修持，進而於生活中觀察自身的起心動念是否合乎本心？進而產生統一身心的定境，此時便可使人欲平息，進入與本心的相應境界。使此心的相應程度加深，而不散失，就是良知教法的「悟」與「修」，此時所成就的境界，便接近聖人的心境。只需要進行對於此心的熟習與深層的相應，即能成就「自然無欲」的境界，刹那間回歸清淨無染的本心聖境，當下成聖！此時的境界，才是眞「悟」，龍溪云：

> 夫道有本原，學有要領，而功有次第〔註40〕。

亦解說眞「悟」的境界：

〔註39〕　參閱自全佛編輯部著《禪宗的重要名詞解說：義理、修證篇》（台北，全佛文化事業有限公司印行，2006 年 7 月），頁 267。

〔註40〕　【明】王畿：〈水西會約題詞〉，《王龍溪先生全集》，卷 2，頁 160。

良知時時做得主宰，不被境界所引奪，此方是眞悟入﹝註41﹞。

由此可知，龍溪所說的次第，是針對良知本心「熟習」的熟習程度的深淺而解說，而深淺的程度區分，就在於對於人欲的對治程度及本心的相應程度。知道此點，便能體會聖人的境界，對此，龍溪云：

良知做得主宰，便是作聖﹝註42﹞。

此外龍溪亦提醒後學，過份偏重「悟」與「修」的其中一端，所可能產生的缺點如下：

悟而不修，則玩弄精魂；修而不悟則增益虛妄﹝註43﹞。

由此分析下，可以看出「聖」與「凡」的差距在與對與本心相應的熟習程度而已，龍溪云：

初學與聖人之學，只有生熟、安勉不同，原無二致。故曰：『及其成功一也』。﹝註44﹞

由龍溪的言行來分析，可以得知要使本體彰顯而成聖的關鍵在於「絕利去欲」。而後世諸儒與龍溪的爭論點便在於此，原因就在於「去欲」的方式不同。此外，便是對於無法從龍溪的心悟法門入手的儒生，所產生的疑問。認爲龍溪的方式可能有問題，對於此等人士而言，雖然相信此教法，但是由於信心的不足，所以無法直接與本體相應而獲益，進而產生疑問，對於此類疑問，龍溪提出下手的方向如下：

只今立起必爲聖人之志，從一念靈明日著日察，養成中和之體，種種客氣日就消減，不爲所動，種種身家之事隨緣譴釋，不爲所累，時時親近有道，誦詩讀書，尚友千古，此便是大覺根基﹝註45﹞。

此種方式是從觀察自身的起心動念下手，強調保持無條件爲善的無欲本心的保持，這是屬於「心眞悟門」的入手方向，但是對於連此法都無法得到受用的人士而言，便只能從「氣調息門」下手，龍溪的建議如下：

夫理會性情是保攝元氣之道，消客氣是祛邪之術，習舉業是應緣之法，隨分了心是息機靜養之方，皆助道法門也﹝註46﹞。

﹝註41﹞【明】王畿：〈答章介庵〉，《王龍溪先生全集》，卷9，頁598。
﹝註42﹞同前註。
﹝註43﹞【明】王畿：〈留都會紀〉，《王龍溪先生全集》，卷4，頁304。
﹝註44﹞【明】王畿：〈慈湖精舍會語〉，《王龍溪先生全集》，卷5，頁364。
﹝註45﹞【明】王畿：〈白雲山房問答〉，《王龍溪先生全集》，卷7，頁509。
﹝註46﹞【明】王畿：〈白雲山房問答〉，《王龍溪先生全集》，卷7，頁507。

亦云：

> 欲愛惜精神，莫如親朋友。終日與朋友相對，宴安怠惰之氣自無所容，精神自然充實光輝，日著日察，相觀而善，只此便是致知實學，亦便是吾儒養生正脈路。若只以避人事爲愛養精神，積閒成懶，積懶成衰，悠悠縱逸，暗地損傷，特不自覺耳。戶樞不朽，流水不淤，自強不息，君子所以法天也〔註47〕。

同時也指出儒家燕息方法來培養定力：

> 先生曰：「然。此原是聖學，古人有息無睡，故曰：『向晦入燕息。』世人終日擾擾，全賴後天渣滓厚味培養，方穀一日之用。夜間全賴一覺熟睡方能休息。不知此一覺熟睡，陽光盡爲陰濁所陷，如死人一般。若知燕息之法，當向晦時，耳無聞，目無見，口無吐納，鼻無呼吸，手足無動靜，心無私累，一點元神，與先天清氣相依相息，如爐中種火相似，比之後天昏氣所養，奚啻什百。是謂通乎晝夜之道而知〔註48〕。

所以由以上的分析可以看出，其實龍溪的教法十分完備，只是過於零散於全文之中，所以無法使當時的諸儒明白，導致爭端不斷。但是由其言行的觀察，其實就是由「心眞悟門」與「心調息門」出發，調息法可以培養定力。而有助於體會無欲眞心，也適合各根器人士修學，而心悟法門可以使聖人的智慧力於自身上萌發，經由兩者相互運作，再加上「良知九相」的心理狀態分析與檢驗，便是一套完整的修行體系。因此筆者在此得到結論，代替龍溪回應諸儒的質疑，同時也整理出龍溪心學的修行次第與心理分析的初探，也期望後續研究者能再進一步解析。

　　此外對於將龍溪歸屬於禪家的相關誤解，筆者在此也做一個思想上的釐清與分析。以龍溪對於佛家的指控而言，縱觀其言行而論，可以很明顯的發現龍溪對於佛家所不能認同者，便是在於「如幻觀」與「出離心」。而龍溪強調的則是對於倫常的「如實觀」與「自然無欲之心」的修習，由於強調與道德法則的本心相應，故在本質上並非是佛教的見性義。但是在「共法」上皆強調去除顛倒夢想與對於外在境界的攀緣，此爲儒釋之間的毫釐之差。

　　佛典亦云：

〔註47〕　【明】王畿：〈留都會紀〉，《王龍溪先生全集》，卷4，頁309。
〔註48〕　【明】王畿：〈三山麗澤錄〉，《王龍溪先生全集》，卷1，頁118～119。

復次，即彼空義中，以離分別妄想心念故，則盡畢竟無有一相而可空者，以唯有眞實故，即爲不空，所謂離識想故，無有一切虛偽之相，畢竟常**恒**，不變不異，以更無一相可壞可滅，離增減故。又彼無分別實體之處，從無始世來，具無量功德，自然之業，成就相應，不離不脫故，說爲不空。如是實體功德之聚，一切眾生雖復有之，但爲無明瞖覆障故，而不知見，不能剋獲功德利益，與無莫異，說名未有。以不知見彼法體故。所有功德利益之業，非彼眾生所能受用，不名屬彼。唯依遍修一切善法，對治諸障，見彼法身，然後乃獲功德利益，是故說修一切善法，生如來色身智身〔註49〕。」

以佛家而言，「妄心」來自於無明的薰習力量，可以產生對於外界攀緣的一切諸法，而此妄心是一切境界的根源，皆是如幻如化，而沒有自性。所以必須除離而見到眞心，而眞心的特色在於遠離心念的妄動，本來寂滅無生，遍一切法界，而無一相可空，體性空寂，此爲緣起法則的眞實體性。就此一面而言「不空」，而所謂的禪宗的見性義，便是見到如來的「法身」，此法身爲絕對眞實的存在，故名「眞如第一諦如來藏自性清淨心」。

由於此心的成就，便可以得知眾生與佛菩薩的差距，皆只是世間的假名。而了知一切眾生同具此法身，畢竟平等而沒有差異相，此心沒有分別而遠離了一切妄想。所以在此可以得知，聖人與凡夫的差異不在於所攀緣的「外境」。而是在是否能將心識的功能時常做清淨光明的朗現，此時將一切概念解消，而成就佛智，而了知一切器世界的都不離開法界，一切有情眾生皆在此法界成就，法身藉有情顯現，而法界藉器世間而顯現。

進一步體會居住的器世界就在法界之內，實際上沒有一個出世的涅槃世界，因爲一切世界皆是法界的顯現。由於體會到此點，所以禪宗才認爲無三界可出，此爲大乘不二法門的見性義。以此可以回應儒家對於佛教「出離心」的批評，但是此法的修證由於必須以「如幻觀」的修行次第成就。所以龍溪認爲此種修行法門，可能會產生將世間的倫常，也同樣視之爲如幻的缺點產生，所以在此以儒家的立場而言，不能同意佛家此種法門的修證態度，強調必須以良知之教的修證來統攝佛教，同時以儒家的修行次第，來取代佛教的修證方式。

〔註49〕 【隋】菩提登譯：《乾隆大藏經第34冊：占察善惡業報經》（台北，世華國際股份有限公司印行，2003年12月），初版，卷下，頁317～318。

故王龍溪強調必須以「如實觀」的修行次第成就，以儒學及良知之教做爲如實的觀察與修證的對象，以「道德法則」爲眞實的存在及相應契合的目標，此爲儒禪之邊間對於見性義的看法差異。在於儒家是以「如實觀」的道德法則爲宗，「如幻觀」與「出離心」則是以緣起法則爲宗而進行的修證。此爲佛家見性的目標，此點是必須釐訂與區分的差異與不共法。而「共法」在於對於心靈無執的修證與追求，所以筆者在此將儒釋之間的見性定義與修證的思想做一個區分，便能夠避免後世研究者，在未能詳究龍溪全文宗旨時，便先對於龍溪的思想產生誤解，進而提供一套檢定的思想標準。此爲筆者目前研究至今所得到的結論，期望能將對於龍溪思想等同於禪的說法之誤解平息。

第四節　結　論

縱觀以上所述，可以發現在龍溪企圖進行三教歸儒的過程中，必須經過三教中人的質疑與挑戰，三教基本上都有一套去除人欲的方式，在這一點上是三教的共識。但是對於龍溪以儒爲尊的思想下，必須提出一套專屬於儒學本色的去欲方式，在遍覽三教經典下，以王陽明的「致良知」爲主幹，從回歸自然無欲的心體來下手，便是龍溪所採取的手段。但是又能不流入佛老「寂」而「空」和隔離人倫事物的缺點，以「自然無欲」的心體，高度融會三教於儒家之中，但是又能保持住儒家「寂」而「感」兼顧的特性。也因此過於強調「自然無欲」，而無法被其它儒者質疑有流入佛老的嫌疑。

首先針對勞思光的批評，是針對龍溪的工夫不落次第的缺點而言，有其合理之處。但是假如龍溪眞流於狂禪一路，那麼必然無法在天泉證道時得到陽明的肯定，既然晚明心學的致良知工夫是由陽明所創，而龍溪又得到陽明的肯定，以四無說爲接引上根人教法，所以可以就此初步肯定龍溪所體認的良知心體的正統性是毫無質疑之處，這是從龍溪通過陽明的檢定來判斷，除非諸儒連陽明的意見都否定，否則必定不能批評龍溪的學問在本質上與佛老同流，因爲這等同批評陽明流於佛老，這是龍溪良知學理的第一重保障。

其次就筆者分析勞思光先生的說法，應該在將對於龍溪所修證的良知心體認爲並非是儒學的主體自由這一點給予修正，因爲良知心體本身能兼顧「寂」與「感」而不流入佛教的「寂」與「滅」，所以本質上仍然是儒家的精神所成就的心體，而非視世間如幻的空理之心，雖然工夫的形式相近，但是

本質卻是相異，所以只要所成就的心是具備有自性創生意義，不講求「出離人世」及以不視「世間如幻」，則龍溪所成就的自然無欲心體，也必然是儒家的主體自由的展現。

關鍵在於龍溪仍然保持住儒家有自性又兼備創生義的心體，以此為儒家的不共法。只是龍溪以自然無欲的一面來融通三教，而「自然無欲」的一面，則是三教的共法，並非佛老獨具，若以此來批評龍溪等同佛老，可能錯將三教共法視同龍溪思想的全部。若能在閱讀完龍溪全集之後，想必便可能在其著作上便能有所適度修正。但是勞思光先生也點出龍溪思想的缺點，在於並沒有完全說明工夫的次第如何進行，以及如何不與佛老同流的說明。筆者在此的理解，應該是就「自然無欲」的心體與三教共法處而言，這一點已經在明儒季彭山提出相關的質疑。

其實就龍溪致良知工夫與其它諸儒的不同的地方，在於龍溪所使用的是與本體相應的修行工夫，雖然也必須去除人欲，但是不以人世的情欲為敵，認為必須在人倫事物中以高度的心靈去體會那在人欲之中的一點真心。不論體悟多少，都必須保持任運而不喪失，這便是良知的「悟」與「修」。就像是在浮雲之間，看到良知的太陽光，在受用之際，便能當下成聖。此時所成就的聖人，只是見到良知本體的一部份而已，所以必須時常不間斷的保持任運，才能不斷往究竟成聖的道路邁進，就以此而言有次第，但就當下成聖而言則無次第，這是龍溪思想的特色，但是缺點也因此而生。

從此來入手分析，可以看到龍溪致良知工夫的缺點，在於容易在一旦過份沉醉在「自然無欲」的化境中而失去了最初的道德本心，便會有流於佛老的缺點，雖然龍溪本人在陽明的見證下可以沒有這一類缺點的產生。但是如同陽明所言，並非人人可以相應於此教法，由後世諸儒的批評來看，很明顯的展現出陽明的顧慮，在龍溪之後已經成真。所以彭山的說法，其實可以做為龍溪致良知工夫缺點的檢驗與補強，使一般人在使用龍溪的成聖理論時，可以不與佛老同流而保住儒家的特色。

筆者在此分析之下得到一個結論，便是當一般根器的人士在無法與龍溪的致良知工夫相應之時，以及當不知道自己以心去體會「悟」與「修」的工夫，是否在本質上已經有流入佛老的問題的時刻。彭山的看法便是一個在陽明之後的一套檢定龍溪後學的標準，可以適時的檢查與修正其思想是否走偏？地位就類似於佛教的法印，但是在此是以彭山為主而產生專屬於儒家的

一套法印。在此便可以陽明爲主，以彭山爲輔，將可以把龍溪致良知工夫的下手處，有一個嚴格的貞定方向來依循，只要能通過兩者的標準，便可以保證是儒家的本色而不用懷疑。在實修方面，可以由念庵的「納交」、「要譽」、「惡聲」來做爲天理與人欲的區分，凡是能經過這三重檢驗與過濾的關卡，則必然能保持住龍溪自然無欲思想的特色，而能在成就儒家聖人的境界上沒有障礙。

其次，窮究龍溪一生的教理，雖然被諸儒批評含混不清，但是縱觀其一生行可以發現一個事實，良知心體的體會有兩種入門方式，分別爲「心眞悟門」與「氣調息門」。不論何種根器者，皆可從此二門選擇其一途來入手，但是畢竟仍然以「心眞悟門」爲究竟義，而調息法則是用來攝受道教中人與一時無法體會本心的人士，但是畢竟是權法，不可執著。

不過此「權法」可以藉著專住於呼吸上，收攝萬念於一念上，有消除雜亂之心，進而培養定力的功能，亦可使人欲的影響力降至最低程度。在此時便可直入「心眞悟門」。去進行體會本心的動作，以古人的修持經驗等相關文字爲外緣，做爲檢視內心是否時刻能保持「自然無欲」的參考。同時在此便可參照筆者由龍溪一生看法中，所整理出的良知九相爲檢驗標準，此九相分別爲「攝念方便相」、「欲住境界相」、「初住境界相」、「善住境界得堅固相」、「方便勇猛進取相」、「少分相應，覺知利益相」、「對治人欲成就相」、「與本心如意相應相」、「出入隨心、超越自在相」，此爲良知九相，代表修習良知之教的學人，所必須經過的九種心理狀態與境界。也是本心彰顯程度由淺至深的境界，只要能通過這些境界的考驗，便可成爲良知之教中最圓滿的聖人果位而無疑。亦可以此回應諸儒的質疑，更由此可以得知一個事實，那就是龍溪的理路其實非常分明，可惜卻零散的解釋於全書的個章節中，沒有集中分析。所以導致後世學者的誤解，筆者今在此藉佛教術語爲外緣，以內含龍溪的言行與義理爲中心，整理出「良知九相」，期望能在此分析下，能將諸儒對於龍溪的誤解所產生的爭端，做一個初步的平息與回應。

第六章 結論與研究成果回顧

第一節 研究成果

　　縱觀全文可知，本文的研究成果，在於解決儒釋之間對於「見性」的看法之爭議，在前人的貢獻之下，筆者已經做出思想上的釐訂，那就是儒者以「道德法則」的「如實觀」為見性的宗旨；而佛教則是以「緣起法則」的「如幻觀」為見性的精義，而道教雖然承認「道德法則」與「緣起法則」為真理，但是最終仍然是以對於倫常的「如幻觀」為修仙的宗旨，此為三教見性義的差異。而龍溪所不能認同者，便是佛老的「如幻觀」之修證，也在此決定了三教思想上的毫釐之差，而在此點上，筆者已經初步解決，對於龍溪見性義的質疑。

　　另一方面，便是心學知識論中「良知九次第」的建構。將龍溪對於大眾的當機指點，依據根器的高低，可分為九大類，由下至上，開出九個工夫次第，依據龍溪所言「事」要「漸」修的立場下而開設，進一步整理出，各次第之間「基礎論」的建立，同時也進行三教融貫論的分析，將心學的修證系統，以知識論的角度，進行處理。至於全文研究成果，詳述如下：

　　自然無欲的良知本心並不難尋，只需使本心時常彰顯與熟習的程度加深，其實在此刻便已使本心明白的呈現於前。假如此時見性的動機是帶著「有條件律令」而行，便會流於佛老的修行，而與良知心學的見性之境相隔有如天地。欲使「無欲之心」自然顯現於前，就切莫在心中存有對於人世的隔離與對立的概念；須知此種概念的本身，卻是依循有條件律令而行，屬於「功

利之志」。亦是佛老出世修行與一般眾生的心病。

當無法認識本心自然無欲的宗旨，即使刻意去進行絕利去欲也只是徒然。此心的光明如同太陽本身一般，雖然無形無相卻能遍照萬物；本身「虛」「實」相生又能「寂」「感」相乘，只因為凡夫抱持取捨之心，所以不能使「無欲之心」的本來面目如實呈現。

欲與此心相應的要訣無他，只要不沉醉於「出離心」與「追求出世」的利益假相只需使無條件而為善的本心作主，進而時常「熟習」與暢達；便能使此心剎那間相應於清淨無染。此心便是儒家所言的現成「良知」，亦是有別於佛老的不共法。

由於後世諸儒不能相應此不二的真理，便容易執著於次第的思維與建立。而不知此法容易導致流於「見聞之知」的認識而產生支離；反而此心的「無欲覺性」無法達到現成的的受用。殊不知刻意去進行「絕利去欲」的觀念本身，將更容易使「人欲」的弊端湧現。而以此法去追求「良知現成」的境界，本身就是對於良知現成的背離，亦遠離龍溪所言的直觀「無欲覺性」的本意。

然而依據根器的利鈍差異，所以勢必隨順大眾而建立實修次第，因而使「悟」與「修」的法門產生，筆者亦因此著文，故有「心真悟門」與「氣調息門」的工夫論整理與建立。以及由良知之教成聖所必須經歷的九個次第，為境界論的分析，在此文中名為「良知九相」，此為本文初步的研究成果。

其次為龍溪與佛老的融會，雖然三教在「自然無欲」的見性義上有著高度的共法義，但是在「不共法」的本質上，卻是堅定本身的立場而不移，以道教而言，由於龍溪掌握到「陰盡陽純」的長生重點，故以儒家的「調息法」來融會進而做為培養定力的法門，同時亦以此法為達到使人欲的影響力降低到無礙身心的境界，進一步進入「心真悟門」的熟習而見性，此為儒門的「性命雙修」。可以滿足道教信眾對於長生的需求，但是以道教本身的立場而言，由於此法在本質上並不以道教的呼吸法門為主，勢必可能無法修成大藥而成就不死金仙。但是由於以「自然無欲」為宗，所以由無條件為善的功行為積累三千功的資糧，所以可以達到神仙的德行，具備在人世間長生的效果，不過由於其教法反對使用「如幻觀」以及不主張斷除「正淫」，所以筆者以道教的看法而言，良知之教的修行，可以於此一生中使肉身產生變化，進而即身成就為「人仙」與「地仙」果位。但是由於在見地上不使用「如幻觀」，所以

無法即身成就道教最高果位的「天仙」，但是內心的修養可以和天仙之心相應。

　　但是以龍溪的立場而言，此法只是為了攝受道教信眾而施設的「權法」，在本質上是採取儒學本質的功夫論與境界論為主。「成仙」並非是究竟義，所以在此可看出良知之教是立論於「道德意識」為無條件為善成聖的路線而見性。本質上與道教「有條件為善」的發心修習成仙之道的方式不同。所以若欲以良知之教成仙，則必須在「氣調習門」的修行時轉向道教的呼吸方式，方可合乎道教理論中的肉身修行，進一步結丹化身為陽神「元嬰」，以成就「神仙」與「天仙」果位，除此之外皆可以良知之教來滿足一般人對於養生兼養德的渴望，此為本文的第二步研究成果。

　　接下來對於佛教的會通方面，以佛教本身的看法而言，所謂的成佛歷程必須要生起「厭離心」與具備「斷除淫欲」的修習，方能生起出離三界之效。由此觀之，龍溪雖然於無欲之境向與佛教有所會通與體悟，但是筆者依《楞嚴經》云：「縱有妙悟，皆是淫根」的立場來分析，再加上龍溪反對佛教以斷淫欲為教門的言行來分判，故筆者得到一個結論，那就是以良知之教來即身成佛是不可能的。

　　但是兩者並非是不可會通的系統，只要能夠依良知教法中的「心真悟門」的修習次第，當進入「對治人欲成就相」時，進行「出離心」的生起與「斷淫行」的修習，則亦可進入佛教成聖境界的次第修行而在不違反佛理的情況下成佛。關鍵就在於是否要生起「出離心」與「斷淫行」？此為筆者的研究成果，由於龍溪多以「天台宗」與「禪宗」為研習對象。對於《華嚴經》中所提到可以不離開淫欲行而成道的相關理論並沒有涉及，故筆者在此不多所著墨。但是亦在此建議後世的研究者，不妨以此另起研究途徑，嘗試是否能證成龍溪的方式是否能合乎《華嚴經》中所言以不離開淫欲行而成聖的相關理論的要求？若能證成，則儒釋之間的不共法，亦能在此理論的建立下，進入更深層的融攝與會通。

第二節　論文總結回顧

　　縱觀良知心學於三教的融會方式，可以看出龍溪心中企圖建立一套三教歸於儒家的圓教思想體系。從儒家原本的經典中，去找尋三教共通的道理。同時也使用佛老二教相關的術語，以儒家的思想做融會與詮釋。在實際的修

行層面上，以「致良知」的工夫來貫徹三教學理。認為三教的修行方式，都不脫離於良知心學所包含的層面下。可以同時滿足一般人所渴求的「心靈解脫」，以及對於「肉體長生」的追求。以良知心學能兼顧人倫事物感應，而不走向遺棄人世的特性，為良知有別於佛老的不共法門，接下來便是將本文各章中，龍溪融通三教的方式，做一個精要的整理。

首先在本文的第二章中，可以看出儒家對於道教過份追求肉體長生的思想，給予批評，認為這一類思想的缺點。在於過份注重「養生」，而忽視「心靈的修養」與「道德的實踐」。即使可以將肉體的使用期限，經由「呼吸的控制」與「服食丹藥」而達到無盡長生的肉身；就龍溪而言，也只是一個執著於肉體的「守屍鬼」。針對這一點而指出道教過份追求長生的缺點。

回顧道教的內丹理論，主要是建立在「有」與「無」兩個概念。強調從「有為」回歸「無為」，從「後天」逆修回歸「先天」，才能成就「金丹」。所以重視身體的養生，為入道的基本。認為必須有一個健康的身體，才能進一步體悟大道，所以強調先「命」後「性」。「有」的概念代表命功。為後天八卦中，代表「坎」卦的「元鉛」，也就是「元精」。修習「命」功的目的在「結丹」。此時成就外藥，而「無」的概念代表「性功」；代表先天八卦中的「離卦」，就是指先天「元神」，古代稱為「汞」，為內丹學的根基。修行性功可以成就內藥而達到「心解脫」，以排除一切雜念，使思想入靜，不受情欲干擾為修行方法來成就，最後將「內藥」和「外藥」，以意念的運作來成就不死成仙的大藥。為道教性命合一的成仙方式的完成。

由上述可知，道教的成丹理論，目的在於「陰盡陽純」。而成就長生的神仙，動機在於以「養生」為主。龍溪對於道教的融通方式，認為可以在精氣神相生的理論。以及追求陰盡陽純的立場下取得共識。儒家從「元神」下手，關鍵在於「養德」，元神在道教術語為「離」卦。龍溪認為可以從意念的控制下手。可以達到神氣交而性命全，養德與養生並進，認為道教的缺點，在於過份注重後天身體的保養，為了保養身體，勢必將重心放在「元精」來下手。所以才會有「煉精化氣」、「煉氣化神」、「煉神還虛」三個次第來修行。龍溪認為會過份偏重「命功」，不及儒家圓滿，強調以致良知工夫取代道教內丹工夫。

但是道教中人認為，肉體的養生，是成就大道的基本。若不注重養生之道，恐怕在追求成道的過程中，尚未體悟心靈自在的境界時，就已經隨著肉

體的缺損而夭折。所以要先從身體的養生做起，不然如何追求大道？所以強調先「命」後「性」。面對道教這一點的質疑，龍溪認爲可以「性」「命」雙修而並進，以「致良知」工夫達成。

龍溪強調以「致良知」的工夫，可以取代道教所說的「火侯」工夫。而融通道教的養生方式，原因在於精氣神三寶相生原理的控制。而道教的「火侯」所指的就是「呼吸的控制」，目標在於配合「意念眞土」的控制下，將後天的情欲去除，而進一步提煉「元精」。將元精提升到元神而「還虛」的程度，達成長生不死的金仙，所以才會有逐步的修行次第，來進行長生不死的修行。

但是，既然精氣神三者相生，是儒家與道教的共識。就儒家的立場而言，便可以從「元神」入手，便可不落次第，而當下還虛。從「致中和」工夫上，便能將道教所說的後天情欲昇華，而直接回歸先天三寶原貌的地位。不過儒家從「存神」入手，重點在於由心靈的體悟良知，由本體彰顯儒家的道德修養。同時帶動長生的效果。此法也可以答成儒家與道教所追求的「陰盡陽純」的目標。所以在在此共識上，良知教法可融通道教學理，不落次第而成就「性命雙修」。故在此初步將道教融會於良知教法中，由龍溪本人的道德修養與長生的事實，來做爲最佳的典範。

本文對於良知可以融通道教的分析，在於龍溪以良知的凝聚爲「精」，流行爲「氣」，妙用爲「神」的定義來下手。以長生爲主的「身解脫」方面，良知的氣以「坎」卦爲代號，代表流行的性質，用來融攝道教的精氣的概念。在儒家代表「情」，屬於「命宗」，而以良知妙用爲「元神」，來融會道教的「元神」概念。在儒家的分類下屬於「性」宗，以「離」卦爲代號，表示「性體」。龍溪認爲良知本身爲主宰的「體」，也是流行的「用，故可以「戒愼恐懼」與「不賭不聞」的方式，可以由神氣交而性命全的效果，達成肉體長生的要求。但是兼備「養德」在其中，以「致中和」的工夫來達成儒家的「情來歸性初，便是還丹」的方法。在養生的要求上，可以取代道教的長生學理，滿足道教信眾追求長生的渴望，但是不以成就道教的內丹爲最後目的。

然而道教學理廣大，也包含道家心靈解脫的修養工夫，要如何滿足道家信眾的心解脫要求？龍溪仍然以致良知來回應。因此在良知心體的內部意義上，以良知元神的一面爲「寂然不動的本體」，代表「中」，以良知在「元氣」方面的流行，同時也代表「感而遂通的用」與「和」，而致良知就是「致中和」。認爲過份佛老過份偏重寂然不動的本體來修行，容易在修行的境界上，過份

偏靜，而走入沉空，而一般凡夫，則走入追逐外在情境，雖然與人倫事物不離，但是被「後天情欲」影響，也非究竟，只有儒家「致良知」工夫，可以動靜兼備又寂感不離，這正是良知獨特於佛老之上的不共法，也是融會三教的依據。

龍溪面對道家，以良知心體的「虛」與「寂」的一面來融會，「虛」的一面帶表良知心體的「自然」。能順應萬物的變化，「寂」的一面代表本體的終極實在，能感通萬物而沒有實體的執著，代表不動於欲的「無欲」真心。能順應一切變化，又不離開人倫事物的感應，便是良知心體的特性，以「自然無欲」的特色，將道家學理，以儒家易傳的相關道理來融通，完全掌握道家的精華。

在融攝道教後，於本文的第三章中，所要討論的課題，便是良知心學對於佛教的融會，龍溪要面對的重點，在於佛教的空理的融通，與出離三界的修行方式的融通。就良知心學而言，要達到出離三界的方式，可以用致良知來達成，輪迴的原因在於「人欲」。而良知本身自然無欲，可以將人欲轉化而出離三界，但是儒家認為不需要出離，因為這世間一切皆陰陽二氣而生，而產生萬物生命的生機，儒家修行的重點，在於「道德意識的明覺」，而佛教修行的重點在於「煩惱的滅度」，走入視一切事物為苦的消極思考，這一點和儒家視世間一切為大樂的積極思想不同。

也因為這一點的動機不同，所以佛教走入出離生死苦海的修行。即使是大乘法門，要求度盡一切眾生，但是根本目標仍然是要出離世間的思想是不變的，強調追求滅度後的寂靜安樂，而這一點正是儒家不能認同的地方。龍溪認為這仍然是以出離生死為誘因，來促使一般人去修習佛法，過份消極而不能兼顧人倫事物感應，即使是圓教強調不離世間而成佛，但是畢竟仍然要達成先出離生死苦海的基本工夫，無法像儒家一樣，不須要出離人世，而直接在人世成就一切。這一點便是儒釋見性義的「不共法」，在於儒家不能認同佛教視世間一切為「如幻」的態度。

為了對治佛教思想的缺點，龍溪以良知「寂」而「感」來融會佛教「寂」而「空」的思想，就佛教而言，空性的層次有三面，首先是認為「客觀的世界」虛妄不實，進一步視主觀世界亦非真實，以打破欲貪的分別心，最後將「妄念」去除，証得真如法性，達到與宇宙一體，超出世間的智慧境界，成就如來的「法身」。

就佛教的立場而言，雖然「法身」有無量功德，人人都具足。但是必須要修證，使法身的本體呈現，才能得到法身真實的受用。同時修行的力量，也可以成就如來的色身，對於執著頑空的人而言，佛教給予法身主體，是真實修證的所在，不會走入斷滅。以此對執著「空」與「有」兩端的眾生給予安慰。同時也保存積極修行的意義，以此點說明來立論，佛教似乎並非完全如同龍溪所批評一樣，走入追求「寂滅」而消極的方向。

大乘佛教所說的「真如實相」，由空諦來看叫「真如」。從假諦來觀察叫「實相」，由中諦來做全面的通達與觀照，叫做「真如實相」。佛教反對將客觀事物視為永恆不變的存在，但是也反對將宇宙諸法視為虛無。認為小乘佛教直雖然證得人我空，知道「五蘊」無我，但是仍然執著客觀世界為實有，證得「法我空」，尚不究竟，所以小乘法門容易走向出世方向，針對這一點來看，即使是大乘佛教，也無法完全認同小乘人士的看法，在這一點上，龍溪與大乘佛法有一定程度上的共識。

即使儒家不反對大乘佛法的主張，但是龍溪認為，佛教不論是大乘法門的菩提道還是小乘的解脫道。其思想缺點的特色，在於視世間「如幻」的態度。這是儒家無法認同的，雖然視世間如幻的態度，可以擺脫因為將一切事物抓取而執著的念頭，而進一步達到心靈上的解脫。但是容易造成對於「出世滅度」思想，導致於人倫綱常的敗壞，以及人倫事物無法全面顧及。而且佛教只鼓勵人修行，可以除離生死苦海，而成就如佛陀一樣的微妙「色身」。以此為誘因鼓勵，無法強迫人人必然朝向成就佛教聖人的道路前進，屬於「有條件律令」，龍溪認為這是佛教思想上的缺點。

龍溪認為良知教法勝過佛教的地方，在於致良知於人倫事物中而不分割，兼顧「寂感」的特色。以良知心體的發用流行，只要良知做主，便能使情緒慾望發而中節。而不必使用佛教，以出家斷淫等分隔阻斷人倫事物的方式，這一點是龍溪所不能認同的。可以從佛教楞嚴經中認為不斷淫，則一定不能出離三界的論點中看出，但儒家強調人倫事物的顧及，認為不需「斷淫」，只要能轉化人欲為無欲真心的良知，就可以在人世中直接成就聖人。就這一點來看，同時兼備佛教大乘法門不離人世而成佛的精神，而融攝了大乘法門特色，又不走入與人倫事物支離的缺點。

儒家入聖的關鍵處，在於一念良知的神感神應，與萬物為一體，並非像佛教一樣，以成為出離生死的自了漢為目標，這一點是儒者的共識。龍溪在

此保住儒佛的毫釐之差，以良知爲終極實在的「德行之知」，工夫以轉智成仁爲主，因爲良知本身就是「仁體」，所以致良知工夫也是天心仁體的暢達。和佛教以出離生死而成就「轉識成智」的工夫不同，關鍵在於最初的發心，儒家以不離人世的天心仁體爲主，佛教以出離三界的「出離心」與「菩提心」爲主。

又從上述的說法中，可以看出龍溪致良知工夫，成就於人倫事物中，在人世間去體究，而致心中的良知。所以一定不能離開人倫事物而成就，所以「致良知」與「格物」不離，但是在去除人欲的目標上，儒家與佛教都認爲這是入聖的「共法」，但是良知教理，能夠對人欲採取昇華的手段，而不被人欲沾染。關鍵在於一念靈明的時常保持，便可以回歸本心而超凡入聖。不需要像佛教一樣，使用「阻斷淫慾」而出離世間的方式來成就，只要將良知中的仁體彰顯，便能轉化人欲，而不走入佛教入滅的極端。這裡便是以良知學理來融通而勝過佛理的關鍵。

筆者縱觀上述來做小結，首先就佛教傳統的成佛原理而言，需要「福德」與「智慧」爲成佛的資糧，進一步由轉識成智的修行，來開悟而成佛。若只偏向福德來修行，由於缺乏智慧來「轉識成智」。只是有漏的「人天福報」，不能成就「無漏功德」，但是過份注重「般若智心」的發展，只能成就小乘羅漢果位。所以大乘佛教強調「福慧雙修」，成佛的資糧必須要靠眾生爲外緣，來引發成佛的功能，所以大乘法門認爲，不能離開眾生而成就的原理就在於此。

但是儒家以轉智成仁的工夫爲主，認爲「仁」與「智」的資糧，人人皆圓滿具足，不需要像佛教一樣，必須向外累積成聖的資料。只要以良知將仁與智從內心的了悟而無盡的發揚。由良知於本心的內發來成就儒聖，便可以將「仁智齊顯」，完成「道德法則」眞實相應。首先良知心體中「智性」的一面，可以包含佛教的「般若智心」；良知心體中仁的一面，可以與佛教的「大悲之心」相應，但是不流於佛教與人倫事物隔離的缺點，同時也是成聖的保證。

由此洞悉佛教思想缺點的所在，也在此保持住儒佛的分別。以及良知會通佛教的關鍵，在此以良知總含佛老，而佛老無法包含良知，就像是大海與百川一般，良知便是總含三教的大海，大海不離百川，在此時，良知便是三教的共法，因爲百川必然會聚大海。

但是就百川不能容納大海的層次而言，良知便是有別於佛老的「不共法」。龍溪以此來進行，由「良知」心體本身的自然無無欲的特性來融會佛老。在良知的作用形式上雖接近佛老，但是動機與成聖的原理，以及工夫的本質上，仍然是儒家風範，本文在此的研究成果，便是發現到儒佛成聖原理的不同處，與龍溪採用近似於佛教的四攝法中的「同事攝」，來會通佛教，以彼之道而還施彼身，就這一點來分析，龍溪無疑是成功的將儒家義理本質，以佛教的方式來進行融攝佛教信眾的工作。

在本文第四章中，筆者進行三教歸儒思想的整理，首先介紹「致良知」工夫的入手處，在於從「自信」為起點。但是重點在於「悟」與「修」。只有兩者並重才是良知學的全面掌握。不然會造成一個缺點，即是「悟」而不知起「修」。雖然能剎那間與良知心體相應而當下成聖，但是由於無法長久受用此自然無欲的眞心，便有可能又回歸以人欲為主的凡夫境界，如此一來，雖然「悟」又有何益處？正是由於失去保持任運使眞心常在的「修」的工夫，所以在遇到外境時，便容易造成退轉的情形，使當初體會的無欲眞心，便像曇花一現一樣，只有短暫受用而已。

只有「悟」與「修」並重，才能展現出良知心學的眞生命與活力，體用一源又寂感兼顧，龍溪以此為良知心學的第一義諦，人世間的考驗，便是良知慧劍的試金石。論成聖，當下心悟即是聖人之心，取消聖凡之間的距離，若論究竟成聖，則是將良知的「悟」與「修」的深度與境界掌握到極致，凡與聖的差異只是在於「悟」與「修」掌握工夫中完備的深淺程度而已。就此立場而論，次第由此而生，就人人本具此「自然無欲」的眞心而言，不論是心體掌握程度有多少差異，都是當下掌握同一個眞心，就果地而言，則不落次第。所謂的「次第」與「不落次第」的圓教意義，在龍溪的致良知教法中，已經完全包含在其中，端看個人根器來決定而已。

但是即使龍溪的教法可以融通三教，仍然必須面對相關學者的質疑。故在本文第五章中，便是處理龍溪對於諸儒批評良知與佛老同流的質疑與回應。在此所得的結論是可以發現在龍溪企圖進行三教歸儒的過程中，必須經過三教中人的質疑與挑戰，三教基本上都有一套去除人欲的方式，在這一點上是三教的共識，但是對於龍溪基於以儒為尊的思想下，必須提出一套專屬於儒學本色的去欲方式。

在遍覽三教經典下，以王陽明的致良知為主幹，從回歸自然無欲的心體

來下手，便是龍溪所採取的手段，但是又能不流入佛老「寂」而「滅」以及隔離人倫事物的缺點，以自然無欲的心體，高度融會三教於儒家之中，但是又能保持住儒家「寂」而「感」兼顧的特性，也因此過於強調「自然無欲」，而無法免於被其它儒者質疑有流入佛老的嫌疑。

首先針對勞思光的批評，是針對龍溪的工夫不落次第的缺點而言。有其合理之處，但是假如龍溪真流於狂禪一路，那麼必然無法在「天泉證道」時得到陽明的肯定。既然晚明心學的致良知工夫是由陽明所創，而龍溪又得到陽明的肯定，以四無說為接引上根人教法，所以可以就此初步肯定，龍溪所體認的良知心體的正統性是毫無質疑之處。這是從陽龍溪通過陽明的檢定來判斷，除非諸儒連陽明的意見都否定，否則必定不能批評龍溪的學問在本質上與佛老同流，因為這等同批評陽明流於佛老，這是龍溪良知學理的第一重保障。

其次就筆者分析勞思光先生的說法，應該在將對於龍溪所修證的良知心體認為並非是儒學的主體自由這一點給予修正。因為良知心體本身能兼顧「寂」與「感」而不流入佛教的「寂」與「滅」，所以本質上仍然是儒家的精神所成就的心體，而非視世間如幻的空理之心，雖然工夫的形式相近，但是本質卻是相異，所以只要所成就的「心」是具備有「自性創生意義」，不講求「出離人世」及以不視世間為「如幻」，則龍溪所成就的自然無欲心體，也必然是儒家的主體自由的展現。在此可以看出儒佛區分的標準，在於佛教以緣起法的「如幻觀」與「出離心」為修行的依據，只要龍溪所證的心體本質中，沒有出離心又不失去創生義，則所證得的主體自由一定是儒家的本質而不用懷疑。

關鍵在於龍溪仍然保持「道德法則」的「如實觀」，並以此為儒家的不共法，便能夠不等同於佛老的見性義。只是龍溪一向以「自然無欲」的一面，來融通三教。但是「自然無欲」的一面是三教的共法，並非是佛老所獨具。若以此來批評龍溪等同佛老，則是錯將三教共法視同龍溪思想的全部。勞思光先生在批評龍溪時，便有此缺點，反而沒有完全見到龍溪思想的全貌，若能在閱讀完龍溪全集之後，想必便會在其著作上亦能有所適度修正。但是勞思光先生也確實點出龍溪思想的缺點就在於次第的不明，此點已經在明儒季彭山提出相關的質疑。

其實就龍溪「致良知」工夫與其它諸儒的不同的地方，在於所使用的是

與本體相應的修行工夫，雖然也必須去除人欲，但是不以人世的情欲為敵。認為必須在人倫事物中以高度的心靈去體會那在人欲之中的一點真心，不論體悟多少，都必須保持任運住而不喪失，這便是良知的「悟」與「修」。就像是在浮雲之間，看到良知的太陽光，在受用之際，便能當下成聖。此時所成就的聖人，只是見到良知本體的一部份而已，所以必須時常不間斷的保持任運，才能不斷往究竟成聖的道路邁進，就以此而言有「次第」。但就當下成聖而言則無「次第相」，這是龍溪思想的特色，但是缺點也因此而生。

　　從此來入手分析，可以看到使用龍溪工夫的缺點，在於容易在一旦過份沉醉在「自然無欲」的化境中而失去了最初的道德本心，便會有流於佛老的缺點。雖然龍溪本人在陽明的見證下，可以沒有這一類缺點的產生，但是如同陽明所言，並非人人可以相應於此教法。由後世諸儒的批評來看，很明顯的展現出陽明的顧慮，在龍溪之後已經成真。所以彭山的說法可以做為工夫缺點的檢驗與補強，使一般人在使用良知教法的成聖理論時，可以不與佛老同流而保住儒家的特色。

　　筆者在此分析之下，得到一個結論。便是當一般根器的人士在無法與龍溪的「致良知」工夫相應之時，以及當不知道自己以心去體會「悟」與「修」的工夫，是否在本質上已經有流入佛老的問題？季彭山的看法便是一個在陽明之後的一套檢定龍溪後學的標準。可以適時的檢查與修正其思想是否走偏，地位就類似於佛教的法印，但是在此是以彭山為主而產生專屬於儒家的一套法印。在此便可以陽明為主，以彭山為輔，將可以把龍溪致良知工夫的下手處，有一個嚴格的貞定方向來依循，只要能通過兩者的標準，便可以保證是儒家的本色而不用懷疑。在實修方面，可以由念庵的「納交」、「要譽」、「惡聲」來做為「天理」與「人欲」的區分。凡能經過這三重檢驗與過濾的關卡，則必然能保持住「自然無欲」思想的特色，而能在成就儒家聖人的境界上沒有障礙。

　　縱觀龍溪一生的教理，雖然被諸儒批評含混不清，但是觀其一生的言行可以發現一個事實，良知心體的體會有兩種入門方式，分別為「心真悟門」與「氣調息門」。不論何種根器者，皆可從此二門選其一途來入手，但是畢竟仍然以「心真悟門」為究竟義。而調息法則是用來攝受道教中人與一時無法體會本心的人士，但是畢竟是「權法」，不可執著。

　　不過此權法可以藉著專住於呼吸上，收攝萬念於一念上，有消除雜亂之

心，進而培養定力的功能，亦可使「人欲」的影響力降至最低程度。在此時便可直入「心眞悟門」，去進行體會本心的動作，以古人的修持經驗等相關文字爲外緣，做爲檢視內心是否時刻能保持「自然無欲」的參考。

同時在此便可參照筆者由龍溪一言行的看法中，所整理出的良知九相爲檢驗標準，此九相分別爲「攝念方便相」、「欲住境界相」、「初住境界相」、「善住境界得堅固相」、「方便勇猛進取相」、「少分相應，覺知利益相」、「對治人欲成就相」、「與本心如意相應相」、「出入隨心、超越自在相」，此爲良知九相。代表修習良知之教的學人，所必須經過的九種心理狀態與境界。也是本心彰顯程度由淺至深的境界，只要能通過這些境界的考驗，便可成爲良知之教中最圓滿的聖人果位而無疑，亦可以此回應諸儒的質疑。

更由此可以得知一個事實，那就是龍溪的理路其實非常分明，可惜卻零散的解釋於全書的各章節中，沒有集中分析，所以導致後世學者的誤解，筆者今在此藉著佛教術語爲外緣，以內含龍溪的言行與義理爲中心，整理出「良知九相」，期望能在此分析下，能將諸儒對於龍溪的誤解所產生的爭端，做一個初步的平息。重現良知之教的「次第相」與「不落次第究竟了義相」，以「心眞悟門」與「氣調息門」爲收攝一切根器的人士的法門，以及入門的所在。

以上便是筆者於撰寫此論文中，所衍生的論點與成果。便是「良知九相」、「心眞悟門」、「氣調息門」等三論點。良知之教可從此處來進行次第的建立，與陳述良知之教圓滿義的貫徹方向，也可當做是義理聚焦的中心，由此進行剖析，則必能使龍溪思想的脈絡一覽無遺。筆者也在此得到一個結論，那就是良知之教雖然高妙，與佛老有高度的會通性，但是由於本質上不具「出離心」，以及不以「斷淫」爲究竟了義教法，故以佛教《楞嚴經》的看法而言，無法成就佛道。

此爲儒佛之間的「不共法」，所以在此龍溪所言的「成佛」，事實上是成就一位捨棄「出離心」而具有「道德意識」的君子，此爲立論於良知之教下所成就的佛果，非是佛教原來定義下的佛果。但是並非不可以良知之教成佛，只要能在良知第九相現前之際，生起「出離心」與「斷淫心」，則亦可以在此前提下而符合《楞嚴經》的成佛規定而成佛，此爲儒佛之間的毫釐之差，亦是筆者的研究成果。

同理可證，只要在良知之教第九次第現前之際，生起對於「肉身堅固不壞」的執著與定功的修習，同時以「自然無欲」爲宗旨，去進行「如幻觀」

的修行，此時即是往道教「成仙」之路邁進。此爲三教的圓教義中的毫釐之差，亦是「成仙」、「成聖」、「成佛」之差，就只看三教信眾的選擇而已。以「自然無欲」爲宗，進行與「道德法則」的相應契合。則能在對於此法則的如實觀的修證下成就「儒聖」；以緣起法則爲相應的對象，進行以「如幻觀」爲重點來修習，進行生起「出離心」與「斷淫」爲主者，則能往成佛聖之路前進。以「長生」與「出世逍遙」爲重點者，則是在進行「如幻觀」爲重點，採取對於世間如幻的態度下，生起出世之心，進行養生與定功的修習，則能往「成仙」之路邁進。而龍溪的成就便是以「自然無欲」的共法與不共法義爲會通佛老的橋樑，以「良知九相」爲標準，在加上面臨第九相時的選擇與發心，則能在三教果位中擇一而修證，此爲筆者參閱龍溪的言行而得到的結論。

參考書目

一、原　典

1. 【姚秦】三藏鳩摩羅什譯：〈隨喜功德品〉，《乾隆大藏經第 33 冊：大乘妙法蓮華經》。

2. 【梁】真諦譯　馬鳴菩薩造：《大乘起信論》，台北，新文豐出版股份有限公司印行，1993 年 1 月。

3. 【隋】菩提登譯：《乾隆大藏經第 34 冊：占察善惡業報經》，台北，世華國際股份有限公司印行，2003 年 12 月。

4. 【唐】般剌密帝譯：《乾隆大藏經第 33 冊：大佛頂如來密因修證了義諸菩薩萬行首楞嚴經》，台北，世華國際股份有限公司印行，2003 年 12 月。

5. 【唐】菩提流志譯：〈文殊師利普門會〉，《大寶積經》，台北，全佛文化事業有限公司印行，2001 年 10 月。

6. 【宋】施肩吾：〈修真十書鐘呂傳道集卷之十四〉《中華道藏第 19 冊》，北京，華夏出版社發行，2004 年 1 月。

7. 【宋】道原：《佛光大藏經：禪藏史傳部──景德傳燈錄》，高雄縣大樹鄉，佛光山宗務委員會印行，1994 年 12 月初版。

8. 【宋】張伯端：〈悟真篇〉《中華道藏第 19 冊》，北京，華夏出版社發行，2004 年 1 月。

9. 【宋】張伯端：〈金丹四百字〉《中華道藏第 19 冊》，北京，華夏出版社發行，2004 年 1 月。

10. 【宋】張伯端：〈玉清金司青華祕文金寶內煉丹訣〉《中華道藏第 19 冊》，北京，華夏出版社發行，2004 年 1 月。

11. 【明】作者不詳：《中華道藏第 19 冊：太上老君內丹經》，北京，華夏出版社發行，2004 年 1 月。

12. 【宋】黃龍國沙門曇無竭譯：《觀音菩薩經典：觀音菩薩授記經》，台北，全佛文化事業有限公司印行，1995 年 12 月。

13. 【明】王畿：《王龍溪先生全集》，臺北，廣文書局股份有限公司，2000 年 11 月，初版，清道光壬午年刻本影印。

14. 【明】王畿 吳震編校整理：《王畿集》，南京，鳳凰出版社印行，2007 年 3 月。

二、近人專著

1. 牟宗三：《心體與性體第一冊》，台北，正中書局股份有限公司印行，2006 年 3 月。

2. 牟宗三：《康德的道德哲學》，台北，學生書局股份有限公司印行，1982 年 9 月。

3. 牟宗三：《康德判斷力之批判下冊》台北，台灣學生書局印行，1993 年 2 月。

4. 牟宗三：《宋明儒學的問題與發展》，台北，聯經出版事業股份有限公司印行，2003 年 7 月。

5. 牟宗三：《圓善論》，台北，臺灣學生書局印行，1985 年 7 月。

6. 牟宗三著《從陸象山到劉蕺山》，台北，學生書局印行，1979 年 8 月。

7. 唐君毅：《唐君毅全集：中國哲學原論原教篇》，台北，台灣學生書局印行，1990 年 9 月。

8. 蔡仁厚：《儒家心性之學論要》，台北，文津出版社印行，1990 年 7 月。

9. 楊祖漢：《從當代儒學觀點看韓國儒學的重要論爭》，台北，台大出版中心印行，2005 年 8 月。

10. 楊儒賓：《儒家身體觀》，台北，中研院文哲所發行，2004 年 12 月。

11. 楊儒賓、祝平次：《儒學的氣論與工夫論》，台北，台灣大學出版中心印行，

2005 年 9 月。

12. 談錫永:《閒話密宗》,台北,全佛文化事業有限公司印行,2003 年 2 月。

13. 談錫永:《佛家宗派》,台北,全佛出版社印行,1998 年 12 月。

14. 詹石窗:《道教文化十五講》,台北,五南圖書股份有限公司印行,2005 年 12 月。

15. 詹石窗:《易學與道教符號揭秘》,台北,大展出版有限公司印行,2003 年 11 月。

16. 洪啓嵩:《佛教的宇宙觀》,台北,全佛文化事業有限公司印行,2006 年 4 月。

17. 洪啓嵩:《禪宗奇才的千古絕唱:永嘉禪師的頓悟》,台北,全佛文化事業有限公司印行,2005 年 9 月。

18. 任繼愈:《中國道教史》,台北,桂冠圖書公司印行,1991 年 10 月。

19. 羅偉國:《道教的奧秘》,台北,桂冠圖書公司印行,1995 年 8 月。

20. 彭國翔:《良知學的發展:王龍溪與中晚明的陽明學》,北京,新華書店印行,2005 年 1 月。

21. 張岱年:《道學通論》,北京,社會科學文獻出版社印行,2004 年 6 月。

22. 吳怡:《易經繫辭傳解義》,台北,三民書局印行,1995 年 4 月。

23. 方祖猷:《王畿評傳》,南京,南京大學出版社出版,2001 年 5 月。

24. 勞思光:《新編中國哲學史》,台北,三民書局股份有限公司印行,1981 年 11 月。

25. 林月惠:《良知學的轉折:聶雙江與羅念庵思想之研究》,台北,國立台灣大學出版中心,2005 年 9 月。

26. 陳榮捷:《王陽明傳習錄詳註集評》,台北,台灣學生書局印行,1998 年 2 月。

27. 全佛編輯部:《禪宗的重要名詞解說》,台北,全佛出版社印行,2006 年 7 月。

28. 孔令宏:《宋代理學與道家、道教》,台北,中華書局印行,2006 年 3 月。

29. 劉光義:《禪在中國:禪的通史》,台北,中華書局印行,2003 年 3 月。

30. 吳言生：《經典禪語》，台北，東大圖書股份有限公司印行，2002 年 11 月。

31. 夢參老和尚：《占察善惡業報經新講》，台北，方廣文化事業有限公司印行，2004 年 4 月。

32. 方立天：《中國佛教哲學要義》，北京，中國人民大學出版社印行，2006 年 3 月。

33. 南懷瑾：《靜坐修道與長生不老》，台北，老古文化事業有限公司印行，2006 年 11 月。

34. 吳震：《陽明後學研究》，上海，上海人民出版社印行，2003 年 4 月。

三、學位論文

1. 曾陽晴：《王龍溪思想研究》，台北，國立台灣大學中國文學研究所碩士論文，1992 年 5 月。

2. 高瑋謙：《王門天泉證道的研究：從實踐的觀點衡定四有、四無與四句教》，中壢，國立中央大學哲學研究所碩士論文，1993 年 5 月。

3. 林啓聰：《王龍溪哲學思想之研究》，台北，私立中國文化大學哲學研究所碩士論文，1995 年 5 月。

4. 劉桂光：《王龍溪與聶雙江、羅念庵論辯之研究：以陽明學為判準》，台北，私立中國文化大學哲學研究所碩士論文，1995 年 6 月。

5. 王財貴：《從天台圓教論儒家心學建立圓教之可能性》台北，中國文化大學哲學研究所博士論文，1996 年 11 月。

6. 蔡家和：《王龍溪思想的衡定》，中壢，國立中央大學哲學研究所碩士論文，2000 年 6 月。

7. 陳明彪：《王龍溪心（易）學研究》，台北，國立台灣師範大學國文研究所碩士論文，2002 年 1 月。

8. 呂政倚：《王陽明「致良知教」之繼承與發展：王龍溪先天正心之學之衡定》，台北，國立政治大學哲學研究所碩士論文，2004 年 6 月。

9. 朱湘鈺：《平實道中啓新局：江右三子良知學研究》，台北，國立台灣師範大學國文學系研究所博士論文，2007 年 2 月。

10. 高瑋謙：《王龍溪見在良知說研究》，台北，私立中國文化大學哲學研究所

博士論文，2007 年 5 月。

四、期刊論文

1. 楊祖漢：〈王龍溪與季彭山的論辯〉，《當代儒學研究》，中壢，國立中央大學文學院儒學研究中心印行，2007 年 1 月。

2. 杜保瑞：〈禪宗工夫哲學的方法論檢討〉《功夫理論與境界哲學》，北京，華文出版社出版，1999 年 8 月。

3. 杜保瑞：〈壇經工夫哲學的方法論檢討〉《功夫理論與境界哲學》，北京，華文出版社出版，1999 年 8 月。

4. 杜保瑞：〈王陽明功夫哲學的進路〉《東吳哲學學報》第 6 期，台北，東吳大學出版，2001 年 4 月。

5. 杜保瑞：〈藕益智旭溝通儒佛的方法論探究〉《哲學與文化月刊》第 349 期，台北，國科會出版，2003 年 6 月。

6. 杜保瑞：〈從朱熹鬼神觀論三教辨證問題的儒學理論結構〉《東吳哲學學報》第 10 期，台北，東吳大學出版，2004 年 8 月。

7. 杜保瑞：〈中國哲學的真理觀問題〉《哲學與文化》第 395 期，台北，國科會出版，2007 年 4 月。